OUTUBRO 2020, ANO 12, VOL. 24, SEMESTRAL

DIREITO DAS SOCIEDADES *em Revista*

DOUTRINA

ALMEDINA

ÍNDICE

ABREVIATURAS

AAVV/VVAA	Autores Vários/Vários Autores
AAFDL	Associação Académica da Faculdade de Direito de Lisboa
ac./acs.	acórdão/acórdãos
ACE	Agrupamento(s) Complementar(es) de Empresas
AEIE	Agrupamento(s) Europeu(s) de Interesse Económico
AG	Die Aktiengesellschaft
AG	Assembleia geral
AktG	Lei alemã sobre as sociedades anónimas e em comandita por acções, de 6 de Setembro de 1965
al.	alínea
ALR	American Law Review
AnnDrComm	Annales de Droit Commercial
AnwBl	Anwaltsblatt
BankLJ	Banking Law Journal
BB	Betriebs-Berater
BBTC	Banca, Borsa e Titoli di Credito
BFD	Boletim da Faculdade de Direito da Universidade de Coimbra
BGHZ	Entscheidungen des Bundesgerichtshofs in Zivilsachen
BMJ	Boletim do Ministério da Justiça
BulJS	Bulletin Joly des Sociétés
CA 2006	Companies Act, de 2006 (Inglaterra)
CadMVM	Cadernos do Mercado dos Valores Mobiliários
CadOD	Cadernos O Direito
CC	Código Civil
CCit	Codigo civil italiano, de 16 de Março de 1942
CCom	Código Comercial

CComf	Novo código de comércio francês (aprovado pela Ordonnance, de 18 de Setembro de 2000)
CEE	Comunidade Económica Europeia
CeImp	Contratto e Impresa
CEJ	Centro de Estudos Judiciários
CES	Cooperativismo e Economía Social
cfr.	confronte
CIRC	Código do Imposto sobre o Rendimento das Pessoas Colectivas
CIRE	Código da Insolvência e da Recuperação de Empresas
CIRS	Código do Imposto sobre o Rendimento das Pessoas Singulares
cit.	citado
CJ	Colectânea de Jurisprudência
CJ-STJ	Colectânea de Jurisprudência Acórdãos do Supremo Tribunal de Justiça
CLR	Columbia Law Review
CP	Código Penal
CPC	Código de Processo Civil
CPen	Código Penal
CPEREF	Código dos Processos Especiais de Recuperação da Empresa e da Falência
CMLRev.	Common Market Law Review
CMVM	Comissão do Mercado de Valores Mobiliários
CódMVM	Código do Mercado de Valores Mobiliários
CorLR	Cornell Law Review
CRCom	Código do Registo Comercial
CRP	Constituição da República Portuguesa
CSC	Código das Sociedades Comerciais
CT/CTrab	Código do Trabalho
CVM	Código dos Valores Mobiliários
DB	Der Betrieb
DFiscB	Droit Fiscalité Belge
DJ	Revista Direito e Justiça
DJCL	Delaware Journal of Corporate Law
Dec.-Lei/DL	Decreto-Lei
DLJ	Duke Law Journal
DG	Diário do Governo
DGCL	Delaware General Corporation Law
DR	Diário da República
DSR	Direito das Sociedades em Revista
ed.	edição
EBOR	European Business Organization Law Review

ECFR	European Company and Financial Law Review
ECJ	European Competition Journal
EIRL	Estabelecimento(s) Individual(ais) de Responsabilidade Limitada
EUA	Estados Unidos da América
EuZW	Europäische Zeitschrift für Wirtschafsrecht
ForI	Forum Iustitiae
ForLR	Fordham Law Review
Giur.Comm.	Giurisprudenza Commerciale
GmbH	Gesellschaft mit beschränkter Haftung (Alemanha)
GmbHG	Lei alemã sobre as sociedades de responsabilidade limitada, de 20 de Abril de 1892
GmbHR	GmbH-Rundschau
GPR	Zeitschrift für das Privatrecht der Europäischen Union
HarvLR	Harvard Law Review
id.	*idem*
IDET	Instituto de Direito das Empresas e do Trabalho
InsO	Insolvenzordnung (lei alemã da insolvência)
IPRax	Praxis des Internationalen Privat- und Verfahrensrechts
JOCE	Jornal Oficial das Comunidades Europeias
JOUE	Jornal Oficial da União Europeia
L.	Lei
LGT	Lei Geral Tributária
LMK	Lindenmaier-Möhring – Kommentierte BGH-Rechtsprechung
LOFTJ	Lei de Organização e Funcionamento dos Tribunais Judiciais
LS	Le Società
LSC	Ley de sociedades de capital (espanhola)
LSGPS	Lei das Sociedades Gestoras de Participações Sociais
LSQ	Lei das Sociedades por Quotas
MBCA	Model Business Corporation Act
MoMiG	Gesetz zur Modernisierung des GmbH-Rechts und zur Bekämpfung von Missbräuchen (Alemanha)
NCRF	Norma contabilística e de relato financeiro
NZG	Neue Zeitschrift für Gesellschaftsrecht
NYBCL	New York Business Corporation Law
n./nn.	nota/notas
n.º	número
OPA	Oferta(s) Pública(s) de Aquisição
OPV	Oferta(s) Pública(s) de Venda
p./pp.	página/páginas
p. ex.	por exemplo

PCG	Principles of Corporate Governance
PMAG	Presidente da mesa da assembleia geral
POC	Plano Oficial de Contabilidade
RabelsZ	Rabels Zeitschrift für ausländisches und internationales Privatrecht
RB	Revista da Banca
RCEJ	Revista de Ciências Empresariais e Jurídicas
RCR	Revista de Concorrência e Regulação
RDC	Rivista di Diritto Civile
RDE	Revista de Direito e Economia
RDES	Revista de Direito e de Estudos Sociais
RDM	Revista de Derecho Mercantil
RdS	Revista de Derecho de Sociedades
RDS	Revista de Direito das Sociedades
RC	Tribunal da Relação de Coimbra
RE	Tribunal da Relação de Évora
reimp.	reimpressão
RevDBB	Revue de Droit Bancaire et de la Bourse
RevE	Revisores e Empresas
RevF	Revista Fisco
RevOD/O Direito	Revista O Direito
RevTOC	Revista dos Técnicos Oficiais de Contas
RG	Tribunal da Relação de Guimarães
RGIT	Regime Geral das Infracções Tributárias
RIDE	Revue Internationale de Droit Economique
RivDCom	Rivista del Diritto Commerciale e del Diritto Generale delle Obbligazioni
RJOIC	Regime Jurídico dos Organismos de Investimento Colectivo
RJUPort	Revista Jurídica da Universidade Portucalense Infante D. Henrique
RL	Tribunal da Relação de Lisboa
RMBCA	Revised Model Business Corporation Act (EUA)
RP	Tribunal da Relação do Porto
reimp.	reimpressão
RFDUL	Revista da Faculdade de Direito da Universidade de Lisboa
RGICSF	Regime Geral das Instituições de Crédito e Sociedades Financeiras
RIDBFDUL	Revista do Instituto de Direito Brasileiro da Faculdade de Direito da Universidade de Lisboa
RIW	Recht der Internationalen Wirtschaft
RJC	Regime Jurídico da Concorrência

RLJ	Revista de Legislação e Jurisprudência
RNPC	Registo Nacional de Pessoas Colectivas
ROA	Revista da Ordem dos Advogados
ROC	Revisor Oficial de Contas
RS	Rivista delle Società
s./ss.	seguinte/seguintes
SA	Sociedade(s) Anónima(s)
SARL	Sociedade de Responsabilidade Limitada (França)
SQ	Sociedade(s) por Quotas
SCE	Sociedade(s) Cooperativa(s) Europeia(s)
SE	Sociedade(s) Europeia(s)
SENC	Sociedade em nome coletivo
SGPS	Sociedade(s) Gestora(s) de Participações Sociais
SNC	Sistema de Normalização Contabilística
SPE	Sociedade(s) Privada(s) Europeia(s)
SRL	Sociedade de Responsabilidade Limitada (Itália)
SROC	Sociedade(s) de Revisores Oficiais de Contas
STJ	Supremo Tribunal de Justiça
SZW	Schweizerische Zeitschrift für Wirtschaftsrecht
tb.	também
TCE	Tratado da Comunidade Europeia
TFUE	Tratado sobre o funcionamento da União Europeia
Themis	Themis – Revista da Faculdade de Direito da Universidade Nova de Lisboa
TJCE	Tribunal de Justiça das Comunidades Europeias
TJUE	Tribunal de Justiça da União Europeia
TRLSA	Lei espanhola sobre as sociedades anónimas (texto refundido aprovado pelo Real Decreto Legislativo 1564/1989, de 22 de Dezembro)
TUF	Testo Unico della Finanza
UCP	Universidade Católica Portuguesa
v.	*vide*
VJud	Vida Judiciária
vol./vols.	volume/volumes
ZGR	Zeitschrift für Unternehmens- und Gesellschaftsrecht
ZHR	Zeitschrift für das gesamte Handelsrecht und Wirtschaftsrecht
ZIP	Zeitschrift für Wirtschaftsrecht

DOUTRINA

Resumo: Neste texto, apresenta-se um guia de boas práticas nas PME-sociedades por quotas, dando-se relevo às matérias da constituição e financiamento, à posição dos sócios e à gerência dessas sociedades.
Palavras-chave: **pequenas e médias empresas; sociedades por quotas; sociedades familiares; boas práticas societárias.**

Abstract: In this paper we present a guide of best practices for SME incorporated as private limited liability companies (*sociedades por quotas*), with a focus on incorporation, financing, and the position of shareholders and management of these companies.
Keywords: **small and medium enterprises; private limited liability companies; family businesses; corporate best practices.**

JORGE M. COUTINHO DE ABREU*
ALEXANDRE DE SOVERAL MARTINS*
CAROLINA CUNHA*
RUI PEREIRA DIAS*

Guia de boas práticas nas PME-sociedades por quotas

Nota introdutória a esta publicação

O Guia que se publica nas linhas seguintes é o resultado de um trabalho de investigação, abaixo identificado, que culminará na sua apresentação e discussão em colóquio que terá lugar a 12 de novembro de 2020, organizado junto do Instituto Jurídico da Faculdade de Direito da Universidade de Coimbra, em cujo sítio na Internet – https://www.uc.pt/fduc/ij – se encontrarão as pertinentes informações.

* Professores Univ. Coimbra, IJ, FDUC

Sendo um trabalho em curso, todas as reações dos leitores que nos permitam melhorá-lo serão muito bem-vindas[1].

Preâmbulo

Os autores deste Guia são membros de um grupo (mais alargado) que, no âmbito do Instituto Jurídico da Faculdade de Direito da Universidade de Coim-

[1] Contactos para o efeito: jabreu@fd.uc.pt, soveralm@fd.uc.pt, ccunha@fd.uc.pt, ruidias@fd.uc.pt.

bra, se propôs investigar sobre "As PME's: Promoção da Inovação, Crescimento e Competitividade".

Desde o início, foi preocupação do grupo recolher informação (primordialmente no terreno, para lá dos livros) acerca das PME, tratá-la e debatê-la com quem lida com elas. Beneficiámos, para isso, da prestimosa colaboração de empresários e associações empresariais e de sociedades de advogados. Depois, o grupo procurou ouvir também e dialogar com universitários de outros países acerca da temática PME's.

Em resultado daqueles contactos e das investigações empreendidas, foram publicados pelo Instituto Jurídico três livros dando conta de outros tantos colóquios por nós organizados: PME's e empresas familiares perante o ambiente societário, fiscal e laboral *(2016)*, Congresso Internacional As Pequenas e Médias Empresas e o Direito *(2017)*, As PME perante o (novo) direito da insolvência *(2018)*.

Fechando o presente ciclo de investigação jurídico-societária sobre PME's, oferecemos o Guia de Boas Práticas nas PME-Sociedades por Quotas.

É sabido que as empresas portuguesas são, em esmagadora maioria, PME. Que se apresentam dominantemente sob a veste de sociedades por quotas.

Curiosamente (ou não), os textos jurídico-societários recomendatórios (guias, princípios, códigos, etc.) estrangeiros, internacionais ou portugueses tratam quase exclusivamente das sociedades anónimas, em especial das cotadas. Eis, pois, aqui um contributo para, entre nós, cobrir uma lacuna.

O Guia está estruturado em três capítulos, cada um com vários números. Cada número subdivide-se em dois (p. ex., o n.º 1. subdivide-se em 1.1 e 1.2). O primeiro subnúmero informa sobre o que diz (ou não diz) a lei acerca de certa matéria (impondo ou permitindo); o segundo contém, em negrito, a ou as recomendações sobre a mesma matéria.

Parece-nos que se justifica esta combinação entre recomendações propriamente ditas (não vinculativas) e lei: fica facilitado para muitos destinatários do Guia – sócios e gerentes – o (melhor) conhecimento do que diz a lei sobre assuntos que a eles respeitam e que não deve ser ignorado.

I – DA CONSTITUIÇÃO E FINANCIAMENTO

1. Formação

1.1. O processo comum de constituição das sociedades por quotas (previsto no CSC) desdobra-se em três atos (e tempos) principais: negócio jurídico constituinte (unilateral ou contratual, consoante a sociedade seja unipessoal ou pluripessoal) que deve observar forma especial (normalmente escrito particular com assinatura(s) reconhecida(s) presencialmente); registo (definitivo) do ato constituinte; publicação (em sítio na Internet de acesso público).

Um dos processos especiais de constituição frequentemente utilizado é o previsto no DL 111/2005 – "Regime especial de constituição imediata de sociedades" (ou regime "empresa na hora"). É um processo rápido e relativamente simples e económico, e que não dá azo às complicações que o funcionamento de uma sociedade constituída segundo o procedimento comum pode originar entre as diversas fases deste procedimento.

1.2. Quando seja escolhido o procedimento "empresa na hora", além da opção *standard* por uma firma composta por uma expressão de fantasia, escolhida no momento de uma lista oficial, recomenda-se que os sócios fundadores ponderem a opção por uma firma composta pelos nomes de algum ou alguns deles e/ou pela adição de uma referência atividade que constituirá o objeto social (sem necessidade, em qualquer caso, de certificado de admissibilidade de firma anteriormente obtido).

Recomenda-se também que os estatutos da sociedade constituída segundo o procedimento "empresa na hora" sejam alterados oportunamente para neles se incluírem cláusulas não contempladas nos (poucos e curtos) modelos de estatutos disponíveis para esse procedimento.

Comentário

(a) Existem atualmente dois modelos de estatutos para as sociedades por quotas, três modelos para as sociedades anónimas e um modelo para as sociedades por quotas unipessoais. Os modelos distinguem-se uns dos outros pelo grau de detalhe e amplitude da regulamentação: os mais complexos incluem cláusulas adicionais à regulamentação-base constante dos modelos mais simples.

É possível fazer opções quanto ao modo de vinculação da sociedade: representação disjunta (um só gerente ou administrador) ou conjunta (vários).

Ficam de fora diversas possibilidades de modelação do regime da futura sociedade que o Código das Sociedades Comerciais coloca à disposição dos sócios – por ex., cláusulas relativas à exclusão ou exoneração de sócios, à fixação de maiorias qualificadas para a aprovação de deliberações sobre certos assuntos, à atribuição de direitos especiais, à determinação de regimes particulares para a transmissão (entre vivos ou por sucessão) de participações sociais, etc. Recomenda-se que estas possibilidades sejam consideradas, por forma a dar expressão a interesses importantes dos sócios e a permitir evitar ou mais facilmente resolver futuros conflitos entre eles.

DSR, ano 12, vol. 24 (2020): 13-34

(b) Quando se queiram incluir nos estatutos cláusulas não contempladas nos modelos de pacto social disponíveis no sistema da "empresa na hora" sem prescindir do recurso a este procedimento (o que significaria registar um pacto social específica e previamente elaborado), pode proceder-se à posterior alteração dos estatutos de modo a neles incluir as cláusulas adicionais (suportando o custo adicional dos emolumentos com o registo das alterações ao pacto social).

2. Financiamento

2.1. Em regra, o financiamento inicial da sociedade resulta do capital social, ou melhor, das entradas dos sócios correlativas ao capital social (CSC, arts. 25.º, s., 202.º, s.). O CSC regula outras (eventuais) contribuições financeiras feitas pelos sócios: suprimentos (arts. 243.º, s.), prestações acessórias e prestações suplementares (arts. 209.º, s.). O capital social mínimo (variável) é hoje insignificante: €1 para a sociedade unipessoal, €2 para a sociedade de dois sócios, etc. (arts. 201.º, 219.º, 3); as prestações acessórias e as suplementares só são obrigatórias quando previstas nos estatutos.

Independentemente dos meios de financiamento regulados na lei societária, é muito frequente o recurso a capitais alheios (crédito bancário, principalmente).

2.2. **Recomenda-se que as sociedades evitem uma exposição exagerada ao endividamento, e promovam o reforço dos capitais próprios. Devem, pois, constituir capital social e reservas adequados ao desenvolvimento da atividade social – ponderando também, quanto àquele, a conveniência da entrada de sociedades de capital de risco** (L 18/2015) **ou de investimento mobiliário para fomento da economia** (DL 77/2017) **e/ou os incentivos fiscais à remuneração convencional do capital social** (EBF, art. 41.º-A) **e, quanto às reservas, os incentivos fiscais ao robustecimento dos capitais próprios através da dedução por lucros retidos e reinvestidos** (Código Fiscal do Investimento, aprovado pelo DL 162/2014).

Ocorrendo perda de metade do capital (art. 35.º do CSC), recomenda-se que os sócios realizem entradas para reforço da cobertura do capital, aproveitando também o direito a dedução em sede de IRS (art. 43.º-B do EBF).

Comentário

(a) A elevada dependência do financiamento através de capital alheio, sobretudo de fonte bancária, é amplamente reconhecida como um problema que afeta

grande parte das empresas. Importará que, no desenho da constituição financeira das sociedades, sejam consideradas as necessidades de capital da empresa, independentemente dos mínimos legalmente exigidos. Favorecendo uma tal disponibilização de meios próprios de financiamento, a lei fiscal incentiva a remuneração convencional do capital social, assim como a sua recapitalização. Depois, devem ser considerados os demais meios de financiamento regulados na lei societária (prestações suplementares, prestações acessórias, suprimentos), os quais, ainda que todos provenientes dos sócios, serão classificáveis como capital próprio ou capital alheio, consoante os casos.

(b) Abrindo-se a sociedade a financiamento externo, ele também poderá assumir qualquer uma dessas duas feições. Se a emissão de títulos de dívida continua hoje a ser inexistente ou escassa nas pequenas e médias empresas, com o acesso a segmentos alternativos do mercado de capitais a ser, para já, apenas um objetivo para cujo atingimento é ainda necessário criar condições propícias (conforme reconhecem, designadamente, a CMVM e a OCDE: "Improving Access to Capital for Portuguese Companies: a Survey of Unlisted Companies", *4 de junho de 2020), alguns meios existem no mercado para a promoção do reforço dos capitais próprios, tais como a participação de sociedades de capital de risco ou o investimento mobiliário para fomento da economia.*

II – DOS SÓCIOS

1. Deliberações dos sócios

1.1. Nas sociedades pluripessoais, os sócios podem adotar deliberações escolhendo entre quatro procedimentos: deliberações em assembleia geral convocada, deliberações em assembleia universal (todos os sócios estão presentes em certo momento e lugar e, independentemente de formalidades prévias, todos concordam na constituição da assembleia para que se delibere sobre determinado(s) assunto(s)), deliberações unânimes por escrito (uma decisão é exarada em documento(s) escrito(s) assinado(s) por todos os sócios) e deliberações por voto escrito – CSC, arts. 54.º, 247.º.

Nas sociedades unipessoais, a competência da assembleia geral (das sociedades pluripessoais) é exercida mediante decisões do sócio único, que devem ser registadas em ata por ele assinada (art. 270.º-E).

1.2. Recomenda-se que, tanto quanto possível, os sócios adotem deliberações em assembleia geral (convocada ou universal), aproveitando as virtualidades da colegialidade/ponderação.

Quando todos os sócios concordem com determinada decisão, mas sem que a mesma seja adotada em reunião/assembleia geral, ela deve ser registada como deliberação unânime por escrito, não como deliberação tomada por unanimidade em assembleia geral (inexistente).

Comentário

(a) As assembleias gerais possibilitam a participação efetiva de cada sócio na vida da sociedade, com questionamentos, trocas de informação, debates, propostas e contrapropostas, em suma promovem maior transparência e decisões mais refletidas.

(b) É muito frequente dizer-se em atas que foram tomadas deliberações por unanimidade em assembleia geral (convocada ou universal), apesar de não se ter realizado qualquer assembleia /reunião dos sócios. Esta prática talvez se explique por ainda persistir a ideia – errada – de que as deliberações têm de ser tomadas em assembleia geral.

Frequentemente também, aquelas atas são assinadas por todos os sócios. O que pode permitir (re)qualificar as deliberações, não como deliberações em assembleia geral, mas como deliberações unânimes por escrito – assinando todos os sócios, todos declaram concordar com as decisões relatadas em ata.

Mas se, por qualquer razão, algum sócio não assina uma dessas atas, então é possível que *as "deliberações" respetivas sejam consideradas juridicamente inexistentes (nem são deliberações adotadas em assembleia, nem são deliberações unânimes por escrito), podendo a inexistência ser invocada por qualquer pessoa a todo o tempo.*

2. Transmissão de quotas

2.1. Transmissão de quotas entre vivos

2.1.1. *Forma e formalidades*

2.1.1.1. A transmissão de quota deve ser feita por escrito (CSC, art. 228.º, 1) e registada por depósito (CRCom., arts. 3.º, 1, c), 53.º-A, 5, a)). É a sociedade que promove o registo, tendo o dever de controlar a regularidade da transmissão (CSC, arts. 242.º-B, s.).

2.1.1.2. Recomenda-se que, antes da conclusão da transmissão de quota, o adquirente e/ou o transmitente acedam não apenas aos dados do registo comercial, mas também aos dados arquivados na sociedade, a fim de ser assegurado o trato sucessivo.

Comentário

(a) *Quem pretende adquirir uma quota de outrem tem, normalmente, interesse em adquirir de quem é titular dessa mesma quota. Porém, os registos de cessões de quotas são efetuados, hoje, por depósito. O registo da titularidade de uma quota em nome de um determinado sujeito não é garantia de que este último seja titular da quota. Tanto mais que o art. 47.º do CRCom. apenas exige que a viabilidade do pedido de registo perante, designadamente, os registos anteriores e com a verificação da legitimidade dos interessados, seja apreciada quanto ao registo por transcrição, que não se confunde com o registo por depósito. É a sociedade por quotas que, para promover o registo de atos modificativos da titularidade de quotas e de direitos sobre elas, deve verificar se nesses atos interveio o titular registado (art. 242.º-D). A isso acresce o facto de a cessão de quotas se bastar hoje com a forma escrita (e, portanto, sem intervenção necessária de notário ou advogado).*

(b) *Isto mostra que o interessado em adquirir uma quota pouca confiança pode depositar no que está registado quanto à referida quota na conservatória do registo comercial. Mas mostra também que a sociedade deve organizar-se internamente de forma a conseguir identificar as várias transmissões das quotas em que se divide o seu capital e a controlar a legalidade dos atos que lhe são apresentados para registo. Lembre-se que é a sociedade que, em regra, vai promover o registo das transmissões de quotas e, por isso, é a sociedade que tem de verificar se o pedido é viável «em face das disposições legais aplicáveis, dos documentos apresentados e dos registos anteriores, devendo verificar especialmente a legitimidade dos interessados, a regularidade formal dos títulos e a validade dos atos neles contidos» (art. 242.º-E, 1, do CSC). O rigor na realização dessas tarefas é indispensável, pois a ameaça de responsabilização civil existe (art. 242.º-F, 1, do CSC).*

(c) *A preocupação com o problema exposto não é apenas teórica. O regime do registo por depósito tem gerado insegurança, existindo relatos de casos em que pessoas que querem transmitir verificam que já não têm a quota registada em seu nome, revelando falta de organização interna das sociedades quanto aos aspetos relacionados com as quotas. Embora o registo de titularidade de quota em nome de quem não é o seu titular não confira, só por si, essa mesma titularidade, trará certamente dificuldades ao efetivo titular da quota. Desde logo, porque aquele registo vai gerar desconfiança em eventuais interessados em adquirir a quota. Além disso, e como já vimos, a sociedade só deve promover o registo de atos modificativos da titularidade de quotas e de direitos sobre elas se naqueles atos intervier o titular registado.*

2.1.2. *Limitações à transmissão*

2.1.2.1. Em regra (legal dispositiva), a cessão de quotas só é eficaz perante a sociedade quando consentida por esta (normalmente por deliberação dos sócios), salvo se for entre cônjuges, entre ascendentes e descendentes ou entre sócios (CSC, arts. 228.º, 2, 230.º). Derrogando a regra, os estatutos podem proibir a cessão, ou exigir o consentimento (ou condicioná-lo) em casos em que ela é livre segundo a norma dispositiva, ou permiti-la sem consentimento em casos em que este é estabelecido por aquela norma (art. 229.º).

2.1.2.2. Recomenda-se que os sócios façam uso das faculdades de conformação dos estatutos, ora fechando (mais), ora abrindo a sociedade à entrada de novos sócios, consoante pretendam uma sociedade de carácter mais, ou menos, pessoalístico, fundada em fortes relações de confiança mútua (sobretudo quando a sociedade seja familiar) ou nem tanto.

Comentário

(a) *Os sócios das sociedades por quotas devem avaliar ponderadamente em que medida será do interesse da sociedade incluir nos estatutos cláusulas que permitam afastar a entrada de estranhos ou aumentar a viabilidade dessa entrada. As cláusulas estatutárias (ou a falta delas no que diz respeito à exigência legal de consentimento) podem acabar por, no futuro, servir para afastar da sociedade eventuais investidores com «dinheiro fresco» ou para tentar impedir a saída de um sócio que tenha outros projetos. Os eventuais custos para a sociedade resultantes do funcionamento da cláusula também devem ser tidos em conta. Se, por exemplo, for necessário amortizar ou adquirir a quota, a sociedade tem de acautelar a necessidade de pagar a devida contrapartida (art. 231.º, 1, 2, d), 3 e 4 do CSC).*

(b) *Os estatutos podem servir para tentar manter equilíbrios na distribuição do poder dentro da sociedade. As cláusulas que sejam introduzidas devem ser previamente analisadas de forma a ter plena consciência dos seus efeitos não apenas na primeira transmissão que seja efetuada, mas também em posteriores transmissões. Isso permitirá evitar consequências indesejadas.*

(c) *Nas sociedades familiares, as cláusulas estatutárias podem abrir ou fechar a entrada de certos familiares ou de membros de ramos da família. Pode, por exemplo, justificar-se dispensar o consentimento da sociedade para cessões de quotas na linha colateral ou a favor de familiares do cônjuge do sócio. Essa pode ser a forma de chamar para a sociedade familiares com aptidões e vocação para o negócio da família.*

(d) *Em qualquer caso, considera-se importante que os estatutos sejam redigidos de forma a que seja claro em que casos a cessão de quotas é livre. Isso trará posteriormente muita segurança aos sócios, permitindo-lhes um melhor planeamento da sua relação com a sociedade.*

(e) *As cláusulas estatutárias (ou a sua falta) devem ser vistas pensando também nas exigências que valem para aquela sociedade quanto à alteração do contrato de sociedade e, em particular, no que diz respeito ao* quorum. *Com efeito, a introdução de uma cláusula estatutária relativa à transmissibilidade das quotas pode acabar por ser de pouca utilidade se, depois, é relativamente fácil alterar os estatutos suprimindo essa mesma cláusula. O art. 265.º, 1, do CSC permite alterar o contrato de sociedade por maioria de três quartos dos votos correspondentes ao capital social, mas também permite que o contrato de sociedade estabeleça a necessidade de atingir um número mais elevado de votos. A distribuição do poder na sociedade pode justificar que se utilize esta última possibilidade.*

2.1.3. *Direito de preferência*

2.1.3.1. O CSC não atribui direito de preferência aos sócios ou à sociedade em caso de cessão de quotas. Mas não impede que os estatutos sociais o atribuam – embora a eficácia da cessão para com a sociedade não possa ficar dependente do cumprimento, pelo cedente, da obrigação de preferência (art. 229.º, 5, do CSC).

2.1.3.2. Quando os sócios pretendam limitar a possibilidade de entrada de terceiros na sociedade ou manter determinada proporção nas relações de poder entre os sócios, é recomendável estipular nos estatutos que, em caso de cessão de quota, os sócios (ou alguns deles – por exemplo, os pertencentes ao ramo familiar em que o cedente se integra) e (eventualmente e em segunda linha) a sociedade têm direito de preferência com eficácia real.

Comentário

(a) *A legalidade das cláusulas estatutárias de preferência tem sido discutida. E isto porque, desde logo, do art. 229.º, 5, do CSC resulta que a eficácia da cessão para com a sociedade não pode ficar dependente de uma cláusula de preferência. No entanto, é possível redigir essa cláusula tendo em conta aquele regime legal.*

(b) *É também discutido se uma cláusula estatutária de preferência tem eficácia real quando isso não foi expressamente estabelecido. Tendo em conta a discussão existente, parece preferível seguir o caminho mais cauteloso e fazer constar expressamente da cláusula aquela eficácia real quando a mesma seja pretendida.*

Essa eficácia real poderá permitir ao titular do direito de preferência fazer-se substituir ao eventual adquirente da quota.

2.1.4. *Impasses*

2.1.4.1. O CSC disponibiliza poucos instrumentos para ultrapassar situações de impasse na vida societária, resultantes, por exemplo, de cada um dos dois sócios (ou grupos de sócios) ter igual poder de voto e persistirem empates nas deliberações da assembleia ou da gerência – sendo embora de realçar o disposto no art. 263.º, 3, sobre desempate para aprovação das contas.

2.1.4.2. Recomenda-se a estipulação nos estatutos de cláusulas de resolução de impasses, como a de roleta, roleta modificada ou leilão.

Comentário

(a) *O CSC não prevê expressamente a possibilidade de inclusão nos estatutos de cláusulas de roleta, roleta modificada ou leilão. Tais cláusulas são úteis para a resolução de situações de impasse nas deliberações dos sócios, pois poderão levar a que alguém saia da sociedade, assim deixando abertos novos caminhos. A compatibilidade das cláusulas com o regime legal deve ser estudada com cuidado.*

(b) *A utilidade daquelas cláusulas para a resolução de impasses pode ser comprovada através de uma breve referência ao seu conteúdo. Numa cláusula de roleta o sócio que manifesta vontade de adquirir por um certo preço a quota de outro confere a este a possibilidade de aceitar a oferta ou de adquirir a quota do autor da oferta pelo mesmo preço. Assim, o sócio que apresenta a proposta inicial não sabe qual será o desfecho do processo a que deu início: tanto pode adquirir a quota do destinatário da proposta, como acabar sem a sua quota. Mas isso também o obriga a não apresentar inicialmente um valor baixo para a aquisição, uma vez que pode ser ele o prejudicado se o fizer. A designação da cláusula faz lembrar o arriscado jogo da roleta russa, pois sabe-se como tudo começa, mas não se sabe como vai acabar.*

(c) *Na cláusula de roleta modificada o sócio que apresenta a proposta de aquisição da quota de outro confere a este a possibilidade de aceitar a oferta ou, em vez disso, de apresentar uma contraproposta de venda por um preço mais elevado ou de compra por um preço mais elevado, contraproposta essa que faz com que se reinicie todo o processo até que um deles aceite uma proposta do outro.*

(d) *Na cláusula de leilão o sócio que apresenta a proposta de aquisição da quota de outro confere a este a possibilidade de aceitar a oferta ou de apresentar uma contraproposta de compra da quota do primeiro por um preço mais elevado, o que faz com que se reinicie todo o processo até que um deles aceite a proposta do outro. Entretanto, o preço foi subindo.*

(e) *Para além das já referidas cláusulas, também as cláusulas de amortização de quotas (para a extinção da quota) ou, até, de dissolução (da sociedade) podem ser úteis para, eventualmente, evitar males maiores. A identificação precisa das situações que podem gerar a amortização ou a dissolução é especialmente importante, assim como a correta noção das consequências do funcionamento de tais cláusulas.*

2.2. Transmissão por morte

2.2.1. O CSC permite que os estatutos da sociedade por quotas impeçam a transmissão da quota aos sucessores do falecido ou condicionar a transmissão a certos requisitos (arts. 225.º e 227.º). Aquele Código também permite a introdução de cláusulas estatutárias que confiram aos sucessores do sócio falecido o direito de exigir a amortização da quota ou por algum modo condicionar a transmissão à vontade daqueles (arts. 226.º e 227.º)

2.2.2. Recomenda-se que seja ponderada a utilidade de cláusulas estatutárias que afastem a transmissão de quotas aos sucessores do falecido ou de cláusulas que sujeitem essa transmissão a certos requisitos. Aquela ponderação deve ter em conta, designadamente, o interesse em manter certos equilíbrios na sociedade e em assegurar a verificação de certos aspetos relativamente ao sucessor.

Em qualquer caso, devem ser devidamente avaliadas as consequências da aplicação das cláusulas (por exemplo, quanto à possibilidade de a sociedade adquirir uma quota própria, quanto à existência de sócio ou terceiro interessado em adquirir a quota, quanto aos casos em que dois ou mais sócios estão interessados em adquirir a quota, quanto à amortização).

Comentário

(a) *Os termos em que tem lugar a transmissão por morte das participações sociais em sociedades por quotas podem ser decisivos para o futuro daquelas entidades. A transmissão sucessória pode trazer para a sociedade conflitos familiares. A necessidade de dividir o que fica nem sempre conduz às melhores soluções. Pode também suceder que os sócios sobreviventes não queiram, por variadas razões, ter os sucessores do falecido na sociedade.*

(b) *A Comissão Europeia já por diversas vezes salientou a importância de preparar a transmissão da empresa nas PMEs. Lembramos a Comunicação de*

*23 de julho de 1994 (**«sobre a transmissão de empresas.** Ações a favor das PME»), a Recomendação 94/1069/CE («sobre a transmissão das pequenas e médias empresas»), a Comunicação da Comissão de 1998 98/C 93/02 («relativa à transmissão de pequenas e médias empresas») e a Comunicação da Comissão de 2006 («Realizar o programa comunitário de Lisboa em prol do crescimento e do emprego. Transmissão de empresas – Continuidade pela renovação»). Esta última, por exemplo, salientava que «[d]e um modo geral, as sociedades de pessoas dissolvem-se com a morte de um sócio, mas é normalmente possível assegurar a sua continuidade através de um contrato de sociedade adequado [...]» (ponto 2.6.).*

(c) *O CSC abre a porta a várias soluções possíveis para tentar encontrar o melhor caminho perante as circunstâncias de cada sociedade por quotas. No caso de sociedades familiares em particular, são várias as situações que se podem encontrar (p. ex., sociedade constituída antes do casamento/depois do casamento; só um dos cônjuges era sócio antes do casamento/ambos os cônjuges eram sócios antes do casamento/um ou ambos tornaram-se sócios só depois do casamento; a quota é bem comum/a quota é bem próprio; etc.). As cláusulas relativas à transmissão por morte deverão ser adaptadas em função dessas mesmas situações. Isto, naturalmente, sem prejuízo da utilização de um testamento e da realização de eventuais legados. Para já não falar da partilha em vida.*

(d) *As consequências da aplicação do regime clausulado devem ser antecipadas. A amortização de quotas pode obrigar ao pagamento de contrapartida avultada; a aquisição de quota pressupõe que haja interessados em adquirir.*

3. Contitularidade de quota

3.1. A contitularidade de quota, resultante, por exemplo, de comunhão hereditária ou conjugal ou de compropriedade originada por compra e venda ou partilha, está regulada nos arts. 222.º a 224.º do CSC, que destacam a figura do representante comum (interlocutor da sociedade).

3.2. É recomendável que os contitulares designem tão cedo quanto possível um representante comum competente e diligente, promotor e cumpridor das deliberações dos contitulares necessárias ou convenientes.

Comentário

(a) *A contitularidade de quotas pode resultar de circunstâncias muito diversas. Há contitularidade quando existe comunhão e nos casos em que a quota se encontra em compropriedade. Tanto a comunhão como a compropriedade podem ter surgido por vários motivos. A comunhão pode ser conjugal ou hereditária.*

A compropriedade pode ter resultado, designadamente, de uma compra e venda ou de uma partilha. Antes da partilha a manutenção de contitularidade também merece atenção, pois foi apontada como causa de algumas dificuldades (nomeadamente no que diz respeito ao exercício dos direitos sociais, à falta de envolvimento dos herdeiros nos assuntos da sociedade, à tentativa de ingerência excessiva ou à eventual paralisação dos órgãos da sociedade).

(b) *Quanto aos casos de transmissão por morte, o CSC contém possibilidades que devem ser exploradas para tentar evitar muitas das situações indesejáveis. O mesmo se diga quanto às alternativas que são deixadas para a eventual amortização de quotas, cujo regime pode ser um auxílio em caso de contitularidade. Ou seja: é possível tentar eliminar ou reduzir as desvantagens resultantes da existência de contitularidade. Lembre-se a possibilidade de estabelecer nos estatutos que, falecendo um sócio, a respetiva quota não se transmitirá aos sucessores do falecido ou que essa transmissão fica sujeita a certos requisitos (art. 225.º, 1, do CSC). Parece, assim, também viável afastar a transmissão da quota se daí resultar uma situação de contitularidade. Essa contitularidade pode igualmente ser prevista como fundamento de amortização da quota (arts. 232.º, 1, e 233.º, 1, do CSC): designadamente, quando a contitularidade seja o resultado de partilha de herança ou de liquidação de sociedade que fosse titular da quota.*

(c) *O CSC procura atenuar as desvantagens resultantes da contitularidade através da imposição do exercício dos direitos inerentes à quota através de representante comum (art. 222.º, 1, CSC). Mas aqui existe alguma margem para se procurar encontrar uma solução melhor do que a resultante da aplicação do regime legal. Nomeadamente, porque há casos em que o representante comum pode ser designado por disposição testamentária. Quanto ao cabeça-de-casal, também as regras que dizem respeito à sua nomeação devem ser estudadas em função dos interesses dos contitulares. Pense-se, por exemplo, na possibilidade de designação por acordo (art. 2084.º do CCiv.), no regime da escusa (art. 2085.º do CCiv.) e da remoção (art. 2086.º do CCiv.).*

(d) *Assim, as sociedades por quotas devem procurar encontrar atempadamente as soluções mais adequadas para a nomeação de um representante comum dos contitulares que reúna as melhores condições possíveis para servir os interesses dos contitulares. Mas isso não basta para reduzir significativamente a possibilidade de existência de problemas. É que o representante comum está obrigado para com os contitulares nos termos do que estes deliberarem de acordo com o art. 224.º, 1, do CSC. E não pode deixar de ser salientada a importância de os contitulares usarem essa possibilidade de forma a que a atuação do representante comum respeite o que é a vontade daqueles.*

4. Exoneração de sócio

4.1. A exoneração de sócio (a saída da sociedade por iniciativa dele com fundamento em facto previsto na lei ou nos estatutos e com direito a receber o valor de liquidação da quota) está prevista em alguns preceitos da parte geral do CSC e em especial no art. 240.º.

4.2. Também porque a saída pela via da cessão de quotas pode ser muito difícil ou financeiramente desajustada, recomenda-se a inclusão nos estatutos de cláusulas permitindo a exoneração por causas não previstas na lei – por exemplo, quando um sócio tenha de mudar de residência para local distante da sede social, ou atinja certa idade, ou contraia doença prolongada, ou assuma cargo público.

Comentário

(a) O direito de exoneração resulta da lei em situações tipificadas (por exemplo: se o estatuto proibir a cessão de quotas, se for deliberado um aumento de capital a subscrever total ou parcialmente por terceiros, se for aprovada a mudança do objeto social, se a sociedade não excluir outro sócio havendo justa causa para o fazer, etc.). Mas também pode ser atribuído pelo contrato de sociedade, desde que respeitados certos limites (art. 240.º, 1, CSC): são as cláusulas estatutárias de exoneração. Porque exerce um direito a sair da sociedade, o sócio que se exonera não necessita do consentimento da sociedade ou dos outros sócios, nem de encontrar um comprador para a quota – eis uma conveniência desta via quando comparada com a vulgar cessão de quotas.

(b) Contudo, as cláusulas que preveem fundamentos de exoneração não podem ser puramente arbitrárias, isto é, não podem remeter para a simples vontade do sócio de abandonar a sociedade. É necessário que assentem na superveniência de situações ou de factos que justifiquem minimamente essa saída da sociedade, por tornarem (em grau variável) inexigível ao sócio que nela permaneça.

Podem, ainda assim, abranger situações menos graves do que as tipificadas na lei (por exemplo, podem conferir o direito à exoneração em casos de mudança de residência, ou quando o sócio atinja certa idade, ou assuma cargos públicos). Admitem-se normalmente também cláusulas de exoneração com conteúdo genérico, prevendo que o sócio se possa exonerar por "justa causa" ou "motivo grave" (sobretudo quando completadas com hipóteses exemplificativas).

(c) Convém notar que a saída da sociedade não é automática: recebida a declaração escrita do sócio que se pretende exonerar, a sociedade tem um prazo de 30 dias para decidir o que fazer à quota: amortizá-la, adquiri-la ou fazê-la adquirir por outro sócio ou por terceiro (art. 240.º, 4, CSC). Só depois de efetivamente amortizada ou transmitida a quota é que o sócio se considera como tendo deixado a sociedade.

(d) O legislador preocupou-se em consagrar meios de defesa do sócio perante a inércia da sociedade. Assim, se a sociedade não tomar qualquer medida depois de receber a declaração de exoneração, o sócio pode requerer a dissolução da sociedade por via administrativa (art. 240.º, 4 CSC). Este meio de defesa está igualmente ao seu dispor caso não receba em devido tempo o valor correspondente à sua quota (art. 240.º, 6 e 7).

5. Exclusão de sócio

5.1. Um sócio pode ser excluído por deliberação nos casos especificados na lei ou nos estatutos, ou por decisão judicial (antecedida e seguida de deliberação dos sócios) verificadas certas circunstâncias (em particular, a adoção de certos comportamentos) prejudiciais para a sociedade – arts. 241.º e 242.º do CSC.

5.2. Para reforço da prevenção de comportamentos e situações gravemente prejudiciais para a sociedade e para reação mais célere – por deliberação dos sócios –, recomenda-se que os estatutos estabeleçam causas de exclusão respeitantes ao comportamento de sócios (por exemplo, aproveitamento indevido de oportunidades de negócios da sociedade, concorrência desleal, apropriação ilícita de bens sociais, propositura frequente de ações chicaneiras contra a sociedade) ou a certas situações em que eles incorram (por exemplo, acompanhamento de maior ou insolvência declarados judicialmente).

Comentário

(a) O direito de a sociedade excluir um sócio pode decorrer da lei – por exemplo, em caso de não cumprimento da obrigação de entrada; por utilização indevida de informações societárias; ou quando o sócio adote um comportamento desleal ou gravemente perturbador do funcionamento da sociedade, o qual tenha causado ou possa vir a causar a esta prejuízos relevantes. Mas pode também ser atribuído por cláusula estatutária (art. 241.º, 1, CSC).

(b) Se é certo que a previsão legal do art. 242.º CSC permite excluir um sócio em boa parte das situações em que a presença deste na sociedade se tornou insustentável, a verdade é que a sua concretização exige o recurso ao tribunal, a quem cabe apreciar os factos e decretar, se assim o entender, a exclusão. Já a previsão estatutária dispensa a intervenção preliminar do tribunal: a exclusão dá-se por deliberação da sociedade com base no fundamento previsto no pacto (art. 246.º, 1, al. c), CSC) – sem embargo, claro, de o sócio excluído poder posteriormente recorrer à via judicial para contestar a deliberação que o afastou.

Por isso se recomenda que seja ponderada a inclusão de cláusulas de exclusão nos estatutos da sociedade, dada a sua conveniência para evitar a eclosão ou o arrastamento de conflitos entre os sócios e a sociedade.

(c) Todavia, as cláusulas que preveem fundamentos de exclusão não podem ser discricionárias: desde logo, não é admissível uma exclusão por simples deliberação maioritária, sem qualquer motivo justificativo. As cláusulas estatutárias de exclusão devem espelhar comportamentos e situações relativos ao sócio que, por acarretarem prejuízos para a sociedade (atuais ou potenciais), tornem inexigível a esta que continue a suportar a presença do sócio. Os factos que fundamentam a exclusão devem ainda ser suficientemente especificados e determinados, para poderem funcionar como horizonte de previsibilidade para atuações futuras dos sócios.

(d) Além de facilitar o exercício do direito de exclusão pela sociedade, o elenco de causas que venha a constar do estatuto pode funcionar como um alerta para os sócios quanto aos concretos comportamentos prejudiciais que devem evitar, sob pena de exclusão. Um exemplo relevante é oferecido pela concorrência que o sócio venha a fazer à sociedade (nas sociedades por quotas, só os gerentes estão obrigados a abster-se de concorrer com a sociedade, não havendo norma legal que proíba os simples sócios de o fazer).

(e) A saída do sócio da sociedade implicará o recebimento de uma contrapartida, normal mas não necessariamente correspondente ao valor da quota: pode ser menor (arts. 241.º, 3 e 242.º, 4 CSC). A quota do sócio excluído será amortizada ou adquirida pela sociedade, por outro sócio ou por terceiro (arts. 241.º, 2 e 242.º, 3 CSC).

6. Valores de liquidação das quotas

6.1. Resulta de várias normas do CSC, incluindo as respeitantes à exoneração e à exclusão de sócios (arts. 240.º, 5, 241.º, 2, 242.º, 4), o princípio geral da identificação do valor de liquidação das quotas com o valor real ou pleno das mesmas: valor proporcional ao pleno valor das sociedades respetivas calculado com referência a certo momento segundo método económico-financeiro adequado. Todavia, com um ou outro limite, essas normas admitem que os estatutos estipulem critérios de avaliação diferentes.

6.2. Para prevenir dificuldades e litígios na avaliação de quotas, é recomendável que os estatutos estipulem critérios simples de fixação dos valores de liquidação, por exemplo o valor resultante do último balanço aprovado ou o valor nominal das quotas, eventualmente com

fatores de correção para os casos de manifesta desproporção entre o valor real e o que se alcança por aqueles critérios.

Comentário

(a) O art. 105.º, 3, CSC permite que os interessados não satisfeitos com a avaliação da sociedade requeiram uma segunda avaliação, desta feita judicial, da contrapartida devida pela quota. Para isso deverão recorrer ao processo especial de liquidação de participações sociais previsto nos arts. 1068.º e 1069.º CPCiv., obtendo a determinação pelo tribunal do valor da participação social num dado momento temporal e com base no critério já referido (estado da sociedade).

(b) Os já referidos regimes da exoneração e da exclusão de sócio permitem que o valor recebido pelo sócio seja diferente do que resulta do critério legal, se houver previsão estatutária nesse sentido. Deve assim ponderar-se a conveniência de fazer uso desta faculdade de definir estatutariamente o valor a satisfazer ao sócio exonerado ou excluído.

(c) No âmbito da exoneração fundada em cláusula estatutária, pode o pacto social fixar um valor diferente, eventualmente mais baixo, embora não possa privar completamente o sócio de uma contrapartida. Já nas hipóteses de exoneração com base em fundamento legal, as previsões estatutárias relativas à contrapartida não podem, direta ou indiretamente, conduzir ao pagamento ao sócio de valor inferior ao que resultaria do critério legal (art. 240.º, 8 CSC).

(d) No âmbito da exclusão, a lei permite a modelação estatutária com maior amplitude: tenha a exclusão base legal ou contratual, o pacto social pode fixar um valor ou um critério diferente do legal – tipicamente, um valor mais baixo que o legal. Muito frequente é a previsão estatutária do pagamento do valor nominal da quota (normalmente mais baixo que o valor de liquidação). O controle de eventuais excessos nesta faculdade de modelação passará pelo crivo geral do art. 812.º do CCiv., o que pode conduzir ao aumento do concreto valor a receber pelo sócio.

7. Conselho consultivo

7.1. O CSC não prevê este órgão (órgãos necessários são apenas o(s) sócio(s) e a gerência). Mas não impede que os estatutos o prevejam – desde que a respetiva competência não colida com a dos órgãos necessários ou com a do órgão legal-facultativo (conselho fiscal ou fiscal único).

7.2. Em algumas sociedades, especialmente familiares, é recomendável a constituição de um conselho consultivo composto por sócios e não sócios para aproveitamento do saber e experiência dos sócios mais antigos e para a integração progressiva de sócios mais novos e de futuros sócios na vida da sociedade.

Comentário

O CSC não prevê a possibilidade de incluir nos estatutos da sociedade a constituição de um órgão consultivo, mas não parece de afastar a legalidade dessa solução. É, porém, necessário que tal órgão não ponha em causa as competências imperativas dos órgãos legalmente previstos.

Como se lê na Comunicação da Comissão de 2006 acima referida, os «fundadores de uma empresa procrastinam, por vezes, a preparação da transmissão, receando que a passagem do testemunho prejudique o seu estatuto social e o seu papel no seio da família». Nas sociedades por quotas familiares o conselho consultivo poderia ser o órgão em que os membros da família que se retiravam de um papel mais ativo (desde logo como gerentes) ainda teriam uma palavra a dizer. Uma posição no conselho consultivo poderia servir para convencer algum sócio a reduzir o seu poder na sociedade em troca de um «lugar de recuo».

Se existir um protocolo familiar que preveja a criação de um conselho de família, é necessário que as duas realidades sejam articuladas para evitar conflitos. Os pactos familiares (e os pactos empresariais em geral) foram reconhecidos na Comunicação da Comissão de 1998 «relativa à transmissão de pequenas e médias empresas» como instrumentos que podem reforçar a continuidade da empresa.

III – DA GERÊNCIA

1. Composição

1.1. A gerência é composta por uma ou mais pessoas singulares com capacidade jurídica plena, sócias e/ou não sócias (CSC, art. 252.º, 1).

1.2. **Tendo em conta a dimensão e complexidade da empresa da sociedade e a competência e disponibilidade do(s) sócio(s), recomenda-se a integração na gerência de um ou mais gestores profissionais não sócios.**

Comentário

(a) Frequentemente, todos os sócios são designados gerentes nos estatutos. Mesmo quando se sabe à partida que alguns deles (com outras profissões) não vão exercer, de facto, a gerência (apesar de às vezes serem remunerados enquanto gerentes). O que, além de disfuncional, pode acarretar consequências inesperadas em matéria de responsabilidade: alguém que aceita ser gerente (ainda que não executivo) tem deveres cujo incumprimento pode levar à responsabilização (civil, tributária).

(b) Os sócios só devem ser designados gerentes quando tenham competência e disponibilidade para exercer o cargo. E se a sociedade tiver capacidade financeira

e exigir saberes não possuídos por sócios, deve um ou mais não-sócios ser eleitos gerentes. Especialmente nas sociedades familiares, os gerentes não sócios facilitam a mediação nos conflitos entre interesses familiares e empresariais, e a não confusão do património da sociedade com o da família.

2. Designação e destituição dos gerentes

2.1. Os gerentes são designados no ato constituinte da sociedade (contrato ou negócio jurídico unilateral) ou, posteriormente, por decisão do(s) sócio(s) (deliberação dos sócios ou decisão do sócio único) – são estes os modos principais de designação (CSC, arts. 252.º, 2, 270.º-E, 1).

A designação dos gerentes é feita por tempo indeterminado, salvo se os estatutos da sociedade ou o ato de designação fixarem um prazo (CSC, art. 256.º).

Em regra, a destituição dos gerentes por decisão do(s) sócio(s) é livre: pode ser feita a todo o tempo, haja ou não justa causa (CSC, art. 257.º, 1).

2.2. Para promover políticas de segurança jurídica e de reconhecimento do mérito, recomenda-se que os estatutos estabeleçam a designação por prazo certo (sem prejuízo de possíveis reeleições) e a destituição só com justa causa.

Comentário

(a) A regra da designação dos gerentes por tempo indeterminado pode levar à não substituição de quem (já) não tem boas condições para gerir. Também pelo receio de que uma possível destituição possa vir a ser julgada sem justa causa, ficando então a sociedade obrigada a indemnizar o destituído.

(b) Em contrapartida, a exigência estatutária de justa causa (designadamente o incumprimento, ou a impossibilidade de cumprimento, de deveres fundamentais dos gerentes) para a destituição deliberada pelos sócios contraria a prática (não infrequente) de arbitrariedades e nepotismos das maiorias. Note-se que essa exigência estatutária não significa atribuir aos gerentes-sócios um direito especial à gerência, que só poderia ser extinto com o acordo do sócio-gerente ou por decisão judicial de destituição com justa causa.

3. Remuneração dos gerentes

3.1. A fixação das remunerações dos gerentes compete aos sócios – deliberação dos sócios ou decisão do sócio único (CSC, art. 255.º, 1, 277.º-E, 1); é nula a fixação efetuada por outro órgão ou por terceiro. Só com autorização dos estatutos da sociedade pode a remuneração de um gerente consistir, total ou parcialmente, em participação nos lucros sociais (CSC, art. 255.º, 3).

3.2. Recomenda-se que a fixação da remuneração de cada gerente seja feita anualmente, com discriminação do montante em dinheiro e das eventuais componentes não monetárias. Recomenda-se também que as «gratificações» aos gerentes sejam concedidas somente quando os estatutos da sociedade as autorizem.

Comentário

(a) É importante para todos, sócios e gerentes, saber exatamente o que e quanto tem a sociedade de pagar aos gerentes. Além de uma importância em dinheiro, pode a remuneração compreender componentes não monetárias, como, por exemplo, a utilização de viatura da sociedade e limite máximo do combustível a ela afeta, prémios de gestão, seguros pessoais cujos prémios são pagos pela sociedade.

(b) Deve a remuneração dos gerentes ser fixada de acordo com a qualidade e quantidade do trabalho de gestão e a situação económica da sociedade. Também porque umas e outra podem variar com o tempo, parece razoável a anualidade para a fixação da remuneração – sem prejuízo de, durante o ano, circunstâncias excecionais justificarem a diminuição da retribuição, por acordo entre a sociedade e o gerente, ou por decisão judicial requerida pela sociedade (cfr., quanto a esta, o n.º 2 do art. 255.º do CSC).

(c) Sucede com alguma frequência deliberar-se nas assembleias gerais anuais a atribuição de «gratificações» aos gerentes pelo trabalho exercido. Mas é muito duvidosa a licitude de tal prática quando não existe qualquer base estatutária para a concessão das «gratificações (cfr. no CSC, além do art. 255.º, 3, os arts. 6.º, 1 e 2, e 58.º, 1, a)).

4. Deveres dos gerentes

4.1. Além de específicos deveres legais (determinados na legislação societária e não societária) e estatutários, os gerentes têm ainda os deveres legais gerais de cuidado e de lealdade para com a sociedade previstos no art. 64.º, 1, do CSC.

Se a sociedade cair em uma situação de probabilidade de insolvência, devem os gerentes tomar medidas para evitar a insolvência (art. 19.º, b), da Diretiva (UE) 2019/1023, de 20 de junho de 2019, ainda não transposta).

4.2. Recomenda-se que os gerentes de uma sociedade que entre em situação económica difícil ou de insolvência iminente cumpram os

deveres de cuidado e de lealdade sem descurarem os direitos e interesses dos credores sociais.

Se a insolvência for inevitável, não devem os gerentes continuar a atividade da sociedade sem pedir a declaração judicial de insolvência.

Se for possível a recuperação da empresa da sociedade, os gerentes, independentemente de possíveis deliberações dos sócios, devem adotar medidas que evitem a insolvência – por exemplo, estabelecer negociações com os credores, iniciar um PER ou um RERE.

Comentário

(a) Com maior ou menor amparo do direito positivo atual, os gerentes tendem a administrar a sociedade guiados pelos interesses dos sócios. Ou, às vezes, ilicitamente, a administrar guiados pelos seus interesses particulares.

Estas tendências revelam-se desajustadas para os credores sociais – que têm direitos – especialmente quando a sociedade cai em situação crítica ou pré-insolvencial. Não raramente, os gerentes (e sócios não gerentes) promovem, por vias legais ou por vias irregulares, a extinção da sociedade e continuam atividade idêntica em outra sociedade (nova, muitas vezes); e os credores, que poderiam não perder, ou perder menos, com a recuperação da empresa social (recuperável), ficam suportando o grosso dos riscos societários.

(b) Mesmo antes de eventuais contra-tendências promovidas por lei (além da já existente, por exemplo a relativa à insolvência culposa), convém lembrar que a tutela dos credores passa normalmente pela recuperação da empresa social recuperável.

5. Negócios entre a sociedade e partes relacionadas

5.1. Os negócios celebrados entre o sócio único e a sociedade (unipessoal) estão sujeitos a vários requisitos (de conteúdo, de forma e formalidades) cujo desrespeito pode acarretar invalidade e a responsabilização do sócio (CSC, art. 270.º-F).

5.2. Na falta de disposição específica para as sociedades pluripessoais, **recomenda-se que os negócios entre a sociedade e um sócio (ou uma pessoa interposta), salvo quando realizados no âmbito da atividade corrente da sociedade e em condições normais de mercado, sejam autorizados por deliberação da gerência; no caso de o sócio ser o gerente único, a autorização deve ser dada por deliberação dos sócios.**

Recomenda-se também, relativamente aos negócios entre a sociedade e um gerente (ou pessoa interposta) – tendo em vista o art. 397.º do CSC (aplicável por analogia): **a não concessão de empréstimos ou**

créditos ao gerente, sob pena de nulidade; a autorização por deliberação da gerência ou, se esta for unipessoal, por deliberação dos sócios, e o parecer favorável do órgão de fiscalização (se existir) para os demais negócios (também sob pena de nulidade), excetuados os negócios compreendidos na atividade corrente da sociedade e celebrados em condições normais de mercado.

Comentário

(a) Os negócios entre a sociedade (representada por um ou mais gerentes) e um ou mais sócios (especialmente sócios de controlo) ou um ou mais gerentes apresentam em geral o perigo de danos para a sociedade em consequência da concessão de vantagens particulares àquelas contrapartes.

As "pessoas interpostas" são, principalmente, os cônjuges, os ascendentes e descendentes dos sócios ou dos gerentes e as sociedades controladas por qualquer um desses sujeitos.

(b) Para prevenir ou diminuir o perigo referido, as recomendações promovem a transparência e o controlo coletivo, realçando a necessidade de deliberações sociais para a aprovação de negócios não compreendidos na atividade corrente da sociedade e não efetuados em condições normais de mercado.

Resumo: O presente artigo consiste num breve apontamento sobre a disciplina dos grupos por domínio total consagrada no CSC, tomando por base a experiência acumulada da sua aplicação prática e o caudal de doutrina e de jurisprudência entretanto sedimentado ao longo dos seus 35 anos de vigência.
Palavras-chave: grupos de sociedades; sociedades coligadas; domínio total; participações totalitárias; sociedades unipessoais.

Abstract: This paper aims at providing a brief overview of the legal regulation of groups based on total domination, as enacted in the Portuguese Companies Act, by taking into consideration its practical application and the doctrinal and case-law developments over the last 35 years.
Keywords: groups of companies; total domination; wholly-owned subsidiaries.

JOSÉ ENGRÁCIA ANTUNES

Os grupos dominiais – o estado da arte 35 anos depois

I. INTRODUÇÃO

I. O Código das Sociedades Comerciais (CSC) de 1986 ocupou-se no seu Capítulo VI do fenómeno das "Sociedades Coligadas" (arts. 481 a 508-E), tendo-se com isso tornado no terceiro legislador em todo o mundo a prever uma disciplina legal em matéria de grupos de sociedades.*

II. No âmbito dessa disciplina, destacam-se indubitavelmente os *grupos por domínio total* (arts. 488 a 491). Dado que os grupos por contrato de subordinação (art. 493) e por contrato de grupo paritário (art. 492) são desconhecidos da prática societária nacional (para algumas parcas referências na jurisprudência nacional, de índole puramente classificatória, vide os Acórdãos do STJ de 3-II-2005 [Oliveira Barros], de 31-V-2011 [Salazar Casanova], e de 9-V-2019 [I. Sacarrão Martins]), pode afirmar-se que os grupos por domínio total são a única modalidade legal de grupo relevante em Portugal. Não surpreende assim a atenção prevalecente, ou mesmo

* O presente texto tem por base a conferência proferida pelo autor no "Colóquio Comércio, Sociedades e Insolvências", organizado pelo Supremo Tribunal de Justiça em 22 de janeiro de 2020. Os preceitos legais citados no texto sem indicação de fonte serão relativos ao CSC.

DSR, ano 12, vol. 24 (2020): 35-56

quase exclusiva, que a doutrina e a jurisprudência portuguesas lhe têm dedicado – consubstanciada em mais de uma centena de estudos doutrinais e de acórdãos existentes sobre a matéria (cf. lista bibliográfica e jurisprudencial final).

III. Volvidos quase 35 anos sobre a sua aprovação, é porventura oportuno fazer um *brevíssimo apontamento do estado da arte* dos pontos estratégicos dessa disciplina legal, tomando por base a experiência acumulada da sua aplicação prática e o referido amplo caudal de doutrina e de jurisprudência entretanto sedimentado. Serão objeto de análise, sucessivamente, os principais pontos críticos desse regime legal, incluindo os aspetos relativos ao seu *âmbito de aplicação* (pessoal, espacial, material), à *formação* do grupo (com destaque para o papel dos sócios), à *direção* (com destaque para os poderes de administração e representação) e *funcionamento* do grupo ("maxime", responsabilidade por perdas e dívidas das filiais), e à *extinção* do grupo. Dada a sua especificidade, deixaremos de fora a figura da aquisição tendente ao domínio total.

II. O ÂMBITO DE APLICAÇÃO

I. O primeiro plano a merecer atenção diz respeito ao âmbito de aplicação da própria disciplina legal dos grupos dominiais. Como é consabido, a aplicação desta disciplina está subordinada à verificação cumulativa e obrigatória de três tipos de requisitos: um relativo à *forma* dos sujeitos da relação de coligação (arts. 481/1 e 488/1: âmbito pessoal); outro relativo ao *estatuto pessoal* dos mesmos sujeitos (art. 481/2: âmbito espacial); e, finalmente, um último relativo à específica *natureza da relação* entre ambos (art. 482: âmbito material).

II. O fundamento teórico e a aplicação prática de todos estes requisitos têm suscitado problemas de ordem vária – a que agora me referirei.

1. Âmbito Pessoal

I. O primeiro requisito de aplicação diz respeito à *forma jurídica* das sociedades intervenientes num grupo por domínio total inicial: nos termos conjugados dos arts. 481/1 e 488/1, existirá uma relação de grupo por domínio total inicial quando uma sociedade anónima, por quotas ou em comandita por ações constituir uma *sociedade anónima* de cuja totalidade do capital é a única titular.

II. Ora, a introdução da figura da *sociedade por quotas unipessoal*, realizada pelo legislador português em 1996 (Decreto-Lei n.º 257/96, de 31 de dezembro), veio levantar a dúvida de saber se as sociedades por quotas poderão também ser sujeitos passivos deste tipo de relações. A maioria dos autores inclina-se a responder afirmativamente a tal questão, estribando esse entendimento na "ratio" subjacente ao regime legal (proteção das sociedades-filhas e seus credores), bem assim como na unidade, coerência e eficácia da sua aplicação (Abreu [2012], 228-229; Antunes [2002a], 850-851; Ascensão [2000], 581; Coelho [2003], 41-43; Cunha [2019], 1137; Gomes [2012], 382; Mesquita [2003], 240; Oliveira [2016], 49; Santos [2009], 74-75). Um outro setor de autores, inversamente, considera que o legislador de 1996 pretendeu unicamente ocupar-se da figura da sociedade unipessoal em cumprimento dos imperativos de transposição da 12.ª Diretiva comunitária na matéria, desinteressando-se do seu relevo como sociedade totalmente dominada de grupos societários (Castro [2017], 32-37; Costa [2014], 113-119; Dias [2014a], 35). Trata-se de um dissenso indesejável e, em todo o caso perfeitamente evitável, impondo-se que o legislador faça aquilo que já deveria ter feito aquando da sua intervenção originária de 1996: cuidar de coordenar as disposições dos arts. 270-A e segs. e dos arts. 488 e segs., esclarecendo se e em que circunstâncias poderão existir grupos por domínio total cujas sociedades totalmente dominadas revestem a forma de sociedades por quotas.

III. Relativamente ao sujeito ativo das relações de grupo por domínio total (inicial ou superveniente), merece destaque a frequência com que a sociedade totalmente dominante reveste a forma de uma *sociedade gestora de participações sociais* ou SGPS (cf., por exemplo, Acórdãos do STJ de 4-IV-2017 [Fonseca Ramos] e de 11-V-2017 [A. Paula Boularot]; Acórdãos da Relação de Lisboa de 4-X-2011 [Manuel Marques], de 10-III-2015 [M. Conceição Saavedra], de 15-III-2018 [M. José Mouro] e de 6-IX-2018 [O. Carmo Alves], da Relação de Coimbra de 12-X-2010 [Carlos Gil] e de 15-I-2013 [Luís Cravo], e da Relação de Guimarães de 16-IV-2015 [M. Luísa Ramos]) (sobre as relações entre as SGPS e os grupos, vide Antunes [2009], 97-99). Discutida é, ainda, a aplicação do regime às empresas públicas (Antunes [2002a], 297-302; Acórdão da Relação de Lisboa de 26-IV-1990 [Cardona Ferreira]).

2. Âmbito Espacial

I. Um segundo requisito diz respeito ao *estatuto pessoal* das sociedades agrupadas: nos termos do art. 481/2, o regime legal é apenas aplicável às relações de coligação entre sociedades (aí incluídas, pois, as relações de grupo por domínio total) *"que tenham a sua sede em Portugal"*. Tal significa que, nos estritos termos da letra da lei, a sociedade com sede no estrangeiro que subscreva ou adquira a totalidade do capital de uma sociedade anónima, por quotas ou comanditária por ações portuguesa não será havida como formando um grupo por domínio total com esta, nem, por conseguinte, estará sujeita ao regime dos arts. 488 e segs.

II. Este requisito – que veio assim alterar a solução resultante da regra de conflitos geral do art. 3 – tem sido muito justamente criticado pela doutrina e até pela própria jurisprudência. Entre outros aspetos, saliente-se que semelhante autolimitação espacial é contrária à própria "ratio legis" geral dos arts. 488 e segs. (proteção das filiais e seus credores), para a qual deve ser considerada indiferente a nacionalidade da sociedade-mãe ou vértice grupal; introduz uma discriminação entre grupos nacionais e estrangeiros de compatibilidade duvidosa, quer com os princípios constitucionais da igualdade de tratamento e da livre concorrência, quer com os princípios comunitários da não discriminação em razão da nacionalidade e da liberdade de estabelecimento; favorece a fuga de investimento nacional e incentiva a deslocalização da sede das sociedades portuguesas para o estrangeiro, como forma de contornar ou iludir a aplicação do regime legal; e consagra uma solução oposta àquela que foi prevista, quer em ordenamentos jurídicos congéneres para questão idêntica (é o caso, por exemplo, do direito alemão), quer no próprio ordenamento jurídico português para questão paralela (é o caso, por exemplo, do art. 21/4 do CVM ou do art. 2-A, jj) do RGIC, que expressamente referem que poderá existir uma relação de grupo entre sociedades "independentemente de as respetivas sedes se situarem em Portugal ou no estrangeiro") (para uma análise crítica desenvolvida, vide Antunes [2002a], 307-313; Antunes [2002b], 95-116; Antunes [2008], 11-12; Antunes [2020], 78; Andrade [2009], 122-123; Ascensão [2000], 576-577; Cordeiro [2005], 785; Oliveira [2016], 60-62; Loureiro/ Ereio [2011], 51-52). Existem mesmo autores e tribunais que sustentam uma interpretação restritiva do art. 481/2, no sentido de que a exigência da localização da sede em Portugal apenas respeitaria à sociedade-filha ou totalmente dominada, pelo que o regime legal seria também aplicável aos grupos cuja sociedade-mãe, titular da participação totalitária, estivesse sediada num qualquer outro país: nesse sentido se pronunciou recentemente o Acórdão da Relação de Lisboa de 11-V-2017 [M. Melo Albuquerque], segundo o qual "entende-se assim impor-se a interpretação correctiva do n.º 2 do art 481.º, de modo a que se conclua que não é necessário que a sociedade que visa estabelecer uma relação de domínio total tenha a sua sede em Portugal" (numa direção semelhante, vide Fernandes/ Labareda [2010], 42-46; Morais Antunes [2007], 216-217). Finalmente, exponenciando a entropia do sistema português vigente, eis que surge ainda na equação o entendimento do TJUE em sede da liberdade de estabelecimento (arts. 49.º e 54.º do TFUE) (cf. designadamente os acórdãos "Daily Mail", "Centros", "Überseering", "Inspire Art", Sevic", "Cartesio", "Vale", "Polbud") – cuja sinuosa história não o coloca seguramente entre os mais felizes trechos da jurisprudência comunitária –, o qual, segundo alguns, fundamentaria a inaplicabilidade do requisito espacial do art. 481/2 às relações de grupo intracomunitárias (neste sentido, com "nuances" diversas, Abreu [2012], 227; Dias [2007], 285-291; Dias [2014], 36-37; Pichel [2014], 251-258).

III. Sucede ainda que o legislador português viria introduzir um *desvio* a esta regra por ocasião da revisão do CSC de 2006 (Decreto-Lei n.º 76-A/2006, de 29 de março), ao adicionar uma nova alínea ao elenco legal das exceções consagrado no citado art. 481/2: nos termos da nova alínea d) deste preceito, aquela regra não se aplica ao caso de "constituição de uma sociedade anónima, nos termos dos n.os 1 e 2 do artigo 488.º, por sociedade cuja sede não se situe em Portugal". É extremamente debatido na doutrina o sentido a associar a este desvio – podendo até dizer-se que a sua introdução veio aumentar, no lugar de reduzir, a complexidade do quadro legal vigente. Um setor de autores sustenta que tal disposição veio simplesmente autorizar a constituição de sociedades anónimas unipessoais portuguesas por sociedades estrangeiras: a intenção do legislador terá sido unicamente a de colocar um termo às dúvidas suscitadas na prática notarial e registal sobre a licitude dessa constituição, bem como obviar ao expediente frequente da criação de sociedades unipessoais fictícias, não tendo pretendido afastar o requisito geral do proémio do art. 481/2 (Abreu [2012], 227; Cunha [2019], 1132-1133; Dias [2008], 86-93; Dias [2014a], 33-36; Monteiro/ Maia [2011], 221; Loureiro/ Ereio [2011], 53; Pichel [2014], 250). Inversamente, um outro setor de autores sustenta que a consagração da licitude dessa constituição torna inevitável o nascimento de uma relação de grupo por domínio total entre sociedades estrangeira e portuguesa, enquanto tal subordinada ao regime dos arts. 488 e segs. (Fernandes/ Labareda [2010], 42-46; Gomes [2012], 382; Oliveira [2011], 1212-1213; Oliveira [2016], 60-62; Triunfante [2007], 520-521). Encontramo-nos de novo diante um aspeto carecido de intervenção clarificadora do legislador, a bem da certeza e segurança jurídica: sob pena de uma ostensiva incoerência lógica e sistemática do regime, afigura-se que a admissibilidade de participações totalitárias internacionais deverá implicar do mesmo passo a existência de relações de grupo por domínio total internacionais, com a consequente sujeição ao respetivo regime legal (sem prejuízo da competente intervenção legitimadora dos sócios, nos termos adiante referidos em III).

3. Âmbito Material

I. A aplicabilidade do regime legal dos grupos por domínio total está ainda dependente de um derradeiro requisito relativo à *natureza* ou *tipo* da própria relação de coligação intersocietária: é consabido que, nos termos gerais dos arts. 482/1, 488/1 e 489/1, a existência de uma relação de grupo por domínio total exige a titularidade de uma *participação totalitária ou de 100% de capital*, a nível originário ou superveniente.

II. A singeleza deste pressuposto legal esconde, porém, um conjunto apreciável de problemas que não foram advertidos ou resolvidos pelo legislador.

III. O mais relevante desses problemas, em meu entender, consiste em saber se um tal requisito, além de necessário, será também *suficiente* para o nascimento ou constituição de uma relação de grupo por domínio total – problema esse que, contendendo com outro dos tópicos desta exposição, tratarei autonomamente já no ponto seguinte (cf. III, sobre a formação dos grupos).

IV. Mas existem ainda outros problemas importantes relativos ao âmbito de aplicação material da lei. A título de ilustração, mencione-se as interrogações suscitadas pelas chamadas *participações totalitárias indiretas*. Designadamente, atenta a omissão de qualquer remissão expressa do art. 488 para a figura da titularidade indireta prevista no art. 483/2, será ou não admissível o domínio total inicial indireto? A doutrina tem patenteado entendimentos muito dissonantes a este respeito, que vão desde aqueles que admitem a sua existência (Oliveira [2016], 51), até àqueles veem nele apenas domínio total superveniente (Abreu [2014a], 128; Antunes [2002a], 855-856; Trigo [1991], 75), que relativizam a sua qualificação como domínio inicial ou superveniente (Fernandes/ Labareda [2010], 20-21; aparentemente também, Stokes/ Ramos (2019), 25-26) ou ainda que negam em absoluto a sua admissibilidade (Costa [2014], 119-120). Porventura mais importante: atenta a remissão expressa do art. 489 para o citado art. 483, estarão igualmente cobertas as participações totalitárias indiretas que são detidas pela sociedade totalmente dominante na sociedade totalmente dominada através de sociedades intermédias ou interposta com as quais se encontra numa mera relação de domínio ou que são detidas por conta da primeira? Trata-se de uma questão decisiva para a delimitação do perímetro dos grupos verticais por domínio total e, consequentemente, para a determinação do alcance da aplicação do regime legal, que tem igualmente tido respostas dissonantes e até opostas na doutrina, ora num sentido positivo (Abreu [2014a], 128-129; Antunes [2002a], 860-861), ora negativo (Coelho [1991], 336; Castro [2017], 54; Oliveira [2016], 52; Stokes/ Ramos [2019], 26-36).

III. A FORMAÇÃO DOS GRUPOS

I. Um outro plano fundamental que tem suscitado dúvidas na "praxis" dos grupos societários diz respeito, nada mais nada menos, ao *nascimento* ou à *formação* do próprio grupo. Com efeito, a existência de uma relação de grupo por domínio total superveniente não se basta com a aquisição de uma participação totalitária ou de 100% do capital de outra (art. 489/1), sendo ainda necessário, nos termos da lei, que os sócios da sociedade totalmente dominante hajam aprovado por maioria qualificada *uma deliberação social* sobre a matéria em Assembleia Geral especialmente convocada e reunida para o efeito (arts. 489/1, "in fine", 489/2/c e 489/3).

II. Ora, se ninguém discute a exigência da participação dos sócios da sociedade-mãe na formação dos grupos societários por domínio total, já é controverso o valor jurídico a associar à referida deliberação social. Para uns, semelhante deliberação social tem uma natureza meramente *ratificativa* ou *extintiva* de um grupo já constituído – de tal modo que a relação de grupo se considera automaticamente nascida logo no momento da aquisição da participação totalitária, pelo que tal deliberação limitar-se-ia a ratificar (arts. 489/2/c e 489/3) ou a extinguir (arts. 489/1, "in fine", 489/2/a e 489/2/b) essa relação já preexistente (Almeida [2013], 649; Ascensão [2000], 586; Silva [1986], 519; Trigo [1991], 74). Para outros, a deliberação social possui uma natureza *constitutiva* da relação de grupo – o que significa que esta relação apenas nascerá se tal deliberação social tiver sido aprovada pela Assembleia Geral da sociedade totalmente dominante (Abreu [2014a], 130; Antunes [1994], 61-68; Antunes [2002a], 868; Castro [2017], 48; França [1991], 137; Oliveira [2016], 90; Vasconcelos

[2012], 39; cf. ainda o Acórdão da Relação de Lisboa de 14-II-2013 [M. Melo Albuquerque]).

III. Além disso, saliente-se que, mesmo entre os autores que sustentam a natureza constitutiva da deliberação de grupo, não existe consenso quanto ao regime ou efeitos desta última, em particular quanto ao *momento do início de vigência da relação de grupo*. Para uns, os grupos por domínio total consideram-se constituídos na *data da tomada da deliberação social de grupo* ou, na falta desta deliberação, no prazo de seis meses a contar da data de aquisição da participação totalitária: estribando-se no art. 489/2, tal entendimento sustenta que a omissão deliberativa constitui uma omissão concludente no sentido de os sócios serem favoráveis à manutenção do domínio total, valendo tal omissão como uma espécie de deliberação "tácita" de aprovação da constituição do grupo (Abreu [2014a], 131; Oliveira [2016], 94; Vasconcelos [2012], 45). Para outros, apenas existirão grupos por domínio total, sujeitos enquanto tal ao regime legal, na data do registo comercial e publicação obrigatória da deliberação social de grupo (art. 489/6 do CSC, arts. 3/1/u, 15/1 e 70/1 do CRC), sendo irrelevante, para estes efeitos, se tal deliberação sobreveio ou não durante esse período semestral: tal entendimento estriba-se agora em argumentos de unidade, coerência e até certeza jurídica do sistema legal de legitimação da constituição de grupos (Antunes [1994], 61-68, em especial 67; num sentido convergente, embora com fundamentação diversa, Castro [2017], 48-53).

IV. Tratando-se a constituição do grupo de um aspeto estratégico da sua regulação, que contende com os interesses de todos os atores envolvidos – a começar pelo interesse dos próprios grupos empresariais, mas também dos administradores, sócios e credores das sociedades agrupadas –, razões elementares de segurança e certeza jurídica impõem que o legislador intervenha nesta matéria, dissipando de vez as dúvidas que o regime atual tem levantado.

IV. A DIREÇÃO E O FUNCIONAMENTO DOS GRUPOS

I. Um penúltimo plano a merecer a nossa atenção diz respeito à *direção e ao funcionamento dos grupos*. Com efeito, o legislador não previu um regime legal próprio nesta matéria para os grupos dominiais, tendo-se limitado a estabelecer uma norma geral de *remissão* para o regime previsto para os grupos contratuais (art. 491). Ora, como é aliás caraterístico deste tipo de expediente técnico-legislativo, o sentido e alcance dessa remissão tem originado não poucas hesitações e dúvidas, que a nossa jurisprudência – é mister frisá-lo – tem vindo a aplainar e até a resolver (para algumas referências jurisprudenciais, vide os Acórdãos do STJ de 29-XI-2005 [Reis Figueira], de 31-V-2011 [Salazar Casanova], de 27-IV-2014 [Fernando Bento], e da Relação de Lisboa de 10-III-2015 [Manuel Marques]). A título de ilustração, selecionei alguns pontos duvidosos desse regime legal remissivo que, pela sua importância, julgo merecer aqui especial destaque: o poder de direção da cúpula grupal, a responsabilidade por perdas e a responsabilidade por dívidas.

1. Poder de Direção: A Divisão de Competências ao Nível da Cúpula Grupal

I. É consabido que nos grupos dominiais, ao contrário dos grupos contratuais, a sociedade-mãe (totalmente dominante) é titular de um poder jurídico de governo virtualmente ilimitado e absoluto sobre todas as áreas da vida e da atividade das respetivas sociedades-filhas (totalmente dominadas): tornou-se assim frequente sublinhar "a omnipresença da sociedade totalmente dominante na estrutura orgânica da sociedade totalmente dominada" (Antunes [2002a], 891), "a omnipresença do órgão gestor do grupo" (França [1991], 104) ou a existência de um "controlo societário integral" (Oliveira [2012], 1262).

II. Ora, questão que nos sai imediatamente a caminho é a de saber *qual o órgão da sociedade-mãe (anónima) totalmente dominante a quem compete a titularidade e o exercício desse poder de controlo absoluto* relativamente ao governo e à vida das sociedades-filhas totalmente dominadas: a sua Assembleia Geral ou o seu Conselho de Administração? Em nosso entender, há que distinguir aqui entre uma *competência-regra* do Conselho de Administração e uma *competência residual* da Assembleia Geral de Acionistas.

III. No âmbito dos grupos dominiais, o Conselho de Administração da sociedade-mãe é, por regra, o órgão competente para protagonizar a titularidade e exercício de um tal poder de controlo. Por um lado, com a instituição de uma relação de grupo por domínio total, a sociedade totalmente dominante passa a ser titular de um poder legal de direção sobre a gestão social da sociedade totalmente dominada, poder este que se traduz essencialmente num direito de os órgãos de administração da primeira emitirem instruções vinculantes e até prejudiciais aos órgãos congéneres da última (arts. 503 e 504): neste sentido, pode afirmar-se que o Conselho de Administração da sociedade-mãe passa a funcionar como o órgão de administração para o grupo inteiro, pois a ele cabe, em derradeira instância, *a decisão sobre todas as matérias da competência dos órgãos de administração das sociedades-filhas*. Por outro lado, não se pode perder de vista que a sociedade totalmente dominante, agora na sua qualidade de sócia única da sociedade totalmente dominada, é ainda titular de um poder exclusivo ou solitário de decisão sobre todas as matérias compreendidas no âmbito de atribuições da assembleia geral desta última (arts. 373 e 386/2): dado que o exercício dos direitos sociais inerentes às participações totalitárias de capital detidas pela sociedade-mãe nas suas filiais compete aos respetivos órgãos de administração e representação social (arts. 405, 406 e 408), pode dizer-se que é também ao Conselho de Administração daquela sociedade que caberá a decisão sobre *todas as matérias da competência dos órgãos deliberativos das sociedades-filhas*, na qualidade de representante legal ou orgânico da sócia única destas últimas (naturalmente, estamos aqui a considerar o caso de a sociedade-mãe revestir a natureza de uma sociedade anónima, organizada segundo o modelo tradicional (art. 278/1), sendo já a situação algo diferente no caso de a sociedade-mãe revestir a natureza de *sociedade por quotas*, onde a aquisição e alienação de participações sociais é, em princípio e salvo disposição estatutária em sentido contrário, uma matéria da competência da Assembleia Geral (art. 246/2/d) e onde a gestão das participações sociais, sendo matéria da competência da Gerência, se encontra sujeita às deliberações dos sócios (art. 259): sobre esta diversidade entre os grupos de sociedades anónimas e por quotas, cf. ANTUNES [2002a], 635-636, 720, 850-852).

IV. Este protagonismo do Conselho de Administração, todavia, *não é absoluto*, sob pena de tal poder conduzir a um esvaziamento do papel da Assembleia Geral da cúpula grupal e a uma degradação do estatuto jurídico dos respetivos acionistas: é que se, no quadro de uma estrutura empresarial unissocietária (sociedade individual), os acionistas podiam exercer o conjunto dos seus direitos patrimoniais e organizativos relativamente a toda a empresa, no contexto da estrutura plurissocietária eles acabam por perder o exercício de tais direitos em favor dos administradores relativamente aos setores da empresa global agora destacados nas sociedades-filhas. Por essa razão, deverá ser reconhecida à Assembleia Geral dos Acionistas da sociedade-mãe *uma competência residual (art. 373/2, "in fine") relativamente à tomada de decisão sobre determinadas matérias fundamentais relativas à vida das sociedades-filhas* que possuam um impacto significativo sobre a estrutura patrimonial ou organizativa da empresa global do grupo e que possam assim afetar gravemente, por via indireta, o núcleo da posição de socialidade ("Mitgliedschaft", "membership", "socialité") dos próprios acionistas da sociedade-mãe. Saber que matérias fundamentais são essas é questão, todavia, que apenas *caso a caso* poderá ser apurada em definitivo: entre tais matérias, avultam, designadamente, a aprovação de deliberações relativas à distribuição de dividendos das sociedades-filhas, a realização de aumentos do seu capital social (especialmente subscritos por terceiros estranhos ao grupo), a alienação de parte substancial do património social (especialmente quando este represente uma parte substancial do património do próprio grupo) ou a constituição de sociedades-netas (Antunes [1994], 103-145; Antunes [2002a], 145-150; Oliveira [2016], 148-154).

V. A existência desta competência residual dos sócios das cúpulas grupais foi também já reconhecida pela jurisprudência superior portuguesa: assim sucedeu no Acórdão do STJ de 11-V-2017 [A. Paula Boularot], embora conferindo-lhe aí, em nosso entender, uma amplitude excessiva que a estende ainda a matérias deliberativas não fundamentais, "in casu", a remuneração dos administradores (Antunes [2017], 21-79) (cf. ainda Acórdão da Relação de Lisboa de 14-II-2013 [M. Melo Albuquerque]).

2. Responsabilidade Por Dívidas

I. Uma das normas legais expressamente abrangidas pela remissão feita pelo art. 491 respeita ao art. 501, relativo à *"responsabilidade para com os credores da sociedade subordinada"*. Tal significa que, também nos grupos dominiais, a sociedade-mãe (totalmente dominante) tem uma responsabilidade pelas dívidas das sociedades-filhas (totalmente dominadas), em contrapartida do poder de direção que detém sobre a gestão e condução dos negócios sociais destas últimas – trata-se, tomando emprestada a feliz expressão de Ulrich Immenga, que titula um dos seus ensaios sobre a matéria, do "preço do grupo".

II. Sendo numerosas as questões que a aplicação deste preceito aos grupos por domínio total vem suscitando, referirei aqui duas que, pela sua relevância, se me afiguram merecer destaque autónomo: a *natureza* da responsabilidade da sociedade-mãe e a *cessação* dessa responsabilidade.

III. No que respeita à questão da *natureza* da responsabilidade prevista no art. 501, em boa hora dela se ocupou a nossa jurisprudência superior.

Refiro-me ao Acórdão do STJ de 31-V-2005 [Fernandes Magalhães], que associou à responsabilidade da sociedade-mãe ou totalmente dominante um conjunto de características fundamentais: a saber, trata-se uma responsabilidade de natureza *excecional* (que exclui, em princípio, a sua aplicação analógica: cf. também Andrade [2009], 110; Cordeiro [2011], 112; Oliveira [2016], 272; divergentemente Guiné [2006], 295-325); uma responsabilidade de natureza *legal*, decorrente de norma legal imperativa (assim repudiando o entendimento doutrinal dominante que vê no preceito um caso de desconsideração da personalidade jurídica: v.g., Ascensão [2000], 613; Cordeiro [1988], 296; Cordeiro [2000], 81-82; Correia [1988], 395; Duarte [2007], 20; Figueira [1990], 51; Mesquita [2003], 244; Oliveira [2011d], 1295; Plácido [2013], 26; o que não significa que tal instituto não possa ser ocasionalmente convocado de forma complementar de modo a garantir a eficácia do comando legal ou da proteção dos credores sociais: cf. Acórdãos da Relação de Lisboa de 4-X-2011 [Manuel Marques] e de 23-X-2018 [M. Cecília Agante]); uma responsabilidade *objetiva*, assente num sistema de imputação automática do risco da exploração empresarial (como tal não dependente de ilicitude ou culpa da sociedade-mãe: cf. já Figueira [1990], 51; igualmente para a responsabilidade por perdas do art. 502, cf. Acórdão do STJ de 31-V-2011 [Salazar Casanova]); uma responsabilidade *direta e ilimitada*, que permite aos credores das sociedades-filhas agredir diretamente o património da sociedade-mãe por todas as obrigações daquelas, independentemente da respetiva natureza, fonte, ou montante concretos (contestando a natureza direta da responsabilidade, Andrade [2009], 81-84; sustentando cobrir apenas dívidas pecuniárias, Cordeiro [2011], 101-102; sobre as dívidas fiscais, Guiné [2009], 937-965; sobre as dívidas insolvenciais, Acórdão da Relação de Guimarães de 16-IV-2015 [M. Luísa Ramos]); e uma responsabilidade *solidária*, por cujo cumprimento integral respondem ambas as sociedades, mãe e filha, com a particularidade de se haver previsto uma condição ou termo especial relativamente ao momento da sua exigibilidade a um dos codevedores (convergentemente, p. ex., Acórdãos da Relação de Lisboa de 6-IX-2018 [O. Carmo Alves], de 10-III-2015 [Manuel Marques] e de 16-IX-2008 [Manuela Gomes], da Relação de Coimbra de 15-I-2013 [Luís Cravo], e da Relação de Guimarães de 11-VII-2017 [M. Fátima Andrade]) (e não uma responsabilidade acessória ou até subsidiária, como sustentado por uma parte da doutrina: cf. Abreu [2014a], 270; Cordeiro [2011], 103-106; Gomes [2011], 209-214; Oliveira [2012], 883-884; Oliveira [2016], 209-211; Plácido [2013], 22-26). Em todo o caso, trata-se de uma responsabilidade de natureza ascendente, *e não descendente*: o preceito prevê apenas a responsabilidade da sociedade-mãe pelas dívidas da sociedade-filha, e já não o seu inverso (cf. Acórdãos da Relação de Lisboa de 15-III-2018 [M. José Mouro] e de 12-X-2010 [Carlos Gil]). Retenha-se finalmente que, ao lado deste regime geral, o legislador previu mecanismos especiais que conferem uma proteção mais ampla a determinadas classes de credores, "maxime", credores laborais, cuja proteção não está confinada às relações grupais (art. 334 do Código do Trabalho) (cf. Antunes [2012], 61-63; Ramalho [2008], 621-654; Acórdãos do STJ de 9-XI-2011 [Sampaio Gomes] e de 6-II-2019 [Ferreira Pinto]; Acórdãos da Relação de Lisboa de 26-IV-2018 [Albertina Pereira] e de 22-I-2019 [Higina Castelo], da Relação de Coimbra de 20-IV-2016 [Jorge Arcanjo], da Relação do Porto de 25-VI-2012 [A. José Ramos] e de 29-II-2016 [Domingos Morais], e da Relação de Évora de 23-V-2013 [Silva Rato], de 28-I-2016 [João Nunes] e de 12-X-2017 [M. Pereira da Silva]).

IV. Outra questão que tem suscitado entendimentos doutrinais diferentes diz respeito à *extensão temporal* da responsabilidade da sociedade-mãe: segundo alguma doutrina, essa responsabilidade cessa ou extingue-se com a cessação ou extinção da própria relação de grupo (Andrade [2009], 120; Cordeiro [2011], 109-110; mitigado, Plácido [2013], 56-59). Na linha daquela que constitui a opinião maioritária entre os autores, o mesmo Acórdão do STJ de 31-V-2005 [Fernandes Magalhães] veio determinar que "a sociedade totalmente dominante responde pelas obrigações da sociedade dependente constituídas até à cessação da relação de domínio total, mesmo que o seu cumprimento lhe seja exigido (judicial ou extrajudicialmente) após a cessação dessa relação". Tal significa dizer que, mesmo após a cessação da relação de grupo, a sociedade-mãe continua a ser responsável pelas dívidas das sociedades-filhas ou totalmente dominadas que hajam sido constituídas antes ou durante a vigência da relação de grupo (nos termos do art. 501/1 e 501/2), sendo assim aos credores lícito exigir àquela a satisfação dos respetivos créditos (em sentido convergente, Abreu [2014a], 267; Antunes [2002a], 804; Ascensão [2000], 591; Castro [2017], 69; Fernandes/ Labareda [2010], 23; Garin/ Ferreira [2012], 114-116; Oliveira [2011d], 1295; Oliveira [2012], 885-886; Oliveira [2016], 212-214).

3. Responsabilidade por Perdas

I. Outra das normas legais convocadas pela norma remissiva pelo art. 491 respeita ao art. 502, relativo à *"responsabilidade por perdas da sociedade subordinada"*. Tal significa que, no termo da relação de grupo, a sociedade-mãe tem o dever de cobrir todas as perdas contabilísticas anuais registadas durante os exercícios sociais contemporâneos à vigência daquela relação e que não hajam sido compensadas por reservas constituídas durante esse período.

II. A aplicação deste preceito tem originado entendimentos desencontrados. Se alguns, considerando que tal norma visa exclusivamente a proteção dos sócios minoritários nos grupos contratuais, propugnam uma interpretação restritiva do art. 491 no sentido de excluir o art. 502 do bloco das normas remetidas (Castro [2017], 70-75), a maioria dos outros, ao invés, sustentando que tal norma almeja igualmente a proteção das próprias sociedades-filhas e dos seus credores, defendem a plena aplicação do referido preceito também no contexto dos grupos dominiais (Abreu [2014], 272-273; Correia [1988], 395-396; Oliveira [2012], 886-892; Oliveira [2016], 237-240; Trigo [1991], 93).

III. Ora, também aqui a nossa jurisprudência superior teve ocasião de tomar posição, tendo-se pronunciado no sentido da *plena aplicação do art. 502 aos grupos dominiais*. Como se refere no Acórdão do STJ de 31-V-2011 [Salazar Casanova], "quando o art. 502.º, n.º 1, do CSC prescreve que a sociedade subordinada (ou a sociedade dominada, se estivermos numa relação de grupo por domínio total que findou) «tem o direito de exigir que a sociedade directora compense as perdas anuais que, por qualquer razão, se verifiquem durante a vigência do contrato de subordinação», estão aqui a tutelar-se interesses da sociedade que irá prosseguir a sua actividade, mas também interesses dos credores por uma via acrescida à que promana do art. 501.º do CSC. Por isso, face a tais propósitos da lei, considerem-se ou não excessivamente garantísticos de «jure condendo», não se justifica uma interpretação restritiva que apenas reconheça esse direito aos sócios livres que, no caso de sociedades com domínio total, seriam os detentores de 10% ou menos do capital da sociedade dominada (art. 489.º, n.º 4, al. c), do CSC)".

V. EXTINÇÃO DO GRUPO

I. A terminar, uma brevíssima palavra sobre a *extinção* dos grupos dominiais, apenas para assinalar que, também neste derradeiro plano do regime legal, subsistem aspetos controvertidos e omissos que importa não perder de vista.

II. Desde logo, existem leituras divergentes a respeito do *elenco legal dos eventos extintivos*, previsto no art. 489/4. Um deles diz respeito à *transfe-*

rência da sede de qualquer uma das sociedades (totalmente dominante e/ou dominada) para fora de Portugal (art. 489/4/a)): ora, a introdução da alínea d) do art. 481/2, para quem considere que a mesma veio subordinar ao regime legal português os grupos dominiais com cúpula estrangeira (cf. *supra* II-2), veio do mesmo passo originar uma derrogação tácita parcial do referido evento extintivo, que deixa de ser aplicável às sociedades totalmente dominantes (Oliveira [2011], 1213; Oliveira [2012], 62). Outro diz respeito à *alienação de frações de capital superiores a 10% da sociedade totalmente dominada* (art. 489/4/c): apesar de haver quem sustente uma interpretação corretiva ou mesmo ab-rogatória da norma, no sentido de que o grupo dominial terminará qualquer que seja o montante do capital alienado (Castro [2017], 76-79), é mister sublinhar que a maioria da doutrina e da jurisprudência portuguesas continua a retirar da norma o que ela realmente diz – ou seja, que a titularidade de uma participação totalitária de capital, sendo embora um pressuposto necessário da constituição do grupo dominial, não o é da sua manutenção, o qual subsistirá se e enquanto a participação detida pela sociedade-mãe não se tornar igual ou inferior a 90% do capital da filial (Abreu [2014b], 134; Antunes [2002a], 904-908; Figueira [1990], 57; Oliveira [2011d], 1249-1250; Trigo [1991], 77-78) (para outros eventos extintivos, vide o Acórdão do STJ de 29-XI-2005 [Reis Figueira]).

III. Mas há também aspetos omissos no regime legal da extinção grupal – falamos da *não exigência legal expressa de uma deliberação social de extinção do grupo*. Por razões de coerência e unidade do sistema de participação dos sócios nas operações de reorganização da superstrutura jurídica da sua empresa – relembre-se a exigência de uma deliberação social para a formação e a extinção do grupos contratuais (desenvolvidamente Antunes [2002a], 659-683, 703-705), bem assim como para a formação dos próprios grupos dominiais (cf. *supra* III) –, justificar-se-ia que o legislador, no âmbito de uma eventual reforma do regime geral, viesse a prever expressamente a necessidade de uma deliberação prévia do colégio dos sócios da sociedade totalmente dominante na matéria, consagrando no plano da lei positiva aquele que é já o entendimento propugnado por um setor da doutrina nacional (Antunes [2002a], 908; Oliveira [2011c], 1259).

Bibliografia

Abreu, Jorge Coutinho, *Responsabilidade Civil nas Sociedades em Relação de Domínio*. In: LXI "Scientia Iuridica" (2012), 223-246.

Abreu, Jorge Coutinho, *Artigo 489 (Domínio Total Superveniente)*. In: "Código das Sociedades Comerciais em Comentário", vol. VII, 125-135, Almedina, Coimbra, 2014.

Abreu, Jorge Coutinho, *Artigo 501 (Responsabilidade para com os Credores da Sociedade Subordinada)*. In: "Código das Sociedades Comerciais em Comentário", vol. VII, 264-270, Almedina, Coimbra, 2014.

Abreu, Jorge Coutinho, *Artigo 502 (Responsabilidade por Perdas da Sociedade Subordinada)*. In: "Código das Sociedades Comerciais em Comentário", vol. VII, 271--278, Almedina, Coimbra, 2014.

Abreu, Jorge Coutinho/ Martins, Alexandre Soveral, *Grupos de Sociedades. Aquisições Tendentes ao Domínio Total*. Almedina, Coimbra, 2003.

Almeida, A. Pereira, *Sociedades Comerciais, Valores Mobiliários, Instrumentos Financeiros e Mercado*. Volume I ("Sociedades Comerciais"), 7.ª edição, Coimbra Editora, Coimbra, 2013.

Almeida, Margarida Azevedo, *O Problema da Responsabilidade do Sócio Único perante os Credores da Sociedade Quotas Unipessoal*. In: 3 "Revista de Ciências Empresariais e Jurídicas" (2005), 61-98.

Andrade, Ana Gomes, *A Responsabilidade da Sociedades Totalmente Dominante*. Almedina, Coimbra, 2007.

Antunes, Ana F. Morais, *O Instituto da Aquisição Tendente ao Domínio Total (Artigo 490.º do CSC): Um Exemplo de uma "Expropriação legal" dos Direitos dos Minoritários?*. In: "Nos 20 Anos do Código das Sociedades Comerciais", vol. II, 203-253, Coimbra Editora, Coimbra, 2007.

Antunes, José Engrácia, *A Aquisição Tendente ao Domínio Total – Da Sua Constitucionalidade*. Coimbra Editora, Coimbra, 2001.

Antunes, José Engrácia, *Os Grupos de Sociedades – Estrutura e Organização Jurídica da Empresa Plurissocietária*. Almedina, Coimbra, 2002.

Antunes, José Engrácia, *O Âmbito de Aplicação do Sistema das Sociedades Coligadas*. In: "Estudos em Homenagem à Professora Doutora Isabel de Magalhães Colaço", volume II, 95-116, Almedina, Coimbra, 2002.

Antunes, José Engrácia, *Os Poderes nos Grupos de Sociedades – O Papel dos Accionistas e dos Administradores na Formação e na Direcção da Empresa de Grupo*. In: AA.VV., "Problemas do Direito das Sociedades", 153-165, Almedina, Coimbra, 2002.

Antunes, José Engrácia, *The Law of Corporate Groups in Portugal*. Institute for Law and Finance, University of Frankfurt, Working Paper Series n.º 84, 2008.

Antunes, José Engrácia, *As Sociedades Gestoras de Participações Sociais*. In: I "Direito das Sociedades em Revista" (2009), volume 1, 67-103.

Antunes, José Engrácia, *Os Grupos de Sociedades no Direito do Trabalho*. In: XIX "Questões Laborais" (2012), 49-78.

ANTUNES, José Engrácia, *The Management and Supervision of Corporate Groups*. In: "Festschrift für Theodor Baums zum siebzigsten Geburtstag", Band I, 77-107, Mohr Siebeck, Tübingen, 2017.

ANTUNES, José Engrácia, *Das Deliberações do Conselho de Administração de uma SGPS no Contexto de Relações de Grupo por Domínio Total - Anotação ao Acórdão do STJ de 11 de maio de 2017*. In: 20 "Direito das Sociedades em Revista" (2018), 21-79.

ANTUNES, José Engrácia, *The Law of Groups of Companies in Portugal*. In: Manóvil, Rafael (dir.), "Groups of Companies – A Comparative Law Overview", 73-85, Springer Verlag, Berlin, 2020.

CASTRO, Carlos Osório, *A Relação de Domínio Total: Diagnóstico e Remédios*. In: 18 "Direito das Sociedades em Revista" (2017), 26-79.

COELHO, Francisco Pereira, *Os Grupos de Sociedades – Anotação Preliminar aos Arts. 488.º a 508.º*. In: LXIV "Boletim da Faculdade de Direito da Universidade de Coimbra" (1988), 297-353.

COELHO, M. Ângela, *A Limitação da Responsabilidade do Comerciante Individual: O EIRL e a SQU em Confronto*. In: "Os Quinze Anos de Vigência do Código das Sociedades Comerciais", 29-43, Fundação Bissaya Barreto, Coimbra, 2003.

CORDEIRO, António Menezes, *O Levantamento da Personalidade Colectiva no Direito Civil e Comercial*. Almedina, Coimbra, 2000.

CORDEIRO, António Menezes, *Direito Europeu das Sociedades*. Almedina, Coimbra, 2005.

CORDEIRO, António Menezes, *A Responsabilidade da Sociedade com Domínio Total (Art. 501.º/1 do CSC) e seu Âmbito*. In: 1 "Direito das Sociedades em Revista" (2011), 83-115.

CORDEIRO, Pedro, *A Desconsideração da Personalidade Jurídica das Sociedades Comerciais*. In: "Novas Perspectivas do Direito Comercial", 289-311, Almedina, Coimbra, 1988.

CORREIA, Luís Brito, *Grupos de Sociedades*. In: "Novas Perspectivas do Direito Comercial", 379-3999, Almedina, Coimbra, 1988.

COSTA, Ricardo, *As Sociedades Unipessoais*. In: AA.VV., "Problemas do Direito das Sociedades", 25-63, Almedina, Coimbra, 2002.

COSTA, Ricardo, *Artigo 488 (Domínio Total Inicial)*. In: "Código das Sociedades Comerciais em Comentário", vol. VII, 110-124, Almedina, Coimbra, 2014.

DIAS, Rui Pereira, *As Sociedades no Comércio Internacional*. In: IDET, "Miscelâneas n.º 5", 41-108, Almedina Coimbra, 2008.

DIAS, Rui Pereira, *Artigo 481 (Âmbito de Aplicação)*. In: "Código das Sociedades Comerciais em Comentário", vol. VII, 15-42, Almedina, Coimbra, 2014.

DIAS, Rui Pereira, *A Responsabilidade das Sociedades-Mãe Estrangeiras no Regime dos Grupos: Os Cinzentos do Acórdão Impacto Azul*. In: "III Congresso Direito das Sociedades em Revista" (2014), 411-424.

Duarte, Diogo Pereira, *Aspectos do Levantamento da Personalidade Colectiva nas Sociedades em Relação de Domínio*. Almedina, Coimbra, 2007.

Fernandes, L. Carvalho/ Labareda, João, *A Situação dos Acionistas perante Dívidas da Sociedade Anónima no Direito Português*. In: 4 "Direito das Sociedades em Revista" (2010), 11-74.

Figueira, Eliseu, *Disciplina Jurídica dos Grupos de Sociedades – Breves Notas Sobre o Papel e a Função dos Grupos de Empresas e sua Disciplina Jurídica*. In: XV "Colectânea de Jurisprudência" (1990), n.º 4, 37-59.

França, Maria Augusta, *A Estrutura das Sociedades Anónimas em Relação de Grupo*. AAFDL, Lisboa, 1990.

Garin, Duarte/ Ferreira, Francisco Cunha, *O Âmbito de Aplicação Temporal do Artigo 501.º do Código das Sociedades Comerciais: Cessação da Responsabilidade com a Extinção*. In: 33 "Actualidad Jurídica Uría Menéndez" (2012), 112-116.

Gomes, Fátima, *Considerações Introdutórias à Problemática Jurídica dos Grupos de Sociedades*. In: "Estudos em Memória do Professor Doutor Paulo Sendin", 356-392, UC Editora, Lisboa, 2012.

Gomes, M. Januário Costa, *A Sociedade com Domínio Total como Garante: Breves Notas*. In: "Estudos em Homenagem ao Prof. Doutor C. Ferreira de Almeida", vol. IV, 197-216, Almedina, Coimbra, 2011.

Guiné, Orlando Vogler, *A Responsabilização Solidária nas Relações de Domínio Qualificado*. In: 66 "Revista da Ordem dos Advogados" (2006), 295-325.

Guiné, Orlando Vogler, *A Responsabilidade da Sociedade Directora por Dívidas Fiscais da Sociedade Dirigidas – Algumas Notas para a sua (In)Compreensão*. In: "Estudos em Homenagem ao Prof. Doutor Manuel Henrique Mesquita", vol. I, 937-965, Coimbra Editora, Coimbra, 2009.

Loureiro, Catarina Tavares/ Ereio, Joana Torres, *A Relação de Domínio ou de Grupo como Pressuposto de Facto para a Aplicação das Normas do Código das Sociedades Comerciais – O Âmbito Espacial em Particular*. In: 30 "Actualidad Jurídica Uría Menéndez" (2011), 46-61.

Melo, Pedro Gouveia, *Discriminação Inversa? O Acórdão Impacto Azul e a Exclusão da Responsabilidade Solidária das Sociedades-Mãe de Outros Estados Membros pelas Dívidas das suas Filiais Nacionais*. In: "Anuario de Direito Internacional" (2013), 333-349.

Mesquita, Manuel Henrique, *Os Grupos de Sociedades*. In: "Os Quinze Anos de Vigência do Código das Sociedades Comerciais", 233-247, Fundação Bissaya Barreto, Coimbra, 2003.

Monteiro, António Pinto/ Maia, Pedro, *Sociedades Anónimas Unipessoais e a Reforma de 2006*. In: 139 "Revista de Legislação e de Jurisprudência" (2010), 138-155.

Oliveira, Ana Perestrelo, *Artigo 481 (Âmbito de Aplicação)*. In: "Código das Sociedades Comerciais Anotado", 1209-1213, 2.ª edição, Almedina, Coimbra, 2011.

Oliveira, Ana Perestrelo, *Artigo 488 (Domínio Total Inicial)*. In: "Código das Sociedades Comerciais Anotado", 1238-1244, 2.ª edição, Almedina, Coimbra, 2011.

Oliveira, Ana Perestrelo, *Artigo 489 (Domínio Total Superveniente)*. In: "Código das Sociedades Comerciais Anotado", 1245-1250, 2.ª edição, Almedina, Coimbra, 2011.

Oliveira, Ana Perestrelo, *Artigo 501 (Responsabilidade para com os Credores da Sociedade Subordinada)*. In: "Código das Sociedades Comerciais Anotado", 1293-1297, 2.ª edição, Almedina, Coimbra, 2011.

Oliveira, Ana Perestrelo, *Questões Avulsas em Torno dos Artigos 501.º e 502.º do Código das Sociedades Comerciais.* In: IV "Revista de Direito das Sociedades" (2012), 871-898.

Oliveira, Ana Perestrelo, *Manual de Grupos de Sociedades.* Almedina, Coimbra, 2016.

Pichel, Paulo, *O Âmbito Espacial do Regime de Coligação Societária à Luz do Direito da União Europeia.* In: 11 "Direito das Sociedades em Revista" (2014), 225-259.

Plácido, Tiago Mendes, *A Responsabilidade da Sociedade Totalmente Dominante.* In: "Estudos do Instituto do Conhecimento AB", n.º 5, 451-544, Almedina, Coimbra, 2016.

Ramalho, M. Rosário Palma, *Grupos Empresariais e Societários – Incidências Laborais*, Almedina, Coimbra, 2008.

Santos, Filipe Cassiano, *A Sociedades Unipessoal por Quotas.* Coimbra Editora, Coimbra, 2009.

Santos, Pedro Barrambana, *O Direito à Informação nas Sociedades em Relação de Domínio Total – A Posição dos Sócios da Sociedade-Mãe.* In: VI "Revista de Direito das Sociedades" (2014), 151-212.

Silva, Fernando Castro, *Das Relações Inter-Societárias.* In: 4 "Revista de Notariado" (1986), 489-538.

Stokes, Miguel/ Ramos, Gabriel Freire, *Pressupostos do Domínio Total Indireto: Algumas Reflexões.* In: 51 "Actualidad Jurídica Uría Menéndez" (2019), 19-36.

Trigo, Maria Graça, *Grupos de Sociedades*. In: 123 "O Direito" (1991), 41-114.

Triunfante, Armando, *Código das Sociedades Comerciais Anotado*. Coimbra Editora, Coimbra, 2007.

Vasconcelos, Pedro Pais, *Constituição de Grupo por Domínio Total Superveniente.* In: 8 "Direito das Sociedades em Revista (2012), 35-49.

Ventura, Raúl, *Grupos de Sociedades – Uma Introdução Comparativa a Propósito de um Projecto Preliminar de Directiva da CEE*. In: 41 "Revista da Ordem dos Advogados" (1981), 23-81, 305-362.

Jurisprudência

Supremo Tribunal de Justiça

Acórdão de 10-IV-2003 (Moitinho de Almeida) (aquisição tendente ao domínio total, constitucionalidade, compatibilidade com o direito à iniciativa privada, o direito de propriedade e o princípio da igualdade de tratamento)

Acórdão de 3-II-2005 (Oliveira Barros) (aquisição tendente ao domínio total, consignação em depósito)

Acórdão de 31-V-2005 (Fernandes Magalhães) (grupos por domínio total, responsabilidade perante os credores da sociedade totalmente dominada)

Acórdão de 29-XI-2005 (Reis Figueira) (reforma dos administradores, grupo por domínio total, extinção da sociedade totalmente dominante, caducidade das instruções vinculantes, abuso de direito)

Acórdão de 31-V-2011 (Salazar Casanova) (grupos por domínio total, responsabilidade por perdas)

Acórdão de 9-XI-2011 (Sampaio Gomes) (responsabilidade solidária por créditos laborais, ónus da prova da coligação societária)

Acórdão de 27-IV-2014 (Fernando Bento) (grupos por domínio total, remuneração dos administradores, âmbito do direito de instruções vinculantes)

Acórdão de 4-IV-2017 (Fonseca Ramos) (grupos por domínio total, SGPS como sociedade totalmente dominante, processo especial de revitalização, prestação de garantias, assunção de dívida)

Acórdão de 11-V-2017 (A. Paula Boularot) (grupos por domínio total, SGPS como sociedade totalmente dominante, direito de dar instruções vinculantes, validade das deliberações do Conselho de Administração)

Acórdão de 6-II-2019 (Ferreira Pinto) (responsabilidade solidária por créditos laborais, ónus da prova da coligação societária)

Acórdão de 9-V-2019 (I. Sacarrão Martins) (coligação de sociedades, uniões pessoais de administrações, desconsideração da personalidade jurídica)

Tribunais da Relação

Acórdão da Relação de Lisboa de 26-IV-1990 (Cardona Ferreira) (âmbito de aplicação pessoal do regime das sociedades coligadas, empresas públicas, incidente de intervenção principal)

Acórdão da Relação de Lisboa de 6-VI-2002 (Sousa Magalhães) (aquisição tendente ao domínio total, constitucionalidade, consignação em depósito)

Acórdão da Relação de Lisboa de 29-X-2002 (A. Abrantes Geraldes) (aquisição tendente ao domínio total, constitucionalidade, valor da contrapartida)

Acórdão da Relação de Lisboa de 16-IX-2008 (Manuela Gomes) (grupos de sociedades, responsabilidade por dívidas)

Acórdão da Relação de Lisboa de 12-XI-2009 (A. Silva Geraldes) (aquisição tendente ao domínio total, valor da contrapartida, processo especial de liquidação de participações)

Acórdão da Relação de Coimbra de 12-X-2010 (Carlos Gil) (grupos por domínio total, SGPS como sociedade totalmente dominante, insolvência, apensação de processos, impugnação de deliberações da assembleia de credores)

Acórdão da Relação do Porto de 29-IX-2011 (Leonel Seródio) (grupos e coligações, autonomia jurídica das sociedades, legitimidade processual)

Acórdão da Relação de Lisboa de 4-X-2011 (Manuel Marques) (grupo por domínio total, SGPS como sociedade totalmente dominante, arresto, impugnação pauliana, desconsideração da personalidade jurídica)

Acórdão da Relação do Porto de 25-VI-2012 (A. José Ramos) (responsabilidade solidária por créditos laborais, desconsideração da personalidade jurídica)

Acórdão da Relação de Coimbra de 15-I-2013 (Luís Cravo) (grupo de sociedades, SGPS como sociedade totalmente dominante, prestação de serviços, responsabilidade por dívidas)

Acórdão da Relação de Lisboa de 14-II-2013 (M. Melo Albuquerque) (constituição de grupo por domínio total inicial, deliberação, suspensão de deliberação)

Acórdão da Relação de Évora de 23-V-2013 (Silva Rato) (responsabilidade solidária por créditos laborais, ónus da prova da coligação societária)

Acórdão da Relação de Lisboa de 10-III-2015 (Manuel Marques) (grupos por domínio total, SGPS como sociedade totalmente dominante, responsabilidade perante os credores da totalmente dominada, intermediação financeira)

Acórdão da Relação de Lisboa de 10-III-2015 (M. Conceição Saavedra) (grupos por domínio total, SGPS como sociedade totalmente dominante, responsabilidade perante os credores da totalmente dominada, papel comercial, deveres de informação)

Acórdão da Relação de Guimarães de 16-IV-2015 (M. Luísa Ramos) (grupos por domínio total, SGPS como sociedade totalmente dominante, insolvência, legitimidade processual passiva)

Acórdão da Relação de Évora de 28-I-2016 (João Nunes) (domínio total, responsabilidade solidária por créditos laborais, insolvência do empregador, contraordenações laborais)

Acórdão da Relação do Porto de 29-II-2016 (Domingos Morais) (domínio total, responsabilidade solidária por créditos laborais, litigância de má-fé)

Acórdão da Relação de Coimbra de 20-IV-2016 (Jorge Arcanjo) (responsabilidade solidária por créditos laborais, insolvência dos devedores insolventes)

Acórdão da Relação de Lisboa de 11-V-2017 (M. Melo Albuquerque) (aquisição tendente ao domínio total, âmbito de aplicação espacial das normas sobre sociedades coligadas, não discriminação em razão da nacionalidade)

Acórdão da Relação de Guimarães de 11-VII-2017 (M. Fátima Andrade) (seguro de crédito, desconsideração da personalidade jurídica, domínio total, responsabilidade por dívidas)

Acórdão da Relação de Évora de 12-X-2017 (M. Pereira da Silva) (domínio total, responsabilidade solidária por créditos laborais)

Acórdão da Relação de Lisboa de 15-III-2018 (M. José Mouro) (grupos por domínio total, SGPS como sociedade totalmente dominante, responsabilidade contratual)

Acórdão da Relação de Lisboa de 26-IV-2018 (Albertina Pereira) (responsabilidade solidária por créditos laborais, ónus da prova da coligação societária)

Acórdão da Relação de Lisboa de 6-IX-2018 (O. Carmo Alves) (sociedade gestora de participações sociais, responsabilidade por dívidas, desconsideração da personalidade jurídica)

Acórdão da Relação de Lisboa de 23-X-2018 (M. Cecília Agante) (responsabilidade dos administradores, proteção dos credores sociais, desconsideração da personalidade jurídica)

Acórdão da Relação de Lisboa de 22-I-2019 (Higina Castelo) (responsabilidade solidária por créditos laborais, domínio quase total, interrupção da prescrição)

RESUMO: **Este texto procura descrever e explicar o modo como a transposição da Diretiva dos Direitos dos Acionistas II para o direito português se repercutiu sobre a revisão de 2020 do Código de Governo das Sociedades do Instituto Português de Corporate Governance (IPCG) de 2018.**
Palavras-chave: **transações com partes relacionadas; remunerações; sustentabilidade; Diretiva dos Direitos dos Acionistas II; Código de Governo das Sociedades IPCG 2018 revisto em 2020.**

ABSTRACT: **In this paper we seek to describe and explain how the implementation of the Shareholder Rights Directive II impacted on the revision, undertaken in 2020, of the 2018 Corporate Governance Code of the Portuguese Institute of Corporate Governance (IPCG).**
Keywords: **related-party transactions; executive compensation; sustainability; Shareholder Rights Directive II; IPCG Corporate Governance Code 2018 reviewed in 2020.**

RUI PEREIRA DIAS*
MAFALDA DE SÁ**

Transações com partes relacionadas, remunerações, sustentabilidade: a transposição da Diretiva dos Direitos dos Acionistas II e a revisão de 2020 do Código de Governo das Sociedades do IPCG

1. Introdução

Por meio da Lei n.º 50/2020, de 25 de agosto, foi transposta para o direito interno português a *Diretiva (UE) n.º 2017/828 do Parlamento Europeu e do Conselho, de 17 de maio de 2017, que altera a Diretiva 2007/36/CE no que se refere aos incentivos ao envolvimento dos acionistas a longo prazo*, também conhecida como *Diretiva dos Direitos dos Acionistas II*. Quase em simultâneo, no verão de 2020, era discutida e aprovada uma revisão do Código de Governo das Sociedades IPCG, alterando-se pela primeira vez o texto originário de 2018. Essa revisão, trabalhando sobre a base da Proposta de Lei que então pendia no Parlamento[1], teve que considerar de

* Professor da Faculdade de Direito da Universidade de Coimbra
** Doutoranda em Ciências Jurídico-Empresariais da Faculdade de Direito da Universidade de Coimbra

[1] Tratava-se da Proposta de Lei 12/XIV: cfr. https://www.parlamento.pt/ActividadeParlamentar/Paginas/DetalheIniciativa.aspx?BID=44418.

DSR, ano 12, vol. 24 (2020): 57-77

perto as novas disposições legais que se anteviam, tanto em matéria de *transações com partes relacionadas* como de *remunerações*, uma vez que as recomendações constantes do Código originário não poderiam manter-se intocadas, sob pena de incongruências e sobreposições várias com o novo texto legal que se previa. Também o tema da *sustentabilidade*, vocábulo que entra pela primeira vez no CVM, encastoado nos novos preceitos sobre remunerações, foi objeto de atenção, motivo por que lhe faremos uma alusão final nestas linhas.

Procuraremos, assim, indagar as razões que justificam a alteração do texto recomendatório (o do Código de Governo das Sociedades), por efeito da então prevista e hoje concretizada alteração do texto legal (o do Código dos Valores Mobiliários)[2-3].

2. Transações com partes relacionadas

2.1. As recomendações do subcapítulo I.5. do Código de Governo das Sociedades do IPCG de 2018

Dispõe o Código de Governo das Sociedades do IPCG, na sua versão originária de 2018 (doravante, o "CGS IPCG 2018"):

[2] Os autores participaram na preparação da revisão do Código de Governo das Sociedades; o que aqui é escrito é-o a título exclusivamente pessoal.

[3] A Diretiva dos Direitos dos Acionistas II e respetiva transposição introduzem novidades legislativas noutras áreas, incluindo, por um lado, a identificação dos acionistas, transmissão de informações e facilitação do exercício dos direitos dos acionistas e, por outro, a transparência dos investidores institucionais, dos gestores de ativos e dos consultores em matéria de votação. Estas matérias, porque não abrangidas pelo Código de Governo das Sociedades do IPCG de 2018, não contenderam com a revisão de 2020 a que aludimos, razão pela qual não serão tratadas no presente texto. Sobre a Diretiva, *vide*, na doutrina nacional, Rui Pinto Duarte, "As alterações à Diretiva dos Direitos dos Acionistas (Apresentação com algumas opiniões heréticas)", in Paulo Câmara (Coord.), *O Novo Direito dos Valores Mobiliários: I Congresso sobre Valores Mobiliários e Mercados Financeiros*, Almedina, Coimbra, 2017, pp. 73 ss. (escrevendo o Autor sobre a proposta que veio a culminar na Diretiva n.º 2017/828); António Garcia Rolo, "As alterações à Diretiva dos Direitos dos Acionistas das Sociedades Cotadas: novidades e perspetivas de transposição", in *RDS*, vol. IX, n.º 3, 2017, pp. 557 ss.; Jorge M. Coutinho de Abreu, "Remunerações dos administradores e transações com partes relacionadas na Diretiva dos Direitos dos Acionistas II", in *DSR*, vol. 19, 2018, pp. 13 ss.; Hugo Moredo dos Santos / Sandra Cardoso, "A revisão da Diretiva dos Direitos dos Acionistas", in Paulo Câmara (Coord.), *O Novo Direito dos Valores Mobiliários*, vol. 2, Almedina, Coimbra, 2019, pp. 29 ss.; Maria João Dias, "A identificação dos acionistas na Diretiva dos Direitos dos Acionistas II", in *DSR*, ano 12, vol. 23, 2020,

I.5. Transações com partes relacionadas

Princípio:

Pelos potenciais riscos que comportam, as transações com partes relacionadas devem ser justificadas pelo interesse da sociedade e realizadas em condições de mercado, sujeitando-se a princípios de transparência e a adequada fiscalização.

Recomendações:

I.5.1. O órgão de administração deve definir, com parecer prévio e vinculativo do órgão de fiscalização, o tipo, o âmbito e o valor mínimo, individual ou agregado, dos negócios com partes relacionadas que: (i) requerem a aprovação prévia do órgão de administração (ii) e os que, por serem de valor mais elevado, requerem, ainda, um parecer prévio favorável do órgão de fiscalização.

I.5.2. O órgão de administração deve, pelo menos de seis em seis meses, comunicar ao órgão de fiscalização todos os negócios abrangidos pela Recomendação I.5.1.

Para efeitos do Código, o conceito de partes relacionadas "tem o significado definido nas normas internacionais de contabilidade (IAS 24 ou outra que a substitua) adotadas nos termos de regulamento comunitário" (alínea G) do Glossário do CGS IPCG 2018)[4].

Estas recomendações têm como antecedentes próximos as disposições recomendatórias que já encontrávamos nos Códigos de Governo das Sociedades da CMVM, o último dos quais revogado em concomitância com o surgimento do CGS IPCG 2018 e a implementação do correspondente sistema de acompanhamento e monitorização do seu acolhimento.

Veja-se o teor do Código da CMVM de 2010:

IV. Conflitos de interesses

IV.1. Relações com accionistas

IV.1. Os negócios da sociedade com accionistas titulares de participação qualificada, ou com entidades que com eles estejam em qualquer relação, nos termos do art.

pp. 125 ss.; Mariana Leite da Silva, "Os negócios celebrados entre a sociedade e os sócios controladores – em particular, o regime introduzido pela Diretiva (UE) 2017/828", in *DSR*, ano 12, vol. 23, 2020, pp. 151 ss..

4 O CGS IPCG 2018 está em linha com a definição europeia constante da Diretiva do Direito dos Acionistas II – *"uma parte relacionada na aceção das normas internacionais de contabilidade adotadas nos termos do Regulamento (CE) n.º 1606/2002"* de 19 de Julho de 2002, relativo à aplicação das normas internacionais de contabilidade, Regulamento este que remete para as normas internacionais de contabilidade (nova alínea h) do artigo 2.º da Diretiva 2007/36/CE) –, bem como com a sua transposição – cfr. n.º 4 do artigo 249.º-A do CVM.

20º do Código dos Valores Mobiliários, devem ser realizados em condições normais de mercado.

IV.1.2. Os negócios de relevância significativa com accionistas titulares de participação qualificada, ou com entidades que com eles estejam em qualquer relação, nos termos do art. 20º do Código dos Valores Mobiliários, devem ser submetidos a parecer prévio do órgão de fiscalização. Este órgão deve estabelecer os procedimentos e critérios necessários para a definição do nível relevante de significância destes negócios e os demais termos da sua intervenção.

Por sua vez, dispunha o Código da CMVM de 2013:

V. Conflitos de interesses e transações com partes relacionadas

V.1. Os negócios da sociedade com acionistas titulares de participação qualificada, ou com entidades que com eles estejam em qualquer relação, nos termos do art. 20.º do Código dos Valores Mobiliários, devem ser realizados em condições normais de mercado.

V.2. O órgão de supervisão ou de fiscalização deve estabelecer os procedimentos e critérios necessários para a definição do nível relevante de significância dos negócios com acionistas titulares de participação qualificada – ou com entidades que com eles estejam em qualquer uma das relações previstas no n.º 1 do artigo 20.º do Código dos Valores Mobiliários –, ficando a realização de negócios de relevância significativa dependente de parecer prévio daquele órgão.

2.2. Relance de direito comparado

Atentando nos códigos de alguns ordenamentos jurídicos do espaço europeu, observamos que a tendência é a da não autonomização recomendatória em matéria de transações com partes relacionadas. Enquanto alguns códigos de governação das sociedades tratam apenas, em geral, os *conflitos de interesses* (como sucede no Reino Unido[5], na Bélgica[6], nos

[5] The UK Corporate Governance Code 2018, recomendação 7: "*The board should take action to identify and manage conflicts of interest, including those resulting from significant shareholdings, and ensure that the influence of third parties does not compromise or override independent judgement.*"

[6] Le code belge de gouvernance d'entreprise 2020, recomendações 6.6 a 6.11 sobre *conflit d'intérêts*, determinando-se que "*[c]haque administrateur doit en particulier être attentif aux conflits d'intérêts pouvant survenir entre la société, ses administrateurs, son ou ses actionnaires significatifs ou de contrôle, et les autres actionnaires*" (recomendação 6.8).

Países Baixos[7] ou em Itália[8]), outros códigos referem-se aos conflitos de interesses no contexto das *relações de grupo* (como acontece em Espanha[9]), ao passo que outros, ainda, procedem a uma remissão para o regime legal aplicável às partes relacionadas (como sucede na Alemanha[10] e em França[11]).

Diferentemente, encontramos no código finlandês uma recomendação autónoma sobre o tema das transações com partes relacionadas: *"The company's board of directors must define the principles for the monitoring and evaluation of related party transactions. The company shall report these principles and maintain a list of its related parties"*[12].

2.3. O novo regime legal

A transposição da Diretiva dos Direitos dos Acionistas II trouxe novas regras sobre transações com partes relacionadas nos artigos 249.º-A a

[7] De Nederlandse Corporate Governance Code 2016 (consultado na versão em inglês), princípio 2.7 e recomendações 2.7.1 a 2.7.6 sobre prevenção de conflitos de interesses, tratando especificamente das transações entre, por um lado, a sociedade e membros dos órgãos de administração e de fiscalização e, por outro, a sociedade e acionistas maioritários (recomendações 2.7.4 e 2.7.5, respetivamente).

[8] Codice di Corporate Governance 2020, com uma breve referência na recomendação 37 às situações em que um membro do *organo di controllo* (correspondente ao *collegio sindicale* no modelo de governo tradicional) tenha um interesse numa transação específica da sociedade, determinando-se que esse membro *"informa tempestivamente e in modo esauriente gli altri componenti del medesimo organo e il presidente dell'organo di amministrazione circa natura, termini, origine e portata del proprio interesse"* (recomendação 37).

[9] Código de buen gobierno de las sociedades cotizadas 2015 (revisto em junho de 2020), cujo capítulo dedicado a "*cotización de sociedades integradas en grupos*" trata dos potenciais conflitos de interesses no princípio 2 e recomendação 2 (*"[c]uando la sociedad cotizada se encuentre bajo el control de otra entidad que mantenga relaciones de negocio con ella o que desarrolle actividades que guarden relación con las suyas, debe informar de ello y deben adoptarse medidas para solventar eventuales conflictos de intereses"* – princípio 2).

[10] Deutscher Corporate Governance Kodex 2020, cujo princípio 6 constata que as transações com partes relacionadas podem estar sujeitas a aprovação prévia pelo *Aufsichtsrat* nos termos da regulamentação legal aplicável. Este Código dispõe, igualmente, de uma secção própria sobre conflitos de interesses – *vide* princípio 19 e recomendações E.1 a E.3.

[11] Code de gouvernement d'entreprise des sociétés cotées 2020, que, em diferentes recomendações, remete para o regime legal das *conventions réglementées* (transações com partes relacionadas), a saber, as recomendações 21.2, sobre remuneração dos administradores; 24.2, sobre acordos de não concorrência; e 25.5.1, sobre atribuição de indemnização em caso de cessação de funções.

[12] Recomendação 27 do Hallinnointikoodi Corporate Governance 2020 (consultado na versão em inglês).

249.º-D, introduzidos no Código dos Valores Mobiliários através da referida Lei n.º 50/2020[13].

Nos termos do artigo 249.º-A, n.º 1, do CVM, a noção central é a de transações com partes relacionadas *realizadas no âmbito da atividade corrente da sociedade* e *em condições de mercado*. O conselho de administração ou o conselho de administração executivo deverão aprovar, com parecer prévio vinculativo do órgão de fiscalização, o procedimento interno segundo o qual o órgão de fiscalização verifica, periodicamente, se as transações com partes relacionadas são realizadas no âmbito da atividade corrente e em condições de mercado. Caso não o sejam, o seu processo de aprovação está determinado no artigo 249.º-A, n.º 2, do CVM, tendo de ser objeto de deliberação pelo conselho de administração ou, quando exista, pelo conselho de administração executivo, precedida de parecer do órgão de fiscalização.

Já as transações relevantes para efeitos de *divulgação pública*, nos termos do artigo 249.º-B do CVM, são as que, para lá de não serem realizadas no âmbito da atividade da sociedade e em condições de mercado, têm um valor igual ou superior a 2,5% do ativo (consolidado ou individual). Devem estas transações ser divulgadas o mais tardar no momento em que forem realizadas; e a divulgação tem de conter, no mínimo, os elementos elencados no n.º 2[14].

[13] Sobre as alterações introduzidas pela Diretiva dos Direitos dos Acionistas II em matéria de transações com partes relacionadas, v. Jorge M. Coutinho de Abreu, "Remunerações dos administradores...", cit., pp. 18-26; Alexandre Mota Pinto, "Controlo das transações com partes relacionadas, nas sociedades comerciais", in *ROA*, Vol. III/IV, 2019, pp. 485-492 (com alusão às recomendações do CGS IPCG 2018 – cfr. pp. 485-486); Hugo Moredo dos Santos / Sandra Cardoso, "A revisão da Diretiva dos Direitos dos Acionistas", cit., pp. 47-54; António Garcia Rolo, "As alterações à Diretiva dos Direitos dos Acionistas das Sociedades Cotadas: novidades e perspetivas de transposição", cit., pp. 576-584; Mariana Leite da Silva, "Os negócios celebrados entre a sociedade e os sócios controladores – em particular, o regime introduzido pela Diretiva (UE) 2017/828", cit., pp. 164-179. Com considerações tecidas sobre a proposta de Diretiva, antes da sua aprovação, v. Rui Pinto Duarte, "As alterações à Diretiva dos Direitos dos Acionistas (Apresentação com algumas opiniões heréticas)", cit., pp. 84-88

[14] São eles:

"a) A identificação da parte relacionada;

b) Informações sobre a natureza da relação com as partes relacionadas;

c) A data e o valor da transação;

d) A fundamentação quanto ao carácter justo e razoável da transação, do ponto de vista da sociedade e dos acionistas que não são partes relacionadas, incluindo os acionistas minoritários;

e) O sentido do parecer do órgão de fiscalização da sociedade emitente de ações admitida[s] à negociação em mercado regulamentado, sempre que este tenha sido negativo".

Algumas transações estarão isentas das disposições sobre a sua adoção/deliberação e divulgação, nos termos do artigo 249.º-C; e o conjunto das transações efetuadas com a mesma parte relacionada poderão ser objeto de agregação para que, não obstante a sua consideração isolada não o exigisse, essa agregação as possa vir a sujeitar às obrigações previstas no CVM, nos termos agora do artigo 249.º-D do CVM[15].

2.4. Alterações ao CGS IPCG 2018 em matéria de transações com partes relacionadas

2.4.1. *A recomendação I.5.1.*

Se bem virmos, a recomendação I.5.1, na sua formulação originária, apresentava, em comum com a nova lei, a exigência de uma *dupla intervenção*: (i) a aprovação pelo órgão de administração, (ii) precedida do parecer do órgão de fiscalização[16]. Todavia, no texto recomendatório de 2018, tal exigência não era aplicada a toda e qualquer transação que não fosse realizada no âmbito da atividade corrente, nem em condições de mercado, como agora decorre do texto legal, o que significa que era reconhecido um espaço, a cada sociedade, para definição das transações relevantes através do seu "tipo, [d]o âmbito e [d]o valor mínimo". Com a entrada em vigor da nova lei, a margem permitida à sociedade diz agora respeito à delimitação do concreto procedimento interno.

Que o parecer do órgão de fiscalização a que se refere a lei não é vinculativo decorre inequivocamente do disposto na alínea e) do n.º 2 do artigo 249.º-B do CVM, ao se impor que a divulgação das transações incluirá o sentido do parecer do órgão de fiscalização, "sempre que este tenha sido negativo".

Em face dos termos da lei, não parecia, com efeito, justificar-se a manutenção de uma recomendação cujo objeto era o modo de aprovação de transações com partes relacionadas: passando esse modo a ser vinculativamente imposto pelo CVM, uma recomendação com aquele teor deixava de fazer sentido. Não obstante, sempre se poderia introduzir na nova

[15] Apontando ambiguidades a esta estatuição, por referência ao preceito da Diretiva que está na origem do art. 249.º-D do CVM, Jorge M. Coutinho de Abreu, "Remunerações dos administradores...", cit., pp. 21-22.

[16] Sobre esta leitura da recomendação, veja-se o ponto 6) da Nota Interpretativa n.º 2 do CGS IPCG 2018, disponível em: https://cam.cgov.pt/images/ficheiros/2018/nota-interpretativa-n.º-2.pdf.

recomendação I.5.1. alguma regra relativa ao *procedimento interno* agora previsto no artigo 249.º-A, n.º 1, do CVM. O conteúdo dessa regra poderia ser, por exemplo, a previsão de certos requisitos mínimos acerca da configuração desse procedimento interno, ou, com conteúdo mais procedimental, a divulgação, no relatório de governo ou noutro meio adequado, dos termos desse procedimento interno.

Foi neste segundo sentido que caminhou o Código do IPCG, que, na nova formulação de I.5.1., hoje dispõe:

I.5.1. O órgão de administração deve divulgar, no relatório de governo ou por outra via publicamente disponível, o procedimento interno de verificação das transações com partes relacionadas.

2.4.2. *A recomendação I.5.2.*

No que respeita à recomendação I.5.2, também acima transcrita, a exigência de comunicação semestral ao órgão de fiscalização dos negócios "abrangidos pela Recomendação I.5.1." foi sendo interpretada no sentido de que o órgão de administração deveria comunicar ao órgão de fiscalização transações com partes relacionadas *uma vez aprovadas*, posto que, antes dessa aprovação, seriam necessariamente comunicadas aquelas que exigissem parecer prévio do órgão de fiscalização, de modo a que este órgão se pudesse, naturalmente, sobre elas pronunciar.

Agora, para se compreender o teor da recomendação I.5.2., na formulação que ela apresenta após a revisão de 2020, é preciso recuar à Proposta de Lei 12/XIV[17].

Note-se que a revisão de 2020 do CGS IPCG 2018, aprovada em julho de 2020, pôde apenas basear-se nessa Proposta, e não ainda no articulado que viria a ter forma de lei.

Vejamos a Proposta de Lei e o que, nos seus termos, figuraria como n.º 1 do artigo 249.º-A do CVM, a ter sido aprovada sem alterações:

> *As sociedades emitentes de ações admitidas à negociação em mercado regulamentado dispõem de um procedimento interno aprovado pelo conselho de administração ou conselho de administração executivo, com parecer prévio vinculativo do órgão de fiscalização, mediante o qual aquele verifica, periodicamente, se as transações que as sociedades emitentes efetuam com partes relacionadas são realizadas no âmbito da sua atividade corrente e em condições de mercado, não participando as partes relacionadas na verificação em causa.*

[17] V. *supra*, n. 1.

Todavia, no diploma que foi aprovado na Assembleia da República[18], passou a constar:

> *As sociedades emitentes de ações admitidas à negociação em mercado regulamentado dispõem de um procedimento interno aprovado pelo conselho de administração ou conselho de administração executivo, com parecer prévio vinculativo do órgão de fiscalização, mediante o qual este verifica, periodicamente, se as transações que as sociedades emitentes efetuam com partes relacionadas são realizadas no âmbito da sua atividade corrente e em condições de mercado, não participando as partes relacionadas na verificação em causa.*

A diferença está, aparentemente, numa simples troca pronominal: de *"aquele"* passámos a *"este"*. Mas é uma mudança que, não obstante tenha sido apresentada como mera correção de lapso[19], tem implicações substantivas: se na Proposta de Lei a *verificação periódica* relativa às *transações com partes relacionadas* é feita *pelo órgão de administração* (*aquele*), já na Lei n.º 50/2020 é o *órgão de fiscalização (este)* que fica incumbido dessa verificação. Por outras palavras: a mudança de *"aquele"* para "*este*" na escolha do pronome que identifica o órgão competente para proceder à verificação periódica das transações com partes relacionadas, segundo o procedimento interno definido, significa que a competência não mais é atribuída *àquele*, o *órgão de administração* (conforme a Proposta de Lei), mas sim *a este*, o *órgão de fiscalização* (nos termos da Lei n.º 50/2020 e, portanto, do CVM)[20].

[18] Com a ressalva, naturalmente, de alguma declaração de retificação que venha a ser publicada.

[19] Com efeito, a alteração à Proposta de Lei surgiu da iniciativa de Deputados do Grupo Parlamentar do Partido Socialista, apresentando-se como nota justificativa apenas a circunstância de que "[f]oram detetados alguns lapsos na Proposta de Lei (...)": cfr. a proposta de alteração disponível na ligação fornecida *supra*, n. 1.

[20] Dos antecedentes deste Proposta de Lei, é possível concluir que a redação final da Lei n.º 50/2020 corresponde à do Anteprojeto de diploma de transposição da Diretiva apresentado pelo Conselho Nacional de Supervisores Financeiros (CNSF), disponível em: https://www.cmvm.pt/pt/Legislacao/ConsultasPublicas/ConselhoNacionalDeSupervisoresFinanceiros/Documents/CNSF%20-%20Anteprojeto%20SHRD_cons_pub_1_2018.pdf. Veja-se, contudo, que a primeira versão deste Anteprojeto, objeto da Consulta Pública do CNSF n.º 1/2018 disponível em: (https://www.cmvm.pt/pt/Legislacao/ConsultasPublicas/ConselhoNacionalDeSupervisoresFinanceiros/Documents/Anteprojeto%20SHRD%20II_cons_pub_1_2018.pdf), continha ainda uma outra redação diversa da norma em apreço, segundo a qual o órgão de fiscalização teria competência tanto para estabelecer o procedimento interno de verificação, como para proceder, também ele, à concreta verificação ("As sociedades emitentes de ações admitidas à negociação em mer-

Pois bem: se é certo que, nos termos dos novos preceitos do CVM, o órgão de fiscalização participa, com parecer prévio vinculativo, na determinação do já referido procedimento interno de *verificação periódica* das transações com partes relacionadas, a análise e aprovação dessas transações, *a ter-se mantido o texto da Proposta de Lei*, caberia ao órgão de administração; e o órgão de fiscalização seria chamado apenas naqueles casos em que fosse necessário um seu parecer para se deliberar acerca de uma dada transação. Esse o motivo para que não deixasse de se justificar a recomendação de as transações serem *comunicadas* ao órgão de fiscalização.

É em linha com estas considerações que se compreende o novo teor da recomendação em análise:

> *I.5.2. O órgão de administração deve comunicar ao órgão de fiscalização os resultados do procedimento interno de verificação das transações com partes relacionadas, incluindo as transações objeto de análise, com periodicidade pelo menos semestral.*

Diferentemente, a confirmar-se que é ao órgão de fiscalização que caberá, afinal, nos termos da Lei n.º 50/2020, a *verificação periódica* das transações com partes relacionadas, a recomendação perde razão de ser: se é o próprio órgão de fiscalização que procede a essa verificação periódica, fica desprovida de qualquer sentido a recomendada comunicação do órgão de administração ao de fiscalização.

3. Remunerações

3.1. Novo regime legal: política de remuneração e relatório de remunerações

Em matéria de remunerações, as alterações legislativas em transposição da Diretiva (UE) n.º 2017/828 são visíveis em dois planos: (i) a *política de remuneração*, regulada nos novos artigos 26.º-A a 26.º-F do CVM; e (ii) o *relatório sobre remunerações*, previsto no artigo 245.º-C, ora aditado ao mesmo Código[21].

cado regulamentado dispõem de um procedimento interno estabelecido pelo respetivo órgão de fiscalização, mediante o qual este verifica, periodicamente, se as transações que as sociedades emitentes efetuam com partes relacionadas são realizadas no âmbito da sua atividade corrente e em condições de mercado, não participando as partes relacionadas na verificação em causa").

[21] Sobre as normas relativas a remunerações no contexto da Diretiva dos Direitos dos Acionistas II, v. Jorge M. Coutinho de Abreu, "Remunerações dos administradores...", cit., pp. 14-18; Hugo Moredo dos Santos / Sandra Cardoso, "A revisão da Diretiva dos Direi-

3.1.1. *A nova* política de remuneração *e as recomendações V.2.1. e V.2.2. do CGS IPCG 2018*

Encontramos nos novos artigos 26.º-A a 26.º-F do CVM disposições acerca da *adoção* e do *conteúdo* da *política de remuneração*.

Ela é de *adoção* obrigatória (artigo 26.º-A), devendo ser proposta pela comissão de remunerações ou, caso esta não tenha sido designada, pelo conselho de administração, e aprovada pela assembleia geral "pelo menos de quatro em quatro anos e sempre que ocorra uma alteração relevante da política de remuneração vigente" (artigo 26.º-B, n.º 2).

Pois bem: a recomendação V.2.2, na parte em que pugna por que a comissão de remunerações tenha competência para aprovar e/ou propor a política de remuneração[22], mantém a sua relevância em face da nova lei, na exata medida em que a transposição da Diretiva manteve aquela alternativa entre a comissão de remunerações e o conselho de administração. Ao manter-se uma recomendação no sentido de que se constitua uma comissão de remunerações, será necessariamente esta comissão competente para propor a política de remuneração, nos termos da lei (artigo 26.º-A), sem que no Código se tenha que encontrar expressa menção a essa política.

É neste sentido que a nova redação da recomendação V.2.1. determina que: *"A sociedade deve constituir uma comissão de remunerações, cuja composição assegure a sua independência em face da administração, podendo tratar-se da comissão de remunerações designada nos termos do artigo 399.º do Código das Sociedades Comerciais"*[23].

tos dos Acionistas", cit., pp. 40-47; António Garcia Rolo, "As alterações à Diretiva dos Direitos dos Acionistas das Sociedades Cotadas: novidades e perspetivas de transposição", cit., pp. 573-576. Para análise e referências no respeitante a remunerações em geral, v. Jorge M. Coutinho de Abreu, "Artigo 399.º – Remuneração", in Jorge M. Coutinho de Abreu (Coord.), *Código das Sociedades Comerciais em Comentário*, Vol. 6, 2.ª ed., Almedina, Coimbra, 2019, pp. 370-380.

[22] Isto é: apesar de a recomendação V.2.2. se referir à competência *para a "aprovar"*, a leitura que se afigura mais judiciosa é a de que se tratará de uma competência *para a propor*, podendo caber a aprovação à assembleia geral.

[23] A ressalva final relativa à comissão de remunerações designada pela assembleia geral, ao abrigo do artigo 399.º, n.º 1, do CSC, vai no sentido de clarificar que, na perspetiva do Código, a constituição desta comissão é uma prática de bom governo, sem necessidade de a sociedade constituir uma comissão especializada em matéria de remunerações que seja uma emanação de um órgão da sociedade (i.e., uma "comissão interna"), nem de coexistirem duas comissões distintas com competências nesta mesma matéria. De igual modo foi alterada a definição de "comissões internas", constante da alínea C) do Glossário do CGS IPCG 2018, que, visando as comissões "compostas maioritariamente por membros

Também a recomendação V.2.1, na sua formulação originária, mantém plena autonomia, uma vez que a lei não se refere à competência para a fixação, em concreto, das remunerações, nem tão pouco à necessidade de esta comissão ser independente em face da administração. Aliás, que a lei não obriga à intervenção de uma comissão de remunerações é mesmo reforçado pelo n.º 5 do artigo 26.º-C do CVM ("(...) se aplicável, o papel da comissão de remunerações ou de outras comissões envolvidas").

Já quanto ao *conteúdo da política de remunerações*, tal como delineado no artigo 26.º-C, encontramos, sim, uma sobreposição com a originária recomendação V.2.2., tanto no que respeita à obrigatoriedade de determinação das "diferentes componentes da remuneração fixa e variável" (artigo 26.º-C, n.º 2, *c)*, do CVM) e dos diversos critérios da remuneração variável, incluindo a baseada em ações (n.ºs 3 e 4 do mesmo artigo) – regras que, em face da alteração legal, deixam de ter lugar num Código de Governo das Sociedades.

É assim que se justifica que a recomendação V.2.2., expurgada dos seus elementos que se tornaram redundantes, passe a dispor: *"A fixação das remunerações deve competir à comissão de remunerações ou à assembleia geral, sob proposta daquela comissão".*

3.1.2. *O novo* relatório sobre remunerações *e recomendação V.2.3. do CGS IPCG 2018, revogada em 2020*

De acordo com o n.º 1 do novo artigo 245.º-C do CVM, caberá ao órgão de administração elaborar um *relatório sobre remunerações* "claro e compreensível, que proporcione uma visão abrangente das remunerações, incluindo todos os benefícios, independentemente da sua forma, atribuídas ou devidas durante o último exercício a cada membro dos órgãos de administração e fiscalização, em conformidade com a política de remuneração". Este relatório, nos termos do n.º 8 do mesmo preceito, poderá ser "substituído por um capítulo no relatório anual sobre governo societário". O *relatório sobre remunerações* vem, por conseguinte, fazer as vezes da *declaração sobre a política de remunerações* prevista na Lei n.º 28/2009, de 19 de junho, que a Lei n.º 50/2020, no seu artigo 7.º, revogou.

de órgãos da sociedade", continua a excluir do seu âmbito a comissão do artigo 399.º do CSC, "exceto quando o Código expressamente indique o contrário". Para uma análise detalhada do regime e dos modelos de comissão de remunerações, v. Paulo Câmara, "A comissão de remunerações", in *RDS*, vol. III, n.º 1, 2011, espec. pp. 17 ss.

O *conteúdo* mínimo ("pelo menos") do relatório sobre remunerações vem exposto no n.º 2 do artigo 245.º-C do CVM. E ele corresponde, quase *ipsis verbis*, ao teor da recomendação V.2.3. do CGS IPCG 2018[24], sendo de

[24] Para um cotejo, transcrevemos ambas as disposições citadas:
Artigo 245.º-C, n.º 2, do CVM:
"2 – O relatório referido no número anterior contém, pelo menos, as seguintes informações sobre a remuneração de cada membro do órgão de administração e fiscalização:
a) A remuneração total discriminada pelos diferentes componentes, incluindo a proporção relativa da remuneração fixa e da remuneração variável;
b) Uma explicação do modo como a remuneração total cumpre a política de remuneração adotada, incluindo a forma como a mesma contribui para o desempenho da sociedade a longo prazo e informações sobre a forma como os critérios de desempenho foram aplicados;
c) A variação anual da remuneração, do desempenho da sociedade e da remuneração média de trabalhadores em termos equivalentes a tempo inteiro da sociedade, excluindo os membros dos órgãos de administração e de fiscalização, durante os últimos cinco exercícios, apresentadas em conjunto e de modo a permitir a sua comparação;
d) As remunerações provenientes de sociedades pertencentes ao mesmo grupo, na aceção da alínea g) do n.º 1 do artigo 2.º do Decreto-Lei n.º 158/2009, de 13 de julho;
e) O número de ações e de opções sobre ações concedidas ou oferecidas, e as principais condições para o exercício dos direitos, incluindo o preço e a data desse exercício e qualquer alteração dessas condições;
f) A possibilidade de solicitar a restituição de uma remuneração variável;
g) Informações sobre qualquer afastamento do procedimento de aplicação da política de remuneração e sobre as derrogações aplicadas, incluindo a explicação da natureza das circunstâncias excecionais e a indicação dos elementos específicos objeto de derrogação".
Recomendação V.2.3. do CGS IPCG 2018:
"A declaração sobre a política de remunerações dos órgãos de administração e fiscalização a que se refere o artigo 2.º da Lei n.º 28/2009, de 19 de junho, deverá conter adicionalmente:
i. A remuneração total discriminada pelos diferentes componentes, a proporção relativa da remuneração fixa e da remuneração variável, uma explicação do modo como a remuneração total cumpre a política de remuneração adotada, incluindo a forma como contribui para o desempenho da sociedade a longo prazo, e informações sobre a forma como os critérios de desempenho foram aplicados;
ii. As remunerações provenientes de sociedades pertencentes ao mesmo grupo;
iii. O número de ações e de opções sobre ações concedidas ou oferecidas, e as principais condições para o exercício dos direitos, incluindo o preço e a data desse exercício e qualquer alteração dessas condições;
iv. Informações sobre a possibilidade de solicitar a restituição de uma remuneração variável;
v. Informações sobre qualquer afastamento do procedimento de aplicação da política de remuneração aprovada, incluindo a explicação da natureza das circunstâncias excecionais e a indicação dos elementos específicos objeto de derrogação;
vi. Informações quanto à exigibilidade ou inexigibilidade de pagamentos relativos à cessação de funções de administradores".

salientar duas diferenças: a alínea *c)* não tem paralelo no CGS IPCG 2018; em sentido inverso, a recomendação V.2.3. deste Código, no seu ponto (vi), não encontra correspondência no novo artigo 245.º-C do CVM. Contudo, no que respeita a este último ponto, pode dizer-se que a referida subrecomendação (vi) de V.2.3. se tornaria redundante em face da nova alínea *e)* do n.º 2 do artigo 26.º-C do CVM, segundo a qual a *política de remuneração* deve "[i]ndicar a duração dos contratos ou dos acordos com os membros dos órgãos de administração e fiscalização, os períodos de pré-aviso aplicáveis, as cláusulas de cessação e os pagamentos associados à cessação dos mesmos".

Afigura-se, assim, justificada a eliminação integral da recomendação V.2.3. do CGS IPCG 2018.

3.2. Política de remunerações e regimes de pensões: a recomendação V.2.4., 1.ª parte, do CGS IPCG 2018

O artigo 26.º-C, n.º 2, al. f), prevê que a política de remuneração "indica as principais características dos regimes de pensão complementar ou de reforma antecipada".

Esta disposição não contenderia, necessariamente, com a recomendação de que a comissão de remunerações aprovasse, para cada mandato, o regime de pensões dos administradores, recomendação essa que se podia antes ler em V.2.4., na formulação de 2018. Tal aprovação, com efeito, pode entender-se como a concretização, para cada mandato, daquilo que foi abstratamente previsto na política de remuneração.

Mas uma outra dificuldade se levanta, a montante: na verdade, foi já discutida na doutrina portuguesa a possibilidade de ser a comissão de remunerações, e não a assembleia geral, a fixar este regime de pensões. Ora, o artigo 402.º, n.º 4, do CSC fornece um apoio importantíssimo para a posição que concentra apenas na assembleia geral as competências nesta matéria[25]. Por este motivo, parece-nos avisada a eliminação da originária

[25] V. Jorge M. Coutinho de Abreu, "Artigo 402.º – Reforma dos administradores", in Jorge M. Coutinho de Abreu (Coord.), *Código das Sociedades Comerciais em Comentário*, Vol. VI, 2.ª ed., Almedina Coimbra, 2019, p. 400, com referências. No mesmo sentido, Luís A. Carvalho Fernandes / João Labareda, "Do regime jurídico do direito à reforma dos administradores a cargo das sociedades anónimas", in *RDS*, vol. II, n.º 3/4, 2010, pp. 540-541 e 543; Ânia Pais Ferreira / Teresa Fernanda Mofreita Fernandes, "Estudo sobre a atribuição de pensões e complementos de reforma aos administradores das sociedades anónimas", in *DSR*, ano 5, vol. 9, 2013, pp. 242-243; Paulo Olavo Cunha, "Reforma e pensão de administradores (a cargo da sociedade administrada)", in *III Congresso Direito das Sociedades*

recomendação V.2.4., na sua 1.ª parte, encontrando-se hoje a disposição remanescente, na nova numeração pós-revisão, em V.2.3.[26].

4. Sustentabilidade

4.1. A sustentabilidade no CVM

Todos conhecemos o relevo que vem sendo dado ao tema da *sustentabilidade*[27]. É curioso notar que a palavra entra no CVM, pela primeira vez, com a transposição da Diretiva a que nos referimos, em artigos todos eles concernentes às remunerações: com efeito, a política de remuneração deve "contribuir para a estratégia empresarial da sociedade, para os seus interesses de longo prazo e para a sua sustentabilidade" (n.º 1), devendo-se explicar como opera essa contribuição (n.º 2, *a)*); explicação idêntica é devida quando haja atribuição de remuneração variável a administradores (n.º 3, *a)*) ou de uma componente da remuneração com base em ações (n.º 4, *c)*, sempre do artigo 26.º-C do CVM). Por seu turno, uma derrogação temporária da política de remuneração, sendo excecionalmente admitida às sociedades emitentes de ações admitidas à negociação em mercado regulamentado, é-o quando necessária "para servir os seus interesses de longo prazo e a sua sustentabilidade, ou para assegurar a sua viabilidade" (artigo 26.º-D, n.º 1, do CVM).

Também a *responsabilidade social das empresas*, conceito a que crescentemente se atende – e objeto de alusão legal explícita, desde logo, na transposição da Diretiva das Demonstrações não Financeiras, de onde nasceram

em Revista, Almedina, Coimbra, 2014, p. 314; Filipe Cassiano dos Santos, "A reforma dos administradores societários e a relação de administração – notas (breves) a propósito do regime do art. 402.º do Código das Sociedades Comercias", in *DSR*, ano 12, vol. 23, 2020, pp. 70- 76, esp. 75-76. Em sentido diverso, admitindo a delegação na comissão de remunerações da competência para a aprovação de regimes complementares de pensões com base numa interpretação conjugada do artigo 402.º do CSC com o artigo 399.º do mesmo diploma, *vide* Paulo Câmara, "A comissão de remunerações", cit., pp. 29-30.

[26] Na vigência do Código de Governo das Sociedades da CMVM de 2013, determinava-se que "*[d]eve ser submetida à Assembleia Geral a proposta relativa à aprovação de qualquer sistema de benefícios de reforma estabelecidos a favor dos membros dos órgãos sociais. A proposta deve conter todos os elementos necessários para uma avaliação correta do sistema.*" (recomendação II.3.5 – equivalente à recomendação III.11. do Código da CMVM de 2010, com exceção da última frase que foi acrescentada em 2013).

[27] Cfr., dos autores deste texto, para referências, Rui Pereira Dias / Mafalda de Sá, "Deveres dos administradores e sustentabilidade", in Paulo Câmara (coord.), *Administração e Governação das Sociedades*, Almedina, Coimbra, 2020, pp. 33 ss.

os artigos 66.º-B e 508.º-G do CSC, ainda que não no seu articulado[28] – é conceito que penetra o CVM com esta transposição da Diretiva, mais uma vez em matéria de *política de remuneração*, visto que esta política deverá identificar, caso preveja a atribuição de remuneração variável a administradores, os critérios para essa atribuição, "incluindo os critérios financeiros e não financeiros e, se for caso disso, os critérios relacionados com a responsabilidade social das empresas (...)" (artigo 26.º-C, n.º 3, *a)*, do CVM).

De que forma poderia evoluir o Código de Governo das Sociedades para, também ele, receber a *sustentabilidade*?

4.2. A sustentabilidade nos códigos de governo societário

4.2.1. *Relance de direito comparado*

De um breve cotejo comparatístico resulta, adiante-se desde já a conclusão, que, sendo o tema da sustentabilidade objeto de referência explícita em alguns códigos de governo societário estrangeiros, essa referência é sobretudo de encontrar formulada de modo mais ou menos genérico, no quadro de uma ideia de criação de valor a longo prazo, associada, sobretudo, aos temas das funções do órgão de administração, do sistema de controlo interno e gestão de riscos e das remunerações.

Vejamos alguns exemplos.

O código de 2018 do *Reino Unido*[29] identifica como cerne o *long-term sustainable success of the company*[30], ideia esta concretizada em diferentes princípios e recomendações, designadamente sobre o órgão de admi-

[28] Cfr. as considerações preambulares ao Decreto-Lei n.º 89/2017, de 28 de julho, que iniciam com a afirmação: "A responsabilidade social das empresas, demonstrada através da divulgação de informações não financeiras relativas às áreas sociais, ambientais e de governo societário, contribui decisivamente para a análise do desempenho das empresas e do seu impacto na sociedade, para a identificação dos riscos de sustentabilidade das mesmas e para o reforço da confiança dos investidores e dos consumidores".

[29] The UK Corporate Governance Code 2018.

[30] Tal como expressamente indicado na introdução: *"At the heart of this Code is an updated set of Principles that emphasise the value of good corporate governance to long-term sustainable success. By applying the Principles, following the more detailed Provisions and using the associated guidance, companies can demonstrate throughout their reporting how the governance of the company contributes to its long-term sustainable success and achieves wider objectives"*, p. 1.

nistração e o *company purpose*[31], eleição dos administradores[32], controlo interno[33] e remunerações[34].

Na *Bélgica*[35], a revisão operada em 2020 ao Código de 2009 teve também como objetivo assumido o de dar ênfase ao longo prazo[36], que surge sob a égide do *valeur durable* no contexto de diversas recomendações, incluindo no contexto do papel e funções do órgão de administração[37], bem como em matérias de controlo interno e gestão de riscos[38] e de remunerações[39].

[31] Veja-se o princípio A (*"A successful company is led by an effective and entrepreneurial board, whose role is to promote the long-term sustainable success of the company, generating value for shareholders and contributing to wider society"*) e a recomendação 1 ("The board should assess the basis on which the company generates and preserves value over the long-term. It should describe in the annual report how opportunities and risks to the future success of the business have been considered and addressed, the sustainability of the company's business model and how its governance contributes to the delivery of its strategy").

[32] Recomendação 18: *"The board should set out in the papers accompanying the resolutions to elect each director the specific reasons why their contribution is, and continues to be, important to the company's long-term sustainable success."*

[33] Princípio O: *"The board should establish procedures to manage risk, oversee the internal control framework, and determine the nature and extent of the principal risks the company is willing to take in order to achieve its long-term strategic objectives."*

[34] Princípio P: *"Remuneration policies and practices should be designed to support strategy and promote long-term sustainable success. Executive remuneration should be aligned to company purpose and values,and be clearly linked to the successful delivery of the company's long-term strategy."*

[35] Le code belge de gouvernance d'entreprise 2020.

[36] Veja-se a sua introdução: *"Le Code met explicitement l'accent sur le long terme, sur le comportement responsable à tous les niveaux de la société et sur le fait de prendre en compte de manière permanente les intérêts légitimes des parties prenantes. Des attentes plus explicites sont également formulées en termes de diversité, de développement des talents, de planification de la relève, et en ce qui concerne le rapport annuel de la société sur tous les sujets non financiers. Cette orientation vers le long terme s'étend également à la politique de rémunération"*, p. 3.

[37] Recomendações 2.1 e 2.2: *"Le conseil poursuit une création de valeur durable par la société, en arrêtant la stratégie de la société, en mettant en place un leadership effectif, responsable et éthique et en supervisant les performances de la société"* (2.1); *"Pour rechercher la création de valeur durable, le conseil élabore une approche inclusive, qui équilibre les intérêts et les attentes légitimes des actionnaires et ceux des autres parties prenantes"* (2.2.)

[38] Recomendação 2.14: *"Le conseil approuve le cadre référentiel de contrôle interne et de gestion des risques proposé par le management exécutif et examine la mise en œuvre dudit cadre."*

[39] Recomendação 7.1: *"Le conseil adopte, sur avis du comité de rémunération, une politique de rémunération conçue pour réaliser les objectifs suivants: (...) promouvoir la création de valeur durable."*

Também nos *Países Baixos*[40] se acentua o *long-term value creation*, cuja noção é delimitada em termos precisos nas notas explicativas ao código[41], surgindo ao longo do texto recomendatório a propósito do órgão de administração[42], da cultura da sociedade[43] e das remunerações[44]

O *successo sostenibile* italiano[45] mereceu definição própria, enquanto *"obiettivo che guida l'azione dell'organo di amministrazione e che si sostanzia nella creazione di valore nel lungo termine a beneficio degli azionisti, tenendo conto degli interessi degli altri stakeholder rilevanti per la società"*. Esta noção é retomada em diferentes quadrantes, para definir, em termos gerais, o papel do órgão de administração[46]; no contexto da política de remuneração[47]; e no âmbito do sistema de controlo interno e gestão de riscos[48].

[40] De Nederlandse Corporate Governance Code 2016 (consultado na versão em inglês).

[41] "*Management board members and supervisory board members are expected to act in a sustainable manner by focusing on long-term value creation in the performance of their work. Long--term sustainability is the key consideration when determining strategy and making decisions, and stakeholder interests are taken into careful consideration. Long-term value creation also requires awareness and anticipation of new developments in technology and changes to business models. Maintaining a sufficient level of awareness of the wider context in which the enterprise affiliated with the company operates, contributes to continuing success, and is therefore in line with the company's interests. There may be situations in which a focus on the long term is no longer relevant for a company – for example in the event of a bankruptcy or takeover – and the company's reason for existing ceases. In these situations, the company should comply with the Code by explaining why long-term value creation is not, or is no longer, a priority to be pursued*", p. 43.

[42] *"The management board is responsible for the continuity of the company and its affiliated enterprise. The management board focuses on long-term value creation for the company and its affiliated enterprise,and takes into account the stakeholder interests that are relevant in this context. The supervisory board monitors the management board in this."*

[43] Princípio 2.5: "*The management board is responsible for creating a culture aimed at long-term value creation for the company and its affiliated enterprise.*"

[44] Princípio 3.1: "*The remuneration policy applicable to management board members should be clear and understandable, should focus on long-term value creation for the company and its affiliated enterprise, and take into account the internal pay ratios within the enterprise.*"

[45] Codice di Corporate Governance 2020.

[46] Logo no princípio I.: *"L'organo di amministrazione guida la societá perseguendone il successo sostenibile.*"

[47] Princípio XV: *"La politica per la remunerazione degli amministratori, dei componenti dell'organo di controllo e del top management è funzionale al perseguimento del successo sostenibile della societá e tiene conto della necessità di disporre, trattenere e motivare persone dotate della competenza e della professionalitá richieste dal ruolo ricoperto nella societá."*

[48] Princípio XVIII.: *"Il sistema di controllo interno e di gestione dei rischi è costituito dall'insieme delle regole, procedure e strutture organizzative finalizzate ad una effettiva ed efficace identificazione, misurazione, gestione e monitoraggio dei principali rischi, al fine di contribuire al successo sostenibile della societá."*

Já em *França*[49], lança-se mão da *responsabilité sociale et environnementale* em várias recomendações, nomeadamente acerca da função da administração de criação de *valeur à long terme*[50], da formação dos administradores[51], dos riscos a incluir na revisão de contas[52] e das remunerações[53].

O código *espanhol* de 2015 referia-se em secção própria (III.3.5) à *responsabilidad social corporativa*, expressão substituída na revisão de 2020 por *sostenibilidad y aspectos medioambientales y sociales*, fazendo assim expressa menção ao termo "sustentabilidade". É recomendada a elaboração de uma política de sustentabilidade com um determinado conteúdo mínimo nos termos do princípio 24 e da recomendação 55[54].

Por fim, no código *alemão*[55], ainda que não pareça existir uma específica recomendação que se dedique ao tema em análise, o seu preâmbulo chama a atenção para o facto de a sociedade e os seus órgãos deverem estar cientes do papel da empresa na comunidade e da sua *gesellschaftliche Verantwortung* (responsabilidade social), bem como para a circunstância de o sucesso da empresa ser influenciado por fatores sociais e ambientais, cujo potencial impacto deve ser identificado e abordado[56].

[49] Code de gouvernement d'entreprise des sociétés cotées 2020.

[50] Recomendação 1.1: *"Le conseil d'administration exerce les missions dévolues par la loi et agit en toute circonstance dans l'intérêt social de l'entreprise. Il s'attache à promouvoir la création de valeur par l'entreprise à long terme en considérant les enjeux sociaux et environnementaux de ses activités."*

[51] Recomendação 13.1: *"Chaque administrateur bénéficie, s'il le juge nécessaire, d'une formation complémentaire sur les spécificités de l'entreprise, ses métiers, son secteur d'activité et ses enjeux en matière de responsabilité sociale et environnementale".*

[52] Recomendação 16.2: *"L'examen des comptes doit être accompagné d'une présentation par la direction décrivant l'exposition aux risques, y compris ceux de nature sociale et environnementale."*

[53] Recomendação 25.1.1: *"La rémunération de ces dirigeants doit être compétitive, adaptée à la stratégie et au contexte de l'entreprise et doit avoir notamment pour objectif de promouvoir la performance et la compétitivité de celle-ci sur le moyen et long terme en intégrant un ou plusieurs critères liés à la responsabilité sociale et environnementale."*

[54] Princípio 24: *"La sociedad promoverá una política adecuada de sostenibilidad en materias medioambientales y sociales, como facultad indelegable del consejo de administración, ofreciendo de forma transparente información suficiente sobre su desarrollo, aplicación y resultados."*

[55] Deutscher Corporate Governance Kodex 2020.

[56] *"Die Gesellschaft und ihre Organe haben sich in ihrem Handeln der Rolle des Unternehmens in der Gesellschaft und ihrer gesellschaftlichen Verantwortung bewusst zu sein. Sozial- und Umweltfaktoren beeinflussen den Unternehmenserfolg. Im Interesse des Unternehmens stellen Vorstand und Aufsichtsrat sicher, dass die potenziellen Auswirkungen dieser Faktoren auf die Unternehmensstrategie und operative Entscheidungen erkannt und adressiert werden."* Para uma tradução inglesa: *"By their actions, the company and its governing bodies must be aware of the enterprise's role in the community and its societal responsibility. Social and environmental factors influence the enterprise's success. In the enterprise's best interests, Management Board and Supervisory Board*

4.2.2. *A sustentabilidade no CGS IPCG 2018*

Também o Código do IPCG, na sua versão originária, continha algumas passagens alusivas à sustentabilidade, referindo-se à *sustentabilidade do desenvolvimento da sociedade*, bem como à *sustentabilidade do desempenho dos administradores executivos*.

Logo o primeiro Princípio afirma que "*[o] governo societário deve promover e potenciar o desempenho das sociedades, bem como do mercado de capitais, e sedimentar a confiança dos investidores, dos trabalhadores e do público em geral na qualidade e transparência da administração e da fiscalização e no desenvolvimento sustentado das sociedades.*"

Esta ideia é retomada no contexto do papel da administração executiva, à qual "*compete gerir a sociedade, prosseguindo os objetivos da sociedade e visando contribuir para o seu desenvolvimento sustentável*" (Princípio IV.A), bem como no tema da remuneração dos administradores executivos, que deve incluir uma componente variável que "*reflita o desempenho sustentado da sociedade e não estimule a assunção de riscos excessivos*" e em que uma parte significativa seja diferida e associada "*à confirmação da sustentabilidade do desempenho*" (respetivamente, recomendações V.3.1. e V.3.2.[57]).

4.2.3. *A sustentabilidade no CGS IPCG revisto em 2020: o princípio V.2.B. e a recomendação IV.3.*

Pois bem: atentos aos últimos desenvolvimentos internacionais, de que modo poderia o Código de Governo das Sociedades evoluir para uma tomada em consideração da sustentabilidade? Várias formulações, mais e menos ambiciosas, seriam cogitáveis, sempre sem esquecer que várias sociedades emitentes, destinatárias do Código de Governo das Sociedades, estão sujeitas à aplicabilidade dos acima citados artigos 66.º-B e 508.º-G do CSC, prestando assim informações ao mercado no que respeita, "no mínimo, às questões ambientais, sociais e relativas aos trabalhadores, à igualdade entre mulheres e homens, à não discriminação, ao respeito dos direitos humanos, ao combate à corrupção e às tentativas de suborno (...)", nos termos dos nºs. 2 de cada um daqueles preceitos do CSC.

ensure that the potential impact from these factors on company strategy and operating decisions is identified and addressed."

[57] Na sequência da revisão do Código e respetiva renumeração, estas recomendações, que na substância não foram alteradas, passaram a ser as recomendações V.2.7. e V.2.8., respetivamente.

O Código de Governo das Sociedades acabou por optar por uma dupla novidade. Por um lado, alterou-se um dos Princípios que o regem, no caso em matéria de *remunerações* – justamente aquela em que o próprio CVM passou a referir-se explicitamente à sustentabilidade, nos artigos 26.º-C e 26.º-D –, de modo que se pode ler agora em V.2.B.[58] (veja-se em particular a nova formulação da alínea *(ii)*):

> *V.2.B. Os administradores devem receber uma remuneração:*
> i) *que retribua adequadamente a responsabilidade assumida, a disponibilidade e a competência colocadas ao serviço da sociedade;*
> ii) *que garanta uma atuação alinhada com os interesses de longo prazo dos acionistas e promova a atuação sustentável da sociedade; e*
> iii) *que premeie o desempenho.*

Por outro lado, avançou ainda a edição de 2020 do Código com uma nova recomendação, IV.3., que, muito embora não use a palavra *sustentabilidade*, é inequivocamente orientada à sua consagração, nos seguintes termos:

> *IV.3. No relatório anual, o órgão de administração explicita em que termos a estratégia e as principais políticas definidas procuram assegurar o êxito a longo prazo da sociedade e quais os principais contributos daí resultantes para a comunidade em geral.*

[58] Correspondente, na numeração do Código originário, ao Princípio V.3.

Resumo: O *empty voting* permite ao titular da participação social manter a titularidade do direito de voto, sem o correspondente interesse patrimonial, atendendo a que os efeitos do risco económico são transferidos para um terceiro, que passa a assumir o inerente risco. As situações de *empty voting* desvirtuam a regra geral que determina que a cada ação deverá corresponder um direito de voto e podem resultar numa situação disfuncional em que aquele que exerce o direito de voto promove a adoção de deliberações contrárias ao interesse do ente coletivo, prejudicando os objetivos da atividade societária e a condução do melhor destino social.

No presente artigo analisam-se os mecanismos que potenciam o empty voting e as possíveis soluções para as situações disfuncionais que daí poderão resultar, nomeadamente a via da transparência e o regime de invalidade de deliberações sociais.

Palavras-chave: empty voting; interesse social; deliberações sociais; equity swaps; regra uma ação/um voto.

Abstract: Empty voting allows the person holding the shares to have the right to vote, without having the corresponding ownership interest, given that the economic risk of such shares is transferred to a third party, which now bears said economic risk. *Empty voting* undermines the general one share-one vote rule and may result in a dysfunctional situation in which the one who exercises voting rights promotes the adoption of resolutions contrary to the interest of the company, harming the purposes of the corporate activity and the best conduct of business affairs.

This article analyses those mechanisms that promote empty voting and the possible solutions to dysfunctional situations that may result from it, namely the transparency approach and the scheme of invalidity of corporate resolutions.

Keywords: empty voting; corporate interest; corporate bodies resolutions; equity swaps; one share/one vote rule.

PEDRO FERNANDES NUNES

RITA CARRILHO DA CUNHA

Breves reflexões acerca dos problemas associados ao *empty voting* e análise de possíveis soluções

§1. Introdução

O *empty voting* ou voto vazio consiste na titularidade de um direito de voto sem qualquer interesse patrimonial acoplado. Tal significa que o titular da participação social continua a ter a titularidade do direito de voto, sem o correspondente interesse patrimonial, atendendo a que os efeitos do risco económico foram transferidos para um terceiro, que passou a assumir o inerente risco.

As situações de *empty voting* desvirtuam a regra geral que determina que a cada ação deverá corresponder um direito de voto – o princípio tradicional *one share, one vote* – previsto no artigo 384.º, n.º 1 do Código das Sociedades Comerciais ("CSC") e que é considerado como o "*expoente máximo do princípio da proporcionalidade entre participação económica e direitos de voto*", sendo tradicionalmente apontado como "*uma das regras de ouro do corporate governance*", não obstante as diversas derrogações que lhe são admitidas[1]. Como veremos, o *empty voting* elimina a proporcionalidade, pelo menos económica ou material, que, por norma, deveria ditar a relação entre a detenção de capital e de interesses na gestão da sociedade. Por essa razão, o *empty voting* deverá ser enquadrado como um meio de dissociação entre a titularidade do interesse económico e a titularidade do direito de voto.

A situação de voto vazio pode resultar de diversas técnicas jurídicas, apresentando configurações distintas que merecem uma análise individualizada. Neste contexto, propomo-nos a analisar os vários instrumentos a que os agentes económicos recorrem para obter o esvaziamento do voto, de entre os quais se destacam os *equity swaps* pelo papel central que ocupam. À semelhança dos demais *swaps*, os *equity swaps* são instrumentos financeiros derivados cuja valorização está indexada a um ativo de referência, que neste caso será composto por participações sociais (relativas a um único emitente ou composto por um cabaz ou portfolio). Os motivos que levam os agentes económicos a recorrer a este tipo de instrumentos financeiros são variados, mas via de regra os *equity swaps* vão assumir uma função de cobertura de risco (*hedging*), em que uma das partes se protege das oscilações de cotações, ou uma função especulativa (*trading*), em que uma das partes pretende expor-se ao risco para com isso obter um rendimento ou uma vantagem negocial[2].

1 Joana Torres Ereio, "One Share, One Vote – Os tetos de voto e as alterações introduzidas pelo Decreto-Lei n.º 20/2016", *Actualidad Jurídica Uría Menéndez*, n.º 44, 2016, disponível em https://www.uria.com/documentos/publicaciones/5153/documento/foro_por03.pdf?id=6829.

2 Sobre o tema *vide* José Engrácia Antunes, *Os Instrumentos Financeiros*, 4.ª edição, 2020, Coimbra: Almedina, pp. 257 e 258. Do mesmo Autor, *vide*, ainda, «"Equity swaps" e titularidade de participações sociais», *O Direito*, Ano 150.º - I, Coimbra: Almedina, 2018, pp. 9-24.

É ainda crucial analisar a relação existente entre o *empty voting* e o interesse social, na medida em que a titularidade de voto sem o correspondente capital poderá redundar na adoção de deliberações que não prosseguem o melhor interesse da sociedade, razão pela qual as duas realidades se afiguram indissociáveis.

Por fim, é imperioso avaliar as soluções consagradas pelo nosso legislador até ao momento e aferir da sua suficiência para superar os inconvenientes associados ao *empty voting*.

§2. O *empty voting* como forma de dissociação entre a titularidade do interesse económico e a titularidade do direito de voto

O problema do qual nos pretendemos ocupar conduz a uma dissociação entre a titularidade do interesse económico e a titularidade do direito de voto, os quais não estarão, nesta hipótese, concentrados no mesmo sujeito.

Por um lado, teremos um terceiro que mantém na sua esfera jurídica o interesse económico e a legitimidade para receber os proventos resultantes da atividade da empresa (leia-se, para integrar o campo dos destinatários da distribuição de dividendos gerados), independentemente de não controlar a condução dos destinos sociais através do exercício do direito de voto. Por outro lado, teremos o acionista (*nominee shareholder*), em cuja esfera jurídica se encontra o direito de votar nas Assembleias Gerais da sociedade visada e, consequentemente, de participar na conformação da vida societária e na adoção das mais relevantes decisões do ente coletivo sem o respaldo do interesse económico.

Numa primeira aproximação ao cerne do problema, tenderíamos a afirmar, portanto, que a rentabilidade do terceiro dependerá não só da atividade desenvolvida pela sociedade como também da atividade do acionista, ao passo que este tem o seu rendimento garantido, independentemente dos lucros da sociedade. O desalinhamento dos interesses dos dois sujeitos na sociedade está, pois, intrinsecamente conexo com a falta de incentivo do acionista em assumir os custos que a participação na vida societária acarreta necessariamente, designadamente o custo de recolha de informação para exercer de forma livre e esclarecida o direito de voto. Com efeito, a conduta racional impele esse acionista à observância de uma espécie de *lei do menor esforço*, dado que o seu rendimento será sempre o mesmo, independentemente das vicissitudes da sociedade, pelo que o incentivo de tal sujeito traduzir-se-á, literalmente, em fazer o menos possível, já que o seu rendimento é sempre constante[3]. Ou seja, os rendimentos resultantes da empresa societária e dos resultados económicos que esta vier a apresentar constituirão bens da pertença do terceiro, e não do acionista titular do direito de voto[4].

Tal dissociação poderá revestir diversas formas e justificar-se com base em múltiplos fundamentos. Em termos muito simplistas, podemos ter situações em que a dissociação opera de um ponto de vista substancial, ou seja, situações em que, pese embora o direito de voto não seja formalmente retirado da ação, o seu exercício está confiado a outra pessoa, e ainda situações em que o referido direito é formalmente destacado da ação, sendo a sua titularidade cometida a outro sujeito. Neste último ponto, subsumir-se-ão os casos de transmissão definitiva do direito de voto, pois é apenas nesse cenário que se justifica um destaque formal do direito de voto face à ação a que o mesmo respeita.

No primeiro grupo, o qual podemos designar por *dissociação material desacompanhada de dissociação formal*, o *empty voting* assume um lugar cimeiro, ainda que existam outras formas de dissociação, como seja o exercício dos direitos de voto pelo alienante de ações nas sociedades cotadas ao abrigo do artigo 23.º-C do Código dos Valores Mobiliários ("CdVM") e, ainda, os casos de titularidade indireta de valores mobiliários.

No segundo grupo, podemos encontrar o destaque do direito de voto propriamente dito, ou seja, as situações em que essa situação jurídica ativa é formalmente separada da ação, por forma a permitir a sua alienação definitiva a terceiros. No entanto, não é objeto do presente estudo discutir a polémica querela em torno da questão de saber se este negócio jurídico é admissível ao abrigo do ordenamento jurídico português[5].

[3] Fernando Araújo, *Introdução à Economia*, 3.ª ed., Coimbra: Almedina, 2014, pp. 421-422.

[4] O problema dos custos de agência é, habitualmente, tratado a propósito da dissociação entre o interesse económico (da titularidade do acionista) e o poder de gestão (da titularidade dos administradores designados para a sociedade). Sobre este tema, ver, por todos, Michael C. Jensen e William H. Meckling «Theory of the Firm: Managerial Behavior, Agency Costs and Ownership Structure», 1976, pp. 305-360, disponível em https://ssrn.com/abstract=94043.

[5] Especificamente dedicado ao tema, ver José Marques Estaca, «O destaque dos direitos de voto em face do CVM», AA.VV., *Estudos em Honra do Professor Doutor José de Oliveira Ascensão* (coord. António Menezes Cordeiro, Pedro Pais de Vasconcelos, e Paula Costa e Silva), Coimbra: Almedina, 2008, pp. 1347-1361.

§3. O *empty voting* e suas concretizações

O esvaziamento do voto não é já uma realidade inovadora e desconhecida da dogmática jurídica, antes constituindo um tema sobre o qual muitos escritos foram sendo produzidos[6] e muitas opiniões e comentários

[6] Sobre o *empty voting*, ver, entre nós, Ana Perestrelo de Oliveira, *Manual de Corporate Finance*, Coimbra: Almedina, 2015, pp. 185-192; Ana Perestrelo de Oliveira e Madalena Perestrelo de Oliveira, «Derivados financeiros e governo societário: a propósito da nova regulação mobiliária europeia e da consulta pública da ESMA sobre empty voting», *RDS*, IV, Coimbra: Almedina, 2012, 1, pp. 49-109; Tiago Arnould, «O destaque do direito aos lucros...», *ob. cit.*, pp. 372-378; «Os Hedge Funds e o Governo das Sociedades», AA.VV., *Direito dos Valores Mobiliários*, Vol. IX (2010), Coimbra: Coimbra Editora, pp. 9-70; Oliveira Ascensão, «Derivados», *Direito dos Valores Mobiliários*, Vol. IV, Coimbra: Coimbra Editora, 2003, pp. 41-68; Tiago Bessa, «Crise, regulação e supervisão dos Hedge Funds», *RDS*, II, n.ºs 3-4, Coimbra: Almedina, 2010, pp. 849-914; Madalena Perestrelo de Oliveira, «Instrumentos financeiros com fins de garantia e exercício de direitos sociais», *RDS*, V, n.º 3, Coimbra: Almedina, 2013, pp. 537-602. No estrangeiro, ver sobre o tema, entre outros, Henry T.C. Hu e Bernard Black, «Equity Debt Decoupling and Empty Voting II: Importance and Extensions», *University of Pennsylvania Law Review*, Vol. 156, Number 3, (2008), pp. 625-739; «Debt and Hybrid Decoupling: An Overview», *The M&A Lawyer*, Vol. 12, (2008), pp. 3-10; «Hedge Funds, Insiders, and the Decoupling of Economic and Voting Ownership: Empty Voting and Hidden (Morphable) Ownership», *European Corporate Governance Institute*, Finance Working Paper No.56/2006, (2006), pp. 343-367; «The New Vote Buying: Empty Voting and Hidden (Morphable) Ownership», *Southern California Law Review*, Vol. 79, Number 4, (2006), pp. 810-908; «The New Vote Buying: Empty Voting and Hidden (Morphable) Ownership: taxonomy, implications and reforms», *The Business Lawyer*, Vol. 61, (2006), pp. 1011-1070; «Debt, Equity, and Hybrid Decoupling: Governance and Systemic Risk Implications», *University of Texas, School of Law*, Law and Economics Working Paper No. 120 (2008), pp 1-42, disponível em http://ssrn.com/abstract=1084075; Henry T. C. Hu, «Financial Innovation and Governance Mechanisms: The Evolution of Decoupling and Transparency», Business Lawyer, 70, 2015, pp. 347-405, disponível em http://ssrn.com/abstract=2588052; Roberta S. Karmer, «Voting Power without Responsibility or Risk – How Should Proxy Reform Address the Decoupling of Economic and voting Rights?», *Brooklyn Law School Legal Studies*, Research Papers No. 146, (2009), pp. 1-43; Alon Brav e Richmond D. Mathews, «Empty Voting and the efficiency of corporate Governance», 2010, pp. 289-307, disponível em http://ssrn.com/abstract=1108632; Chris Waddell, Kendric Nguyen, Evan Epstein, Peter Conti-Brown, F. Daniel Siciliano, Joseph Grundfest, «Identifying The Legal Contours of The Separation of Economic Rights and Voting Rights in Publicity Held Corporation», *Rock Center for Corporate Governance*, Working Paper Series no. 90, 51 pp., disponível em http://ssrm.com/abstract=1695183; Robert Thompson e Paul Edelman, «Corporate Voting» , *Vand. Pub. L. Research Paper No. 8- 32*, 2008, pp. 129-175; Michael C. Schouten, "The Mechanisms of Voting Efficiency" - Centre for Business Research, University of Cambridge, Working Paper No. 411 - 2010 Harvard, pp. 1-59, disponível em http://ssrm.com/abstract=1658397; «The case for mandatory ownership disclosure», *15 Stanford Journal of Law, Business & Finance* (2010), pp. 127-182, disponível em http://ssrm.com/abstract=1327114; Susan E. K. Christoffersen, Christopher C. -Geczy, David K. Musto e Adam

foram sendo emitidos[7], pelo menos nos países de *common law*, em que o mercado de valores mobiliários e a respetiva ciência jurídica se encontram mais aprofundados.

Conforme já aflorámos em momento anterior, o *empty voting* traduz uma dissociação entre a titularidade económica e a titularidade formal do direito de voto, de tal modo que desvirtua o princípio *one share, one vote*[8] e elimina potencialmente a proporcionalidade que deveria ditar a relação entre a detenção de capital e de interesses na gestão da sociedade. Não existe, hoje, um consenso sobre o *empty voting*, havendo mesmo quem não o considere um problema real merecedor de particular atenção por parte

V. Reed, "Vote Trading and Information Aggregation", Journal of Finance, Vol. 62, Finance Working Paper no. 141/2007, 2007; disponível em http://ssrm.com/abstract=686026; Renée Adams e Daniel Ferreira, «One Share-One Vote: The Empirical Evidence», *Review of Finance* (2008) 12, pp. 51-91; David Yermack, «Shareholder Voting and Corporate Governance», *Annual Review of Financial Economics*, 2010, pp. 1-41; Jordan M. Barry, John William Hatfield e Scott Duke Kominers, «Shareholder Decision making in the Presence of Empty Voting and Hidden Ownership», pp. 1-42; «On derivatives markets and social welfare: a theory of empty voting and hidden ownership», Rock Center for Corporate Governance at Stanford University Working Paper No. 122, pp. 1103-1167, disponível em http://ssrm.com/abstract=2134458;Wolf-Georg Ringe, «Hedge Funds and Risk-Decoupling – The Empty Voting Problem in the European Union», *University of Oxford*, Legal Research Paper Series, Paper no. 52/2012, 2012, pp. 1-66, disponível em http://ssrm.com/abstract=2135489; Nicola de Luca, «Titolarità vs. legittimazione: a proposito di record date, empty voting e "proprietà nascosta" di azioni», *Rivista di diritto societario*, Torino: G. Giappichelli Editore, 2010/2, pp. 311-339; Usha Rodrigues, «Corporate Governance in an Age of Separation of Ownership from Owership», *Minnesota Law Review*, Jan. 2011, Research Paper Series no. 11-01, disponível em http://ssrm.com/abstract=1736611; Shaun Martin e Frank Partnoy, «Encumbered Shares», *University of Illinois Law Review*, 2005, 3, pp. 775-814, disponível em https://illinoislawreview.org/wp-content/ilr-content/articles/2005/3/Martin.pdf.

[7] Pese embora Henry T.C. Hu e Bernard Black, os autores que por ora mais reconhecimento obtiveram no tratamento desta matéria, tenham admitido que as reações quanto ao tema são díspares: se na Europa constataram curiosidade e entusiasmo – que inclusive resultou em diversas alterações legislativas como abordaremos *infra* –, nos EUA têm-se deparado com algum ceticismo. Cfr. Henry T.C. Hu e Bernard Black, «Equity and Debt Decoupling…» *ob. cit.*, pp 654-655, *"Is decoupling merely a curiosity? We often get this question in the United States, but seldom in Europe."*

[8] Renée Adams e Daniel Ferreira, «One Share-One Vote...», *ob. cit.*, pp. 54 e 55, falam num desvio ao princípio segundo o qual a cada ação corresponde um voto e identificam algumas causas motivadoras desse desvio: «*Under "one share-one vote" there is no wedge between cash flow and effective voting rights. A disproportional ownership structure is one that deviates from the "one share-one vote" principle. Ownership disproportionally has many causes, such as share classes with differential voting rights, voting rules and caps, voting agreements, pyramidal control structures, cross-ownership of shares, fiduciary voting, ownership dispersion, etc*».

dos estudiosos e legisladores[9], na medida em que, muitas vezes, os mecanismos que potenciam o seu surgimento trazem benefícios ao ente coletivo e, nessa medida, deverão ser permitidos e até incentivados. Adiante, veremos se deve ser concedida razão a estes Autores.

O esvaziamento do voto traz consigo uma outra realidade, que constitui o seu espelho: a titularidade oculta ou *hidden ownership*, situação em que o risco ou titularidade económica imputada ao titular das ações é superior aos direitos de voto que lhe permitiriam exercer a sua função de controlo da gestão da sociedade[10]. Quando exista titularidade oculta, pode verificar-se um incremento da possibilidade de, a qualquer momento, aquela titularidade económica se transfigurar em jurídica, com os direitos de voto correspondentes. Estamos perante o já denominado *hidden morphable ownership*. Conquanto a doutrina pátria ainda não tenha cuidado da sua tradução, entendemos por ora, e salvo melhor sugestão, a suficiência de *titularidade oculta alomórfica* para asseverar a realidade que lhe subjaz e a que aludimos *supra*.

Podemos, assim, dizer que a realidade do esvaziamento do voto engloba duas situações diametralmente opostas, mas umbilicalmente ligadas entre si: uma em que o interesse económico é superior ao poder de

[9] A este respeito, e conforme se retomará adiante, cite-se desde já Susan E. K. Christoffersen *et alli*, «Vote trading and information aggregation», *ob. cit.*, p. 35, para quem o recurso ao *empty voting* acarreta consequências positivas para a sociedade.

[10] Nas palavras de Henry T. C. Hu e Bernard Black, «The New Vote Buying: Empty Voting and hidden (morphable) ownership», *ob. cit.*, p. 816: *"We refer to empty voting and hidden (morphable) ownership together as "the new vote buying" or simply as "decoupling"*. Dos mesmos Autores, « The New Vote Buying: Empty Voting and hidden (morphable) ownership: Taxonomy, implications and Reforms», *ob. cit.*, p. 1014. Por seu turno, considerando as noções dadas por Henry T. C. Hu e Bernard Black um pouco equívocas e imprecisas (apesar de consideravelmente ilustrativas), veja-se Wolf-Georg Ringe, «Hedge Funds and Risk-Decoupling...», *ob. cit.*, p. 3, que, no âmbito dos *hedge funds*, se refere à situação na qual o acionista com exposição reduzida ao risco mantém os seus direitos de voto e a sua influência na sociedade como *"negative decoupling"* e à situação em que o risco económico ultrapassa o direito de voto como *"positive decoupling"*. Nas concretas palavras do Autor, *"This intentional deconstruction of equity investment can take two forms. Firstly, the hedge fund may want to reduce the risk that is usually associated with an equity investment. This is done for obvious reasons: a shareholder with reduced risk exposure retains its voting power and its influence in the company, but does not bear the risk of negative returns. This strategy is what we may call 'negative decoupling'. Secondly, activist investors can attempt to produce the opposite effect: they acquire an economic stake in a company without gaining voting power. This may be particularly interesting during takeover situations because under the circumstances, current laws only require the disclosure of voting positions (but not economic exposure). Here the economic risk is higher than the voting power; we may term this 'positive decoupling'"*.

participação e outra exatamente inversa, em que o número de votos excede o interesse de que o sujeito é titular.

O esvaziamento do voto é uma realidade que afeta a relação de paridade entre titularidade económica e poder jurídico de participação[11], permitindo o surgimento de situações em que o direito de voto de um acionista, desacompanhado da imputação do correspondente risco económico em função da evolução da sociedade, poderá ser exercido num sentido divergente do interesse do ente coletivo, precisamente porque o sujeito votante tem um interesse próprio contrário ao interesse social (o comummente designado por *interesse económico negativo*).

Antes de avançarmos na nossa explanação, é curial indagar quais as razões do surgimento do *new vote-buying*. Pese embora só uma análise casuística permita determinar com rigor os motivos dos agentes económicos para recorrer a estas técnicas, podemos indicar aquelas situações típicas, que resultam de uma análise transversal dos casos por ora conhecidos e que, como referido, servirão por regra propósitos de cobertura de risco ou propósitos meramente especulativos. Nomeadamente, com o *vote buying* pode haver a tentação de "fugir" à imputação de direitos de voto – cfr. artigo 20.º do CdVM – de modo a não acionar a obrigatoriedade de divulgação de participações qualificadas ao mercado – cfr. artigo 16.º do CdVM.

Contudo, pode haver outras preocupações subjacentes ao *vote buying*, nomeadamente as de afastar a necessidade de lançamento de OPA obrigatória – cfr. artigo 187.º do CdVM – que eventualmente decorra da imputação de direitos de voto acima referida. O *vote buying* também pode ser utilizado como meio de defesa em OPAs hostis[12], no âmbito das chamadas *takeover battles*, i.e. operações de tomada de uma posição acionária de controlo sem a aquiescência do Conselho de Administração ou de um conjunto de acionistas da sociedade-alvo, porquanto permite ao acionista aprovar a implementação de decisões que visam frustrar a OPA (*maxime* retirar valor à sociedade visada) sem que as implicações de tais decisões se repercutam na sua esfera jurídica[13/14].

[11] Tiago Arnould, «O destaque do direito aos lucros...», *ob. cit.*, p. 373.

[12] Sobre o tema, cfr. Jorge Brito Pereira, *A OPA Obrigatória*, Coimbra: Almedina, 1998; Orlando Vogler Guiné, *Da Conduta (Defensiva) da Administração "Opada"*, Coimbra: Almedina, 2009; Hugo Moredo Santos, *Transparência, OPA Obrigatória e Imputação de Direitos de Voto*, Coimbra: Coimbra Editora, 2011.

[13] António Menezes Cordeiro, «Da Tomada de Sociedades (Takeover): Efectivação, Valoração e Técnicas de Defesa.» *ROA*, Ano 54.º - Vol. III - Dezembro, 1994, pp. 761-777. *Vide* José Diogo Horta Osório, *Da tomada de controlo de sociedades (takeovers) por leveraged buy-out e sua harmonização com o direito português*, Coimbra: Almedina, 2001.

[14] Estas situações são exponenciadas pela forte presença de *hedge funds* no mercado de

Podemos afirmar que a última situação acima retratada constitui a preocupação cimeira no âmbito do tema do *empty voting*, porquanto a mesma relega o interesse social para um plano secundário, permitindo-se a emissão de votos, o que equivale por dizer a tomada de decisões, que podem não só desconsiderar os interesses a médio e longo prazo da sociedade, como também podem ser verdadeiramente prejudiciais para a mesma.

Conforme bem nos relata Tiago Arnould[15], o que importa e preocupa neste contexto não é tanto a neutralização do interesse do sujeito votante, motivada pelo facto de o mesmo não deter a titularidade de qualquer ação emitida pela sociedade e, consequentemente, não lhe ser reconhecida a qualidade de acionista que lhe permitiria, *p.e.*, auferir dividendos. O que deve procurar alcançar-se neste âmbito é, antes, a neutralização de quem, por força do *vote buying*, vota com base numa "inversão" do interesse que via de regra subjaz ao direito de voto (o já aludido interesse económico negativo). Dito de outra forma, o aspeto mais dramático do esvaziamento do voto não reside no interesse "zero" do titular do direito de voto, mas no eventual interesse especulativo que o mesmo poderá deter, o que poderá conduzi-lo a votar favoravelmente a adoção de uma conduta prejudicial para o ente societário.

3.1. Mecanismos que potenciam o *empty voting*. O papel dos *equity swaps*

Foram inúmeros os mecanismos cujo surgimento e consequente desenvolvimento permitiram o esvaziamento do voto e da simétrica titularidade oculta, potenciando várias situações de compra de votos nas sociedades anónimas e revolucionando o paradigma do *corporate governance* que, tradicionalmente, assenta na efetiva ligação entre titularidade de capital e de voto (muito embora cedo se tenham conhecido exceções a este princípio, nomeadamente com as ações preferenciais sem voto e as ações preferenciais remíveis)[16].

capitais: fundos de investimento particularmente ativos nas sociedades por estes participadas e com políticas de investimento particularmente agressivas, focadas essencialmente nos resultados a curto prazo (*short-termism*). Sobre o tema, ver Marcel Kahan e Edward B. Rock, «Hedge Funds in Corporate Governance and Corporate Control», *University of Pennsylvania Law Review*, Vol. 155, 2007, pp. 1021-1093.

15 Tiago Arnould, «O destaque do direito aos lucros...», *ob. cit.*, p. 373.

16 Henry T.C. Hu e Bernard Black, «Debt, Equity and Hybrid...» *ob. cit.*, pp. 36-42 apresentam uma tabela de noventa e quatro casos nos quais, por recurso a diversas

Muitos Autores referem-se, neste contexto, a uma *"revolução dos derivados"*[17], os quais se encontram previstos no artigo 2.º, n.º 1, alíneas c) e f) do CdVM e podem ser definidos, *grosso modo*, como instrumentos financeiros resultantes de contratos a prazo celebrados e valorados por referência a um determinado ativo subjacente[18/19].

No âmbito das técnicas de derivação, não pode ser ignorada a relevância dos chamados *equity swaps*: contratos de *swaps* pelos quais o titular formal das ações transfere o retorno económico das mesmas para a contraparte mediante o recebimento de um prémio periódico[20].

Diz-se que tem a posição longa no contrato (*equity leg* ou *long leg*) aquele que recebe o retorno que caberia ao titular das ações e, deste modo, assume o risco económico das mesmas (mediante o pagamento de um prémio), sem ter, no entanto, os correspondentes direitos de voto. Por outro lado, tem a posição curta no contrato (*short leg*) aquele que contratou o *swap* de modo a afastar o risco económico das ações de que é titular, embora mantenha a sua titularidade formal e, portanto, ao abrigo do *swap* receberá uma remuneração fixa, ou melhor dizendo, uma remuneração que não é determinada com base no ativo subjacente. Na realidade, não haverá lugar a uma transferência efetiva de valores, mas apenas ao pagamento do saldo que resulta da compensação das posições de cada parte no *swap*, i.e. haverá lugar à liquidação das posições das partes numa data acor-

técnicas, se verificaram situações de *empty voting*, de titularidade oculta e de titularidade oculta alomórfica que remontam a 1988.

[17] Recorrendo ao conceito de *derivatives revolution in finance*, ver, entre outros, Henry T. C. Hu e Bernard Black, «The New Vote Buying: Empty Voting and hidden (morphable) ownership», *ob. cit.*, p. 815. Dos mesmos Autores, *vide* «The New Vote Buying: Empty Voting and hidden (morphable) ownership: Taxonomy, implications and Reforms», *ob. cit.*, p. 1014. Já Jordan M. Barry, John William Hatfield e Scott Duke Kominers, «Shareholder Decision-making...», *ob. cit.*, p. 3, referem-se ao *"dramatic growth of securities and derivatives markets"*.

[18] A definição pertence a José Engrácia Antunes, *Os Instrumentos Financeiros*, *ob. cit.*, p. 199.

[19] Os derivados podem efetivamente assumir diversas formas e múltiplas funções. Desde os contratos diferenciais, às opções, aos futuros e aos *swaps*, os instrumentos financeiros derivados apenas têm como fator comum a sua natureza precária (i.e., são contratos a prazo) e a sua celebração por referência a determinado ativo subjacente.

[20] O contrato de *swap* é, como o nome indica, um contrato de permuta, pelo qual se trocam posições jurídicas ou instrumentos financeiros sobre um determinado ativo subjacente. O contrato pode ter por ativo subjacente divisas (*currency swap*), taxas de juro (*interest rate swap*), posições jurídicas em ações (*equity swap*) ou outros valores mobiliários representativos de dívida (*credit default swaps*). Sobre o contrato de *swap*, *vide* Maria Clara Calheiros, «O Contrato de Swap», *Studia Iuridica 51*, Coimbra: Coimbra Editora, 2000; Hélder Mourato, *O Contrato de Swap de Taxa de Juro*, Coimbra: Almedina, 2014; António Menezes Cordeiro, *Direito Bancário*, 5.ª Ed., revista e atualizada, Coimbra: Almedina, 2014, pp. 880-882; Ana Perestrelo de Oliveira, *Manual de Corporate...ob. cit.*, pp. 182-194.

dada e só uma delas terá de efetuar o pagamento de uma soma pecuniária (na liquidação financeira) ou proceder à entrega do ativo subjacente ou de outro acordado entre as partes (na liquidação física). Em termos gerais, quer isto dizer que as partes que celebram um *swap* têm perspetivas distintas relativamente à evolução do ativo subjacente, ou seja, quem assume a posição curta fá-lo porque tem a expetativa de que o ativo subjacente evolua negativamente e, por conseguinte, será essa a parte a receber um pagamento na liquidação; ao passo de que quem assume a posição longa fá-lo com base numa expetativa exatamente contrária, i.e. a expetativa é a de que o valor mobiliário evolua de forma positiva.

Sucede que a realidade dos mercados de valores mobiliários vai levar a que as instituições de crédito celebrem contratos de *swap* de forma a satisfazer as necessidades e pretensões dos seus clientes (que tencionam contratar este tipo de instrumento financeiro) e com isso auferir a devida remuneração pelas comissões cobradas, sem que no entanto tal signifique que as instituições de crédito assumem uma posição no *swap* que corresponde a uma expetativa da evolução do ativo subjacente. Esta situação levará a que as instituições de crédito celebrem contratos de *swap* com outras instituições de forma a cobrir o risco que assumiram perante o cliente e estas, por sua vez, procurarão fazer o mesmo junto de outras instituições de forma a assegurar a cobertura do próprio risco, conduzindo a um emaranhado de posições curtas e longas e a uma interligação sistemática (*interconnectedness*) que se revelou verdadeiramente nefasta aquando da crise financeira de 2008.

Como qualquer técnica de derivação, o contrato de *swap* abstrai-se do ativo que lhe subjaz e, portanto, a sua celebração não interfere com a titularidade das ações, ou seja, será o titular da posição curta que, para todos os efeitos, ocupa a posição de acionista e, nessa qualidade, exercerá os direitos de voto na sociedade, ainda que esse exercício seja desacompanhado do interesse económico correspondente.

Naturalmente, nos *swaps* sintéticos – i.e., *swaps* em que nenhuma das partes é titular do ativo subjacente, mas este serve apenas como valor de referência para aferir os pagamentos a realizar no momento da liquidação – a sua celebração também não interfere com a titularidade do ativo subjacente e, a menos que seja acordada uma liquidação física, nenhuma das partes será titular do ativo subjacente por força do contrato de *swap*.

Muito embora os contratos de *swap* tenham surgido como instrumentos financeiros de balcão (*over-the-counter*), estes podem, de igual modo, ser negociados em mercado organizado (os *exchange-listed-derivatives*). Nestes casos, um investidor adquire e outra entidade (o *dealer*) vende posições num *equity swap* sem que qualquer um dos envolvidos detenha ações (*naked equity swap*), para que com a prestação deste serviço financeiro, o *dealer* seja remunerado mediante a cobrança de comissões. À semelhança do que referimos anteriormente, o *dealer* terá também interesse em cobrir o risco assumido, o que poderá fazer através da celebração de contratos de *swap* com outras instituições de crédito, assumindo posições simétricas às posições assumidas com o cliente. Mas o *dealer* também poderá cobrir o risco assumido através da aquisição de ações que correspondam aos *swaps* contratados (*matched shares*), e.g. se o *swap* cobre o risco da subida das cotações, quando o *dealer* adquire ações a cotação subirá tendencialmente, pelo que, na liquidação, o *dealer* terá de pagar ao cliente, mas em contrapartida recebe o respetivo valor através da venda das ações que detenha em carteira.

3.2. O caso *Perry-Mylan* e o exemplo Português

Como referimos, a situação mais dramática de *empty voting* é aquela em que o interesse do acionista é negativo. Imagine-se: numa tomada de controlo de uma sociedade em que um dos acionistas detém ações, tanto na sociedade tomadora como na sociedade-alvo, porém cobre o risco das ações da tomadora com *equity swaps*; quanto mais esta pagar pelas ações da sociedade-alvo, mais lucra o *empty voter*, ainda que o negócio seja ruinoso para a tomadora, uma vez que os efeitos repercutir-se-ão na esfera jurídica do *dealer* e não do acionista.

Neste contexto, é hoje paradigmático o caso *Perry-Mylan Laboratories* apresentado por Henry T. C. Hu e Bernard Black[21]. Na situação de que nos ocupamos, a Mylan Laboratories ("Mylan") acordou com a King Pharmaceuticals ("King"), na qual a Perry Corporation ("Perry") detinha sete milhões de ações, a sua aquisição, contanto que os acionistas da Mylan aprovassem a mesma. A Perry teria com o fecho da transação um lucro de 28 milhões de dólares. Tudo parecia correr bem, até à divulgação ao mercado da futura transação, que motivou que a cotação das ações caísse a pique.

Assim, a Perry adquiriu ações da Mylan, representativas de 9,9% do capital social, de modo a não espoletar o dever de divulgação de participações qualificadas, acionado com uma detenção de 10%. Concomitantemente, a Perry celebrou *equity swaps* tomando por referência as recém-compradas ações da Mylan, ocupando a posição curta no respetivo contrato.

21 Henry T. C. Hu e Bernard Black, «The New Vote Buying: Empty Voting and hidden (morphable) ownership», *ob. cit.*, pp. 828-829.

No final do dia, a Perry era a maior acionista da Mylan, cuja participação não estava divulgada ao público nem ao regulador, ao que acrescia que, por força dos *swaps* contratados, quanto mais a Mylan pagasse pela King, mais a Perry lucrava. Se a Mylan ficasse numa situação ruinosa por força do negócio, os efeitos do risco económico das ações da Perry repercutir-se-iam na esfera jurídica do *dealer* dos *swaps*.

E nem se pense que esta é uma realidade que nos é estranha. De facto, em Portugal, no âmbito da OPA lançada pela Sonaecom sobre a Portugal Telecom, tomou-se conhecimento do recurso, por parte da administração desta última, a várias medidas defensivas, designadamente medidas de *soft parking* (que veremos adiante) de ações próprias junto do Barclays, uma entidade da sua confiança, e a aquisição de *equity swaps* da PT Multimédia, de modo que a Portugal Telecom detinha ações equivalentes a 58% do capital social da PT Multimédia, mas tinha um interesse económico correspondente a 68%[22].

Estes são apenas alguns dos muitos exemplos onde o *empty voting* pode manifestar-se de forma realmente problemática, atendendo ao interesse negativo do acionista, merecendo por isso um controlo dos seus efeitos potencialmente nefastos.

3.3. Outros mecanismos dos quais derivam situações de dissociação entre titularidade económica e direito de voto.

Sem prejuízo do contributo dos instrumentos financeiros derivados para o aprofundamento do esvaziamento do voto, na medida em que tais instrumentos implicam uma necessária dissociação entre a titularidade formal do direito de voto, por um lado, e a titularidade do interesse económico, por outro[23], a verdade é que são hoje conhecidos e utilizados pelos operadores económicos outros mecanismos que potenciam a dissociação entre titularidade do interesse económico – e consequente imputação do risco – e do direito de voto.

Reportamo-nos *v.g.* às Assembleias Gerais de sociedades emitentes de ações admitidas à negociação em mercado regulamentado (cfr. artigos

[22] Cfr. Henry T.C. Hu e Bernard Black, «Equity Debt Decoupling and Empty Voting II...» *ob. cit.*, pp. 645-646.

[23] A este propósito, Madalena Perestrelo de Oliveira, «Instrumentos financeiros com fins de garantia...», *ob. cit.*, p. 550, refere o seguinte: *"O recurso a derivados implica (...) um fenómeno de dissociação entre a titularidade formal dos direitos e a titularidade do interesse económico e, portanto, de dissociação do risco: o titular do direito transfere o risco inerente para terceiro (posição vazia), que não tem formalmente qualquer poder na sociedade (titularidade oculta)"*.

22.º a 26.º do CdVM), nas quais podem participar e votar os acionistas que, nos termos do artigo 23.º-C do CdVM, forem legítimos titulares das ações (cfr. artigo 55.º, n.º 1 do CdVM) na data de registo (*record date*) [24]. O exercício do direito de voto não será, *prima facie,* prejudicado pela transmissão das ações em momento posterior à data de registo, nem depende do bloqueio das mesmas entre aquela data e a data da Assembleia Geral (cfr. artigo 23.º-C, n.º 2 do CdVM).

Com efeito, o próprio legislador parece admitir que o sujeito votante, ao tempo da reunião, já não seja titular de ações da sociedade em causa[25].

No entanto, esta situação típica de *empty voting* encontra-se atenuada no nosso ordenamento jurídico: os acionistas, que ao tempo da Assembleia Geral já não o sejam, deverão comunicar tal ocorrência ao presidente da mesa e à Comissão do Mercado de Valores Mobiliários ("CMVM") (cfr. artigo 23.º-C, n.º 7 do CdVM). Da aparente contradição das estatuições (do n.º 2 e do n.º 7 do artigo 23.º-C do CdVM), pugna a doutrina[26] no sentido de que uma escorreita interpretação sistemática será a de impedir o alienante de votar, sob pena de se acolher mais uma situação de *empty voting* – esta de fonte legal.

O hodierno mercado de capitais enfrenta atualmente desafios colocados pelo crescimento do empréstimo de valores mobiliários[27], mormente ações, também catalisador de situações de *empty voting* e de titularidade oculta.

[24] Correspondente às zero horas (GMT) do quinto dia de negociação anterior ao da realização da reunião.

[25] No entanto, na doutrina nacional esta não é uma questão pacífica; sobre este tema, *vide* Paula Costa e Silva, «O conceito de accionista e o sistema de record date», *DVM, VIII,* Coimbra, Coimbra Editora, 2008, p. 447 e ss.; André Figueiredo, «Notas sobre o exercício de direitos de voto nas sociedades cotadas: breve balanço na vigência da Diretiva 2007/36/CE e perspetivas de revisão», Pedro Pais de Vasconcelos/J. M. Coutinho de Abreu/Rui Pinto Duarte (coord.), *III Congresso Direito das Sociedades em Revista,* Coimbra: Almedina, 2014, p. 50 e ss.; Pereira de Almeida, *Sociedades comerciais, Valores Mobiliários, Instrumentos Financeiros e Mercados,* volume 1, 7.ª ed., Coimbra: Coimbra Editora, p. 595; Alexandre Soveral Martins, Ativismo acionista, investidores institucionais e sistema da data de registo – algumas reflexões, *Direito das* Sociedades em Revista, Ano 12, volume 23, 2020, pp. 79-98.

[26] António Menezes Cordeiro, «Novas regras sobre assembleias gerais: a reforma de 2010», RDS, Ano II, n.ºs 1-2, 2010, pp. 11-33, maxime p. 30; Paulo Câmara, Manual..., ob. cit, pp. 531-533.

[27] Henry T. C. Hu e Bernard Black, «The New Vote Buying: Empty Voting and hidden (morphable) ownership», *ob. cit.*, p. 845 referem que o mercado de empréstimo de ações no Reino Unido cresceu de três milhões e meio de libras em 1996, para oitenta milhões de libras em 2004.

Com efeito, houve já quem referisse, quanto a nós, de modo deveras pertinente, que *the very act of borrowing decouples economic ownership from voting ownership* (...) *borrowing shares is really borrowing votes*[28].

Com a sua génese nas operações de venda a descoberto[29], o empréstimo de ações permite ao mutuante exercer os direitos inerentes às ações por uma mera fração de tempo, de tal modo que os efeitos do exercício dos direitos das ações mutuadas não se repercutem na sua esfera jurídica. Compreende-se, assim, a destrinça que António Menezes Cordeiro propõe quanto aos diferentes tipos de acionistas: o acionista que adquire as suas ações por mútuo é titular de uma posição tipicamente financeira e não económica[30].

A sociedade pode, *per se*, criar situações de titularidade oculta ou de esvaziamento de direitos de voto, quando, nomeadamente, os seus administradores entregam ações que a sociedade detenha em carteira a outras sociedades da sua confiança (*white squire*), as quais, tendencialmente, votarão no sentido pretendido pela sociedade transmitente e sem interesse na deliberação em questão (*soft parking*). A este respeito, parece que será exagerada a conclusão segundo a qual estaremos na presença de um testa-de-ferro, um negócio simulado ou um fiduciário quando tudo se passa numa base informal, em que a relação prévia entre as partes evidencia esses elementos de confiança (*friendly hands*)[31]. Pense-se, a título de exemplo, na típica relação entre a instituição de crédito e o cliente, porventura um investidor qualificado, em que os serviços prestados se espraiam para além da tradicional banca comercial, acolhendo as funções de depositário de valores mobiliários, de intermediário financeiro que executa as suas ordens em mercado regulamentado, etc. A instituição de crédito terá todo o interesse em manter relações duradouras com um cliente que representa

[28] Henry T. C. Hu e Bernard Black, «Equity and Debt Decoupling ...», *ob. cit.*, p. 707. Acresce que, como referem os autores, o preço da aquisição de ações é relativamente barato devido ao alheamento da maioria dos investidores das atividades da sociedade.

[29] *Vide* Paula Costa e Silva, *As Operações de Venda a Descoberto de Valores Mobiliários*, Coimbra: Coimbra Editora, 2009.

[30] António Menezes Cordeiro, *Manual de Direito das Sociedades, II...*, *ob. cit.*, p. 571.

[31] A experiência holandesa revela diversos casos de *soft parking*, mediante o recurso a um verdadeiro esquema de destaque do direito de voto, do seguinte modo: a sociedade emite ações que são subscritas por uma fundação controlada pela mesma, a qual irá posteriormente realizar uma oferta pública de distribuição de recibos de depósito dessas ações. Os titulares destes recibos são titulares de todos os direitos inerentes às ações, com exceção do direito de voto (ainda que tenham o direito de participação na Assembleia e de intervir na reunião). Como se vê, conquanto a fundação retenha os direitos de voto, são os titulares dos recibos que detêm o interesse económico. Sobre o tema, *vide* Floris O. W. Vogelaar e Martin G. Chester, *Company Law: A comparative Review*, Deventer: Kluwer, 1973, pp. 31-33.

um peso interessante para os seus rendimentos, em várias vertentes do seu negócio, e bem se percebe que para a manutenção das boas relações comerciais, aceite o "encargo" de desempenhar as funções de *white squire*[32].

Contudo, note-se que o referido *supra* não esgota o leque de técnicas a que pode recorrer-se para alcançar o esvaziamento do direito de voto, a titularidade oculta ou a titularidade oculta alomórfica. Com efeito, do empirismo emergem diversas outras técnicas criadas pela engenharia financeira que potenciam a ocorrência destas situações *v.g.*, opções de compra (*put options*) e opções de venda (*call options*), futuros (*futures*), planos de remuneração de trabalhadores (*employee stock ownership plans*) e o próprio destaque dos direitos aos lucros e de voto.

§4. O *empty voting* e o interesse social

O recurso ao *empty voting*, seja através de instrumentos derivados, mecanismos de inovação financeira ou empréstimo de ações, apresenta invariavelmente o mesmo resultado final: todos eles resultam numa dissociação entre titularidade económica e direito de voto, dando corpo aos problemas já identificados de esvaziamento do voto e de titularidade oculta.

Conforme se adiantou acima, o principal problema associado às técnicas de "*new vote-buying*"[33] reside precisamente na possibilidade de o

[32] Considerando que não estamos na presença de sociedades coligadas, este exemplo não levará à aplicação do regime dos artigos 325.º-A e 325.º-B do CSC. O mesmo não se poderá dizer se for constituída uma sociedade-veículo para o efeito. Todavia, estas situações podem ser passíveis de imputação de direito de voto se representarem acordos que visem frustrar a alteração de domínio sobre a sociedade participada ou um instrumento concertado de exercício de influência sobre a participada (cfr. artigo 20.º, n.º 1, alínea h) do CdVM). A este respeito, *vide* Paula Costa e Silva, «A imputação de direitos de voto na oferta pública de aquisição», *Direito dos Valores Mobiliários*, Vol. VI, Coimbra: Coimbra Editora, 2006, pp. 403-441; Daniela Farto Baptista, *A Atuação Concertada como Fundamento de Imputação de Direitos de Voto no Mercado de Capitais*, Porto: Universidade Católica Editora, 2016, pp. 219 e seguintes,

[33] A conceção tradicional, no Direito norte-americano, de *vote-buying* – e que, como veremos, se aparta em muito das realidades do *new vote-buying* – resulta da decisão do *Court of Chancery*, *Schreiber versus Carney*, de 1982 (disponível em http://law.justia.com/cases/delaware/court-of-chancery/1982/447-a-2d-17-4.html), onde se definiu a figura como *"a voting agreement supported by consideration personal to the stockholder, whereby the stockholder divorces his discretionary voting power and votes as directed by the offeror"*. Contudo, atente-se que estes acordos não são nulos *tout court*, sendo antes sujeitos a um teste de *entire fairness* determinante da sua validade. Nas palavras do juiz do *Court of Chancery*: *"an agreement involving the transfer of stock voting rights without the transfer of ownership is not necessarily illegal and each arrangement must be examined in light of its object or purpose. To hold otherwise*

sujeito votante promover a adoção de deliberações contrárias ao interesse do ente coletivo, prejudicando os objetivos da atividade societária e a condução do melhor destino social.

De facto, o prosseguimento do interesse social manifesta-se essencialmente como uma projeção do dever de lealdade dos acionistas perante a sociedade, traduzindo-se na necessidade do exercício do direito de voto que lhes é atribuído no âmbito do seu *status socii* de um modo que, apesar de livre e conformador dos interesses dos acionistas, não seja prejudicial à sociedade nem ao(s) interesse(s) por esta prosseguido(s).

Sem prejuízo de entendermos a defesa do interesse social como um pressuposto que deverá ser observado no exercício do direito de voto, cremos igualmente que tal pressuposto (e limite) do voto não poderá ser elemento determinante para se admitir ou proibir o recurso aos mecanismos atrás elencados, por três ordens de razão: *(i)* em primeiro lugar, o voto poderá ser exercido pelo próprio acionista em sentido contrário ao interesse social, caso este seja conflituante com o(s) interesse(s) próprio(s) do sujeito individual, o que significa que o *"atentado"* ao interesse social e o surgimento de um interesse negativo na esfera jurídica do sujeito votante poderá ocorrer tanto o exercício deste direito esteja cometido a quem detenha a titularidade económica ou não; *(ii)* em segundo lugar, os deveres de lealdade que se encontram subjacentes à defesa do interesse social são muito mais intensos nas sociedades com um elemento personalístico mais vincado do que nas sociedades anónimas, o paradigma das sociedades capitalistas e *(iii)* por último, mas não menos relevante, existem mecanismos societários previstos pelo legislador que invalidam as deliberações aprovadas por votos emitidos apenas com a intenção de prejudicar a sociedade – reportamo-nos à previsão da invalidade de deliberações adotadas

would be to exalt form over substance (...) vote-buying is so easily susceptible of abuse it must be viewed as a voidable transaction subject to a test for intrinsic fairness". Cfr. ainda, com indicação de outras decisões jurisprudenciais, Edward P. Welch, Robert S. Saunders, Allison L. Land, Jennifer C. Voss, Andrew J. Turezyn, *Folk on the Delaware General Corporation Law: Fundamentals*, 2016 Edition, New York: Wolters Kluwer, 2016, pp. 727-728. Esta corrente parece ainda suscetível de ser transposta para o nosso regime jurídico, em particular no que respeita aos acordos parassociais e a proibição do artigo 17.º, n.º 3 do CSC, surgindo a questão de saber se a violenta cominação estatuída para esses acordos não deverá, porventura, ser mitigada mediante a sua interpretação restritiva, uma vez que o princípio da materialidade da regulação jurídica é hoje, também no nosso ordenamento, plenamente aceite como um dos vetores do princípio da boa-fé no seu papel tutelador de situações jurídicas, *vide* António Menezes Cordeiro, *Da Boa-fé no Direito Civil*, Coimbra: Almedina, 2013 (5.ª reimp. de 1983), pp. 1252-1257.

com votos abusivos no artigo 58.º, n.º 1, alínea b) do CSC. Pela relevância assumida, voltaremos a este último ponto adiante.

§5. Identificação de possíveis soluções para o problema do *empty voting*

5.1. O relatório da ESMA e a via da transparência (*disclosure*)

A nível regulatório, afigura-se paradigmático nesta matéria o relatório da *European Securities and Market Authority* ("ESMA"), que espelha o resultado de uma consulta pública relativa ao esvaziamento do direito de voto, no âmbito do qual foram apuradas as seguintes conclusões: *(i)* a situação sob consulta pode revestir natureza muito variada, encontrando-se associado a um vastíssimo leque de instrumentos financeiros, pelo que seria aconselhável uma abordagem que acolhesse a diversidade de causas potenciadoras de situações de *empty voting*; *(ii)* as práticas de *empty voting* encontram-se indiscutivelmente sedeadas em Estados-Membros da União Europeia, pese embora seja muito difícil percecionar a frequência e dimensão das mesmas; *(iii)* nem sempre o *empty voting* se apresenta como prejudicial para a sociedade, sendo a prática mais perigosa o voto errado (*voting the wrong way*); *(iv)* os efeitos negativos do *empty voting* encontram-se normalmente relacionados com a falta de transparência e de divulgação das operações realizadas no mercado e *(v)* não se afigura recomendável uma regulação uniforme a nível da União Europeia, devendo cada Estado-Membro adotar uma solução individualizada, dada a disparidade de situações que podem originar o *empty-voting*[34]e das configurações concretas que o mesmo poderá assumir.

[34] Para comparação com o texto original do Relatório da ESMA, transcrevemos as principais conclusões extraídas da consulta pública realizada por esta entidade reguladora do mercado financeiro a nível europeu (p. 12):

"Overall, the main issues arising from the Call for Evidence are:

- *It is extremely difficult to achieve a clear, unique definition of empty voting; rather, empty voting should be thought of as a multidimensional phenomenon;*
- *There is a substantial lack of data/evidence about the occurrence and the relevance of the phenomenon, together with great variety between the responses in terms of how it overlaps with other market practices and also in relation to the costs and benefits associated with any measure proposed to deal with it;*
- *The existence of local specific features may favour/limit empty voting practices and, consequently, such practices should be (potentially, to the extent their occurrence justifies it) addressed only at a national level and in a very specific way".*

Das conclusões partilhadas pela ESMA parece resultar que a solução a adotar para o problema do voto vazio deverá passar tão-somente pelo aumento da transparência dos mecanismos utilizados que podem conduzir ao seu aparecimento.

Esta parece ser também a opinião de outros Autores e entidades reguladoras que se debruçaram sobre o estudo das possíveis respostas a dar a este problema. Em primeira linha, a declaração sobre *empty voting* emitida pelo *European Corporate Governance Forum* reflete a necessidade de a lei societária de cada Estado-Membro adotar um sistema de presunção, de acordo com o qual os participantes na Assembleia Geral detêm o correspondente interesse económico nas ações com direito de voto[35]. No contexto desta declaração, o Fórum Europeu chegou ainda a propor a declaração de invalidade dos votos emitidos por sujeitos que não detivessem o correspondente interesse económico, mas acabou por concluir que a solução da transparência se afigurava como um estímulo suficiente para a adoção, por parte dos operadores de mercado, de comportamentos adequados neste domínio[36].

De forma idêntica, Michael Schouten[37] elege as regras de transparência do interesse económico e das estruturas de voto como um mecanismo idóneo a incrementar a eficiência dos mercados e a combater o problema do *empty voting*. Entre nós, Tiago Arnould[38] considera igualmente que o cerne do problema sob análise reside precisamente na falta de transparência das práticas que conduzem ao esvaziamento do voto[39].

[35] Cfr. *Statement of the European Corporate Governance Forum on Empty Voting and Transparency of Shareholder Positions*, p. 3, disponível em http://ec.europa.eu/internal_market/company/docs/ecgforum/ecgf_empty_voting_en.pdf.

[36] A este propósito, é referido na declaração sob análise que *"[t]he Forum has considered whether votes cast without an economic interest should be declared null and void, but does not recommend this, at least at present. Transparency in the first instance should be a useful indicator of the extent of problems and a spur to appropriate behaviour"*.

[37] Michael C. Schouten, «The case for mandatory...», *ob. cit.*, p. 52.

[38] Tiago Arnould, «O destaque do direito aos lucros...», *ob. cit.*, p. 376: *"O problema prende-se essencialmente (...) com a falta de transparência de tais práticas. Assim, embora seja segura a sua existência, o esvaziamento do direito de voto beneficia, na maior parte dos casos, de uma falta de publicidade e, por conseguinte, de uma certa invulnerabilidade"*.

[39] Pese embora não se ignore o contributo de outros ordenamentos jurídicos. A Suíça, que até 2007 não exigia a divulgação de derivados com liquidação financeira, confrontou-se no espaço de dois anos, entre 2005 e 2007, com uma série de escândalos de batalhas pelo controlo societário, *v.g.* o fundo de investimento *Laxey Partners* e a sua titularidade oculta alomórfica nas sociedades *Saurer* e *Implenia*. A resposta regulatória passou pela exigência da divulgação da detenção de qualquer produto financeiro que fosse suscetível de adquirir direitos de voto a respeito de uma possível tomada de controlo e, concomitantemente,

Por ora, a União Europeia acolheu as posições da ESMA, secundadas por diversos autores – entre nós, MADALENA PERESTRELO OLIVEIRA[40] – através da adoção da Diretiva 2013/50/EU, do Parlamento Europeu e do Conselho, de 22 de outubro de 2013 ("Diretiva 2013/50/EU"), que procede à alteração da Diretiva da Transparência[41]. Com a manifesta intenção de pelejar as situações de titularidade oculta alomórfica[42], o n.º 9 do artigo 1.º do diploma procede à alteração do artigo 13.º da Diretiva da Transparência, no qual se prevê que os requisitos de notificação se aplicam igualmente às pessoas singulares ou coletivas que, direta ou indiretamente, detenham: (*i*) instrumentos financeiros que, por força de um acordo formal, confiram ao titular, no prazo de vencimento, o direito incondicional de adquirir, ou a opção de adquirir ou não, ações já emitidas por um emitente cujas ações estejam admitidas à negociação num mercado regulamentado e às quais estejam associados direitos de voto; e (*ii*) instrumentos financeiros não abrangidos por aquele preceito, mas que estejam indexados às ações referidas nessa alínea e com efeito económico similar ao dos instrumentos financeiros nela referidos, quer deem ou não direito à liquidação física. A notificação exigida deve discriminar o tipo de instrumentos financeiros detidos, distinguindo os instrumentos que conferem o direito à liquidação física e os instrumentos que conferem o direito à liquidação financeira.

diminuindo o limite para acionar o dever de divulgação para 3%. Cf. HENRY T. C. HU e BERNARD BLACK, «Equity and Debt Decoupling ...», *ob. cit.*, p. 655-659.

[40] MADALENA PERESTRELO DE OLIVEIRA, «Direito de voto nas sociedades cotadas: da admissibilidade de categorias de ações com direito de voto plural às L-shares», *RDS*, ano VII, n.º 2, 2015, p. 435-470.

[41] Cfr. Diretiva 2004/109/CE do Parlamento Europeu e do Conselho, de 15 de dezembro de 2004, relativa à harmonização dos requisitos de transparência no que se refere às informações respeitantes aos emitentes cujos valores mobiliários estão admitidos à negociação num mercado regulamentado (e que altera a Diretiva 2001/34/CE). É de atentar também, a este respeito, no Regulamento Delegado (UE) 2015/761, da Comissão, de 17 de dezembro de 2014, que completa a Diretiva 2004/109/CE, do Parlamento Europeu e do Conselho, no que diz respeito a certas normas técnicas de regulamentação relativas às participações qualificadas.

[42] Atente-se no Considerando 9 da Diretiva: "*A inovação financeira levou à criação de novos tipos de instrumentos financeiros, que provocam para os investidores uma certa exposição económica face às empresas e cuja divulgação não está prevista na Diretiva 2004/109/CE. Esses instrumentos poderiam ser utilizados para adquirir, de modo secreto, participações em sociedades, o que poderia dar origem a abusos de mercado e criar uma imagem falsa e enganosa da propriedade económica de sociedades cotadas em bolsa. A fim de garantir que os emitentes e os investidores tenham pleno conhecimento da estrutura de propriedade das empresas, a definição de instrumentos financeiros da referida diretiva deverá passar a incluir todos os instrumentos com efeito económico similar à detenção de ações e a direitos de aquisição de ações.*"

Quanto à imputação de direitos de voto, a Diretiva determina que o cálculo de imputação deverá ser realizado em função do montante nocional total das ações subjacentes ao instrumento financeiro, salvo quando este preveja exclusivamente a liquidação financeira, caso em que o número de direitos de voto é calculado numa base "ajustada ao delta", na qual se multiplica o montante nocional das ações subjacentes pelo delta do instrumento[43]. Para o efeito, o titular deve agregar e notificar todos os instrumentos financeiros relativos ao mesmo emitente do ativo subjacente. Note-se, no entanto, que a Diretiva desconsidera as posições curtas para o cálculo dos direitos de voto. Só serão tidas em conta as posições longas, que não devem ser compensadas com posições curtas relativas ao mesmo emitente do ativo subjacente, porquanto são estas posições que repercutem na respetiva esfera jurídica a materialização do risco económico do ativo subjacente[44].

Para além do previsto na nova redação da Diretiva da Transparência, a União Europeia tem empregado, em geral, deveres de comunicação reforçados num esforço de alcançar uma maior transparência na detenção de instrumentos financeiros derivados ou transações que possam distorcer as condições normais de mercado, como as vendas a descoberto acima referidas. Em particular, o Regulamento (UE) n.º 236/2012, do Parlamento Europeu e do Conselho, de 14 de março de 2012, relativo às vendas a descoberto e a certos aspetos dos *swaps* de risco de incumprimento, consagra certas obrigações de divulgação de posições líquidas curtas relacionadas com o capital social emitido de uma sociedade cujas ações estejam admitidas à negociação numa plataforma de negociação (artigo 5.º e seguintes)[45].

[43] *Vide* Considerando 10 da Diretiva: o delta indica a possível variação do valor teórico de um instrumento financeiro, caso varie o preço do instrumento subjacente, e permite obter uma imagem precisa da exposição do titular ao instrumento subjacente, de modo a assegurar que a informação relativa aos direitos de voto acessíveis ao investidor é o mais precisa possível.

[44] Note-se que já no nosso ordenamento jurídico o Regulamento da CMVM n.º 5/2010 (que alterou o Regulamento da CMVM n.º 5/2008) impunha o dever de divulgação de posições económicas longas relativamente a ações e o Regulamento da CMVM n.º 2/2011 introduziu obrigações de reporte de operações realizadas fora de mercado regulamentado referentes a instrumentos financeiros derivados, quando o ativo subjacente esteja admitido à negociação em mercado regulamentado.

[45] *Vide*, ainda, o Regulamento Delegado (UE) n.º 918/2012, da Comissão, de 5 de junho de 2012, que complementa o Regulamento (UE) n.º 236/2012.

5.2. A nova redação do artigo 20.º do CdVM

Na senda dos recentes desenvolvimentos ao nível da regulação europeia, o nosso CdVM veio a sofrer recentemente sucessivas alterações, designadamente com vista a transpor para o ordenamento jurídico nacional várias diretivas a respeito destas matérias, nomeadamente a Diretiva 2013/50/EU. Para efeitos do presente artigo, assumem particular importância as alterações introduzidas no artigo 20.º do CdVM pelo Decreto-Lei n.º 22/2016, que transpõe para o nosso ordenamento jurídico, *inter alia*, a supracitada Diretiva.

No preâmbulo do diploma em apreço, o legislador aponta como desiderato das novas regras a extensão dos deveres de comunicação e divulgação da detenção de "posições económicas longas" em instrumentos financeiros que, por essa razão, possuam um efeito económico que se assemelha à titularidade de ações, por forma a permitir que o mercado tenha conhecimento não só da estrutura acionista de determinado emitente como também de outros interesses que orbitem em torno do mesmo. Por conseguinte, o artigo 20.º do CdVM foi objeto de uma profunda reformulação de forma a estender o regime de divulgação de participações qualificadas às situações de titularidade oculta alomórfica (cfr. artigo 20.º, n.º 1, al. e) do CdVM) em termos muito próximos aos da Diretiva 2013/50/UE. Portanto, tanto o regime europeu como o regime nacional elegeram a via da transparência para combater os problemas que o *empty voting* e a titularidade oculta acarretam, sendo necessário aferir da sua suficiência para alcançar os objetivos a que se propõem.

5.3. A (in)suficiência do *disclosure* como medida de combate aos problemas gerados pelo *empty voting*

Por seu turno, muitos outros Autores se pronunciaram no sentido da insuficiência das regras de *disclosure* para fazer frente ao problema do esvaziamento do voto, sendo antes necessária a adoção de uma solução substantiva capaz de eliminar os perigos associados ao aludido problema. Esta é a opinião, entre outros, de Henry T. C. Hu e Bernard Black, que apesar de considerarem as regras de transparência aptas a dar resposta ao problema da titularidade oculta, já consideram prementes respostas adicionais no que toca ao problema do esvaziamento do voto[46]. Com um entendimento

46 Henry T. C. Hu e Bernard Black, «The New Vote Buying: Empty Voting and hidden (morphable) ownership», *ob. cit.*, p. 820: *"As a regulatory response to hidden (morphable) ownership,*

idêntico, Wolf-Georg Ringe[47] considera que a solução para o problema do *empty voting* deverá passar por uma combinação entre a aplicabilidade de regras de divulgação de posições negativas relativas às ações e a permissão dada às entidades reguladoras para, casuisticamente, mediante a verificação de determinados pressupostos, proceder à suspensão dos direitos de voto[48].

Neste contexto, será ainda relevante analisar a posição assumida por Robert B. Thompson e Paul H. Edelman[49], para quem as regras de divulgação e transparência, por si só, poderão desencorajar algumas práticas associadas ao aparecimento do *empty voting*, apresentando ainda a virtualidade de fornecer as necessárias informações para que os *players* no mercado se adaptem e combatam as atuações dos *empty voters*, tornando a estratégia prosseguida por estes últimos menos produtiva. No entanto, sublinham os Autores que, em princípio, as regras de divulgação poderão não impedir as contrapartes de aceitar integrar uma transação potencialmente causadora de uma situação de *empty voting*[50].

Por nós, tendemos a concordar com Madalena Perestrelo de Oliveira[51], quando esta reputa de insuficientes as regras de transparência para a resolução do problema do *empty voting*, porquanto as mesmas não asseguram uma regulação substantiva do problema. Pese embora seja verdade que a divulgação de informação quanto às intenções e estruturas de voto e quanto à titularidade do interesse económico permitam dar a conhecer a todos os sujeitos envolvidos, inclusivamente ao próprio ente societário, o (des)alinhamento entre os interesses do sujeito votante e os interesses sociais, a verdade é que a potencialidade dessa solução começa e termina precisamente no mesmo ponto: o da informação/divulgação.

Ora, conforme é consabido, as obrigações de informação apresentam normalmente um caráter funcional face a um qualquer objetivo material,

disclosure alone may suffice. For empty voting, additional responses may be needed".

47 Wolf-Georg Ringe, «Hedge Funds and Risk-Decoupling...», *ob. cit.*, pp. 35-65.

48 *Idem*, p. 63: *"The analysis thus far has led to the following conclusions: the best regulatory response to the phenomenon of risk-decoupling would be a combination of (i) disclosing negative positions in shares and (ii) allowing regulators to suspend voting rights in individual cases".*

49 Robert B. Thompson e Paul H. Edelman, «Corporate Voting», *ob. cit.*, pp. 129-175.

50 *Idem*, p. 156: *"[D]isclosure by itself might cause some traders to eschew empty voting. It may also discourage the required counterparties from participating in such transactions. In addition, disclosure can provide necessary information for others in the market to adapt and counter the actions of empty voters, thus making the strategy less productive. Disclosure, however, will not necessarily prevent the counterparty from agreeing to an empty voting transaction".*

51 Madalena Perestrelo de Oliveira, «Instrumentos financeiros com fins...», *ob. cit.*, pp. 585-590.

a uma qualquer regulação substantiva, não constituindo em si mesmo um fim ou uma solução para um determinado problema previamente identificado.

Com o problema do *empty voting*, a realidade é exatamente a mesma: a importância das regras de divulgação e transparência é inegável para o conhecimento, por parte dos operadores do mercado, dos instrumentos financeiros utilizados e da relação de (falta de) paridade entre o interesse económico e o direito de voto, por forma a concluir pelo exercício do voto de acordo (ou não) com o interesse da sociedade. No entanto, as regras de *disclosure* não vão mais além: não têm o condão de permitir ou proibir o recurso às práticas eventualmente potenciadoras de situações de *empty voting*, como não são idóneas a permitir ou proibir o exercício do direito de voto por parte de determinado sujeito com fundamento no impacto negativo do mesmo na sociedade.

5.4. A solução proposta: o artigo 58.º, n.º 1, alínea b) do CSC como limite ao exercício abusivo do direito de voto pelo *empty voter*

Do que ficou exposto resulta que uma resposta cabal para o problema do esvaziamento do voto tem necessariamente de superar a imposição de regras de transparência, ou seja, tem de ser encontrada uma forma de, verificando-se comprovadamente a existência de um interesse negativo do sujeito votante, impedir a consumação de uma situação prejudicial à sociedade. Dito de outra forma, será necessário adotar uma solução substantiva que *(i)* proíba o recurso a mecanismos que possam potenciar a dissociação entre interesse económico e direito de voto ou *(ii)* permitindo-se o recurso a tais mecanismos, será necessário pensar numa via de sindicância dos votos emitidos por parte de sujeitos que, potencialmente, não detenham qualquer interesse económico na empresa (e, consequentemente, possam ser titulares de um interesse negativo em relação à sociedade)[52].

A primeira via proposta parece-nos destituída de qualquer sentido e injustificadamente limitativa da livre iniciativa económica, do cabal desenvolvimento dos mercados financeiros e da intensificação das transações e

[52] Neste mesmo sentido, Madalena Perestrelo de Oliveira, «Instrumentos financeiros com fins...», *ob. cit.*, p. 587. A Autora vai ainda mais além, recorrendo, em caso de falta de interesse económico, a uma solução de *proibição geral de voto quando falte esse interesse.* Salvo o devido respeito, não podemos concordar com esta solução, pois uma solução de proibição geral tenderia a ser excessiva e injusta, impondo-se outrossim uma análise casuística das situações.

da subscrição/aquisição de instrumentos financeiros, sacrificando-se injustificadamente a autonomia das partes em prol da salvaguarda hipotética[53] do bem-estar do ente coletivo e do interesse social. O recurso a tais práticas não conduz necessária e inevitavelmente a uma situação de *empty voting* que seja prejudicial à sociedade, pelo que deverão os investidores ser livres de subscrever/adquirir os instrumentos financeiros que bem entenderem, sem que lhes seja lícito, como veremos, utilizar os direitos de voto que lhes advêm em virtude do recurso a tais práticas unicamente com o fito de prosseguirem um interesse próprio que seja simultaneamente contrário ao interesse social.

Resta-nos, pois, a adoção de uma possível solução ao nível do controlo do próprio voto em situações nas quais o direito de voto não se encontra ligado ao correspondente interesse económico, o que pode motivar a emissão de voto contrário ao interesse social.

Note-se que, neste âmbito, tal controlo apenas deverá ser realizado quando exista uma fundada suspeita de que ao titular do direito de voto corresponde um interesse contrário ao da sociedade[54] e não sempre que exista uma dissociação entre as duas realidades, pois situações existirão em que o interesse do sujeito votante coincide com o interesse social ou é inteiramente neutro face a este último, não tendo o titular do direito de voto qualquer intenção de prejudicar a sociedade com o exercício do direito que lhe assiste. Isto equivale por dizer que tem de verificar-se neces-

[53] Referimo-nos à salvaguarda *hipotética* do interesse social, porque, como é evidente, o recurso a instrumentos financeiros derivados e outros que permitam a dissociação entre poder económico e direito de voto nem sempre gera um interesse negativo do sujeito votante e, logo, um potencial perigo para a sociedade. Neste contexto, cumpre citar Susan E. K. Christoffersen *et alli*, «Vote trading and information aggregation», *ob. cit.*, p. 35, para quem a compra de votos pode até desempenhar um papel positivo na incorporação de maior informação no voto, desde que sejam reduzidos os obstáculos à sua concretização: *"From a policy perspective, our results indicate that vote trading may serve the socially beneficial role of incorporating more information into corporate votes, a role that regulators could facilitate by reducing frictions imposed on vote trading"*.

[54] Neste concreto aspeto, Madalena Perestrelo de Oliveira, «Instrumentos financeiros com fins de...», *ob. cit.*, pp. 589-590, exemplifica a situação em que existem factos suficientes que permitam suspeitar da existência de um interesse económico negativo na titularidade do sujeito votante: *"É o que acontece quando o sócio é titular dos chamados non-host assets inversamente relacionados com os ativos da sociedade, i.e., quando o sócio detenha ações cujo valor depende da oscilação do valor de outra sociedade, a host company, i.e., aquela em que o voto é exercido: se, em virtude do volume de ativos, for compensador para o sócio votar desfavoravelmente na host company, por deter mais ativos na empresa non-host, é lícito presumir o caráter abusivo do seu voto. O mesmo se passa quando é possível provar que o interesse do sócio na sociedade está assegurado em termos tais que é compensador o voto desfavorável à sociedade"*.

sariamente um interesse negativo comprovado, uma patologia assinalável, para que o mecanismo de controlo possa operar.

Resta, pois, averiguar se esse mecanismo de controlo deverá ser criado *ad hoc* para funcionar nestas específicas situações de *empty voting* com caráter prejudicial para a sociedade ou se, ao invés, a nossa lei societária prevê já alguma forma de sindicar a produção de efeitos dos votos emitidos em sentido contrário ao interesse social.

Uma análise dos expedientes consagrados no CSC permite concluir que a criação de (mais) um mecanismo legal para este efeito seria excessivo e despropositado, quando o regime da invalidade das deliberações aprovadas com votos abusivos previsto no artigo 58.º, n.º 1, alínea b) do CSC serve precisamente estes propósitos. Aliás, a obtenção de "*vantagens especiais para si* [sujeito votante] *ou para terceiros*" e o "*prejuízo da sociedade*" são elementos constitutivos da previsão da norma, pelo que a situação aqui retratada é claramente subsumível à mesma, podendo – e devendo – estas situações ser resolvidas com o recurso a este mecanismo.

Importa ter presente, na questão em apreço, o já aludido dever de lealdade do acionista, o qual é imune não só ao número de ações de que o mesmo é titular, como ao seu interesse económico, constituindo antes um vetor omnipresente que preside ao exercício dos seus direitos sociais e abrange tanto as relações com os demais acionistas como as relações com a própria sociedade, devendo operar como critério orientador das respetivas condutas[55].

Nestes casos, acompanhamos de perto Ana Perestrelo de Oliveira quando, na sua dissertação de doutoramento[56], sustenta que o dever de lealdade, para além do típico dever negativo de abstenção, pode em certos casos comportar um dever positivo de voto quando tal se afigure, segundo a bitola do acionista médio, como indispensável à realização do interesse social (*v.g.* a sobrevivência da sociedade), contanto que os interesses do acionista sejam devidamente ponderados. Com efeito, a Autora não ignora que o direito de voto serve primacialmente os interesses do acionista, daí tratar-se de uma *permissão normativa específica de aproveitamento*. Portanto, daqui se retira que o dever de lealdade é um princípio limitador da atuação do *empty voter*, ainda que deva refletir-se se a bitola não deverá ser mais exigente quando de um *hedge fund* se trate, o que a nós mostra-se como a melhor opção.

[55] Sobre o dever de lealdade no âmbito societário *vide* António Menezes Cordeiro, "A lealdade no direito das sociedades.", *ROA*, Ano 66, Vol. III, 2006.

[56] Ana Perestrelo de Oliveira, *Grupos de Sociedades e Deveres de Lealdade. Por um critério Unitário de Solução do "Conflito de Grupo"*, Coimbra: Almedina, 2012, pp. 422-427.

A este respeito, importa ponderar a situação em que o acionista incumpre os deveres impostos pela lealdade. Debruçando-se sobre esta questão, Ana Perestrelo de Oliveira[57] defende que neste caso o acionista deverá ser responsabilizado, ficando obrigado a indemnizar a sociedade pelos danos causados, tal como se encontra expressamente estabelecido no artigo 58.º, n.º 3 do CSC.

No nosso entendimento, a posição professada pela Autora é correta.

Convoque-se ainda aqui o pensamento de António Menezes Cordeiro, que, por referência ao disposto no artigo 58.º, n.º 1, alínea b) do CSC, entende que este apenas acolhe parcialmente as questões emergentes do dever de lealdade, designadamente os casos de deliberações emulativas e de obtenção de vantagens extrasocietárias[58].

Sem prejuízo do quanto acima foi dito, como refere o Autor, o exercício do direito de voto pode incorrer, nos termos gerais, em situações de abuso de direito – que transpostas para o plano de que nos ocupamos, resultam num exercício inadmissível do direito de voto[59]. A válvula de escape do sistema visa impedir o exercício dos direitos de voto nas situações em que, aparentemente, o seu exercício seria legítimo, mas acarreta um resultado de tal forma disfuncional que excede *"manifestamente os limites impostos pela boa fé, pelos bons costumes ou pelo fim social ou económico desse direito"*.

A Doutrina tende a reconduzir o abuso a situações de *venire contra factum proprium*, inalegabilidade formal, *suppressio*, *tu quoque* e a situação residual de desequilíbrio no exercício de posições jurídicas. Naturalmente, no que ao *empty voting* diz respeito, só uma análise do caso concreto permitirá concluir se o exercício do direito de voto está inquinado de algum vício e, em caso afirmativo, se esse vício é gerador da anulabilidade ou se infringe o núcleo axiológico do sistema de tal forma que inquina o exercício do direito de um vício, o qual padecerá de nulidade. No entanto, podemos antecipar que o abuso de direito, a ser convocado, sê-lo-á por força do *venire contra factum proprium*, porquanto não é expectável que aquele que adquire ações (*factum proprium*) adote comportamentos de destruição de valor das mesmas (*venire*), ou por força do desequilíbrio que resulte numa

[57] Ana Perestrelo de Oliveira, *Grupos de Sociedades e Deveres de Lealdade…ob. cit.*, p. 426.

[58] António Menezes Cordeiro, *Manual de Direito das Sociedades, II…, ob. cit.*, pp. 739 e seguintes.

[59] António Menezes Cordeiro, *Da Boa-fé no Direito Civil, ob. cit.*, p. 879-885. Tal exercício inadmissível resulta dos princípios que concretizam o núcleo axiológico do sistema, nomeadamente, a tutela da confiança legítima e a primazia da materialidade subjacente que, no caso em apreço, pode impor tanto um dever de abstenção de comportamento como a imposição de deveres de conduta, *v.g.*, no nosso entendimento, um dever positivo de votar certa deliberação.

desproporção substancial entre a vantagem auferida pelo titular do direito e o sacrifício imposto a outrem, nomeadamente à sociedade em que os direitos de voto são exercidos[60].

Nestes casos, a deliberação obtida por concurso de votos abusivos será nula, ao abrigo do disposto no artigo 56.º, n.º 1, alínea d) do CSC por violação da norma imperativa prevista no artigo 334.º do Código Civil [61].

A título de exemplo, pense-se no caso *Perry-Milan*, já *supra* apresentado. Caso a *Perry* ou a *King* se encontrassem numa situação financeira frágil, que exigisse a conclusão daquela transação para assegurar a manutenção da sua atividade, sob pena de insolvência de alguma das envolvidas, sem perspetivas de recuperação da sociedade insolvente no processo, mas tão-somente de liquidação da mesma (com os efeitos devastadores que isso acarreta, nomeadamente ao nível da destruição de postos de trabalho e do não pagamento de fornecedores, com possíveis repercussões negativas na sua própria situação financeira), poderia equacionar-se a subsunção deste caso no abuso de direito com as implicações acima referidas.

§6. Considerações finais

No presente artigo propusemo-nos a explorar a problemática associada ao *empty voting* que, pese embora não se trate de uma realidade nova nos mercados de capitais, só recentemente veio a ser objeto da atenção da doutrina internacional e nacional. Esta situação é potenciada por mecanismos criados pela engenharia financeira, sobretudo derivados como *equity swaps*, a partir dos quais resulta uma dissociação material do direito de voto desacompanhada da dissociação formal, i.e. há um desalinhamento de interesses entre o acionista que mantém os direitos de controlo inerentes à ação mas que não está sujeito ao risco da empresa societária por haver transmitido a um terceiro os direitos patrimoniais inerentes à mesma ação.

Concluímos *prima facie* que esta dissociação de interesses não representa *per se* uma situação que deva ser especialmente acautelada pelo Direito porquanto não só o acionista é livre de exercer o seu direito de voto em sentido contrário ao interesse social, v.g. quando este seja conflituante com o(s) interesse(s) específico(s) do acionista, como o dever de lealdade se apresenta de forma muito menos intensa nas sociedades anónimas. Todavia, o Direito poderá ter de assumir um papel interven-

60 Menezes Cordeiro, *Da Boa-fé... ob. cit.*, pp. 661 e seguintes.

61 António Menezes Cordeiro, "Artigo 58.º" *in Código das Sociedades Comerciais Anotado*, de António Menezes Cordeiro, Coimbra: Almedina, 2011, anotações 17 a 20.

tivo quando se verificar uma inversão do interesse do acionista, ou seja, quando o interesse do acionista é de tal forma adulterado que este exercerá o seu direito de voto de molde a que sejam adotadas deliberações não só contrárias ao interesse social como deliberações verdadeiramente prejudiciais ao ente societário.

O *empty voting* não deverá ser confundido com outras situações que emergem de igual modo da criatividade da engenharia financeira, nomeadamente o caso da titularidade oculta de ações, em que a titularidade económica do acionista ultrapassa os respetivos direitos de voto e, bem assim, da titularidade oculta alomórfica, que se verifica quando o beneficiário da titularidade oculta pode transfigurar em jurídica a sua titularidade económica.

O legislador europeu e nacional e, bem assim, a doutrina têm unanimemente pugnado pela inoculação dos sintomas associados ao *empty voting* mediante o incremento de regras de *disclosure*. Na senda das críticas de alguns autores, concluímos que as regras de *disclosure* falham em providenciar uma resposta completa à problemática associada ao *empty voting* porquanto de tais regras não resulta uma regulação substantiva da patologia que o *disclosure* identifica. Por este motivo, propomos que o regime de *disclosure* seja complementado por uma via regulatória que poderá qualificar-se de intermédia, na medida em que não proíbe em absoluto os mecanismos potenciadores de *empty voting*, mas procura deixar em aberto a possibilidade de sindicância dos direitos de voto de acionistas despojados de interesse económico na sociedade.

Somos, portanto, da opinião de que, por ora, na ausência de evidências empíricas, não será necessária a criação de um mecanismo *ad hoc* para combater situações ilícitas de *empty voting*. A solução há-de ser encontrada no artigo 58.º, n.º 1, alínea b) do CSC, que cuida daquelas situações em que o acionista obtém vantagens para o próprio ou para terceiros em prejuízo da sociedade e que de seguida estatui a anulabilidade de tal deliberação se os votos desse mesmo acionista se afigurarem essenciais para a tomada da deliberação; sem prejuízo do n.º 3 do mesmo artigo, que obriga ainda o acionista responsável a indemnizar os demais pelos danos causados[62]. Neste âmbito, procedemos a duas precisões: primeiro, apesar de o dever de lealdade, por regra, se manifestar num dever negativo de abs-

[62] Sobre a eventual convocação dos regimes da indivisibilidade de ações, da proibição do voto plural ou do abuso de mercado em casos de dissociação entre a titularidade legal e a titularidade económica, *vide*, entre outros, Alexandre de Soveral Martins, «A qualidade de acionista: acionista, não acionista, acionista assim-assim», Revista de Legislação e Jurisprudência», ano 149, n.º 4020, Coimbra: Gestlegal, 2020, pp. 172-209.

tenção, pode por vezes comportar deveres positivos de ação se tal se revelar indispensável à realização do interesse social; segundo, o artigo 58.º, n.º 1, alínea b) do CSC apenas acolhe parcialmente as questões que respeitam à violação do dever de lealdade, i.e. não abrange situações de abuso de direito; nestas situações deverá então, portanto, seguir-se o entendimento de que as deliberações serão nulas por força do disposto no artigo 56.º, n.º 1, alínea d) do CSC.

Delineadas que estão estas diretrizes, cremos que é possível o fecho do círculo, de modo a acautelar a problemática do *empty voting*, pese embora se reconheça a necessidade do teste ácido do tempo e da *praxis* societária para concluir sobre a sua suficiência[63].

[63] Situação próxima da que por ora vimos a tratar é a questão do *empty-creditor*, fundamentalmente alcançada pela celebração de *credit default swaps*, pelos quais os credores alcançam a dissociação entre o risco do cumprimento do crédito e o direito de crédito, tal como nos *equity swaps*. A questão ganha contornos potencialmente dramáticos aquando de uma situação patrimonialmente deficitária do devedor: o credor terá um incentivo económico a conduzir o devedor à insolvência de modo a acionar os *swaps* e obter um retorno imediato. Sobre o tema, *vide* Daniel Jacob Hemel, «Comment: Empty Creditors and Debt Exchange», *Yale Journal on Regulation*, Vol. N.º 1, Winter, 2010, pp. 159-170; David Mengle, «The Empty Creditor Hypothesis», *ISDA Research Notes*, 2009 disponível em http://ssrn.com/abstract=1616739; Eric Dickinson, «Credit Default Swaps: So Dear to Us, So Dangerous», 2008, disponível em http://ssrn.com/abstract=1315535; René M. Stulz, «Credit Default Swaps and the Credit Crisis», *European Corporate Governance Institute*, Finance Working Papers n.º 264/2009, 2009 disponível em http://ssrn.com/abstract=1475323. No nosso ordenamento jurídico, Ana Perestrelo de Oliveira, *Grupos de Sociedades e Deveres de Lealdade…ob. cit.*, p. 133, defendeu que os contratos nestes termos podem ser configurados como contratos de jogo e aposta (cfr. artigo 1245.º do CC), ainda que reconheça ser este um tema em desenvolvimento.

Resumo: Neste artigo, abordamos algumas questões acerca da formação de grupos societários. Começamos por analisar, em especial, o âmbito espacial de aplicação do regime das relações de grupo por domínio total, seguindo para a problematização da relevância das sociedades por quotas nestas relações de grupo e terminando na formulação de uma proposta acerca do momento em que se deve considerar formada tal relação.
Palavras-chave: grupo de sociedades; Zona Franca da Madeira; sociedade por quotas; responsabilidade ilimitada.

Abstract: In this article, we address some issues regarding the formation of company groups. We start with the analysis, in particular, of the territorial scope of the provisions regarding the fully owned company groups, moving on to the problematization of the relevance of the private limited companies (sociedades por quotas) in these group relationships and concluding with the presentation of a proposal regarding the moment in which said relationships should be deemed as formed.
Keywords: group of companies; Madeira Free Zone; private limited company (sociedade por quotas); unlimited liability.

DIOGO PESSOA*

* Assistente Convidado e Doutorando na Faculdade de Direito da Universidade Católica Portuguesa, Bolseiro do Católica Research Centre for the Future of the Law.

A constituição de grupos por domínio total: do Código das Sociedades Comerciais à Zona Franca da Madeira**

1. Introdução

Surge o presente artigo na sequência do artigo por nós publicado, nesta mesma revista, na edição de outubro de 2019[1]. Com efeito, apesar de o título de tal artigo poder indiciar pouca conexão com o tema de que ora curamos, o que é facto é que a origem do escrito que agora se publica radica, justamente, numa nota de rodapé que aí inserimos, e na qual – discutindo-se a exigência ou não de uma deliberação dos sócios para poder lançar mão do instituto da aquisição potestativa societária – se podia ler «Note-se, a este propósito, que parece não ser de exigir qualquer

** Texto submetido a revisão por pares (*peer review*).

1 Pessoa, Diogo, «A Aquisição Potestativa Societária – Algumas Considerações Adicionais sobre a Aquisição Tendente ao Domínio Total no Código das Sociedades Comerciais» in *Direito das Sociedades em Revista*, Ano 11, Vol. 22, 2019, pp. 217 ss.

DSR, ano 12, vol. 24 (2020): 109-145

deliberação dos sócios da sociedade dominante que seja sociedade anónima no sentido de autorizar o recurso à aquisição potestativa societária. Com efeito, tal é o que parece decorrer dos artigos 373.º e 406.º do CSC. Não obstante, temos dúvidas de que assim deva ser. Em primeiro lugar, sempre que a contrapartida não consista em dinheiro poderá ser forçosa a intervenção do colégio dos sócios, de acordo com as exigências legais associadas à emissão de ações ou obrigações ou à alienação de ações/obrigações próprias. Ademais, tudo depende da interpretação que se der ao artigo 11.º, n.º 5 do CSC. Se a autorização prevista neste artigo não existir – e caso se entenda que a relação de grupo se constitui logo com a aquisição da totalidade do capital social –, qual a diferença material entre lançar mão do artigo 490.º e adquirir participações sociais em sociedades de responsabilidade ilimitada? Já quando a aquisição ocorra na sequência de alienação potestativa, e sendo oferecida contrapartida em dinheiro, parece ocioso exigir-se a intervenção dos sócios da adquirente, atento o carácter vinculado de tal aquisição. Mais relevante será discutir, a este propósito, se, em virtude da existência do artigo 490.º, não deve a equiparação à aquisição de participações sociais em sociedade de responsabilidade ilimitada ocorrer logo para a aquisição da participação social que permita atingir a fasquia dos 90%. (...)».

Com efeito, já em tal sede tínhamos problematizado, ainda que muito sucintamente e sem tomar posição definitiva, em torno da questão da constituição daquilo que a nossa legislação societária designa por relação de grupo por domínio total (*in casu*) superveniente.

Pretende-se, neste artigo, retomar tal análise, a que acrescerá o tratamento de algumas questões adicionais que, porém, se inserem em tal tema mais amplo da relação de grupo por domínio total.

Em concreto, iremos abordar o âmbito de aplicação espacial do regime dos grupos por domínio total, o papel da sociedade unipessoal por quotas na constituição de um grupo por domínio total, o *tempo e o modo*[2] da constituição de grupo por domínio total superveniente e, em diálogo com estes pontos, o Decreto-Lei n.º 212/94, de 10 de agosto, já alterado.

Impõe-se ainda uma nota adicional.

Ao contrário do que uma leitura mais apressada do título do presente artigo poderia sugerir, não é nossa intenção debruçarmo-nos sobre o

[2] Adotámos, na formulação deste tópico, a designação escolhida por Vasconcelos, Pedro Pais de, «Constituição de grupo por domínio total superveniente – o tempo e o modo» *in Direito das Sociedades em Revista*, Ano 4, Vol. 8, Almedina, Coimbra, 2012, pp. 35 ss. para titular o seu artigo. Por nos parecer uma formulação adequada para o problema de que trata, optámos por lhe dar designação idêntica.

Centro Internacional de Negócios da Madeira, «também conhecido por Zona Franca da Madeira»[3]. Com efeito, muito embora fosse este um tema muito apto a dar azo a amplas discussões jurídicas – em muitos outros âmbitos que não apenas o societário – a nossa intenção será apenas a de abordar, em diálogo com o regime societário geral previsto no Código das Sociedades Comerciais, o regime contido no Decreto-Lei n.º 212/94, de 10 de agosto. Não faremos, por isso, qualquer referência, nem a título de enquadramento, à Zona Franca da Madeira («ZFM»), a não ser na estrita medida em que tal seja necessário para a análise que iremos empreender.

2. O âmbito espacial da relação de grupo por domínio total

Nos termos do artigo 481.º, todo o título das sociedades coligadas – no qual se insere o regime das relações de grupo por domínio total que iremos analisar – apresenta uma limitação espacial no que respeita à sua aplicação[4]. Com efeito, o número 2 de tal artigo logo nos diz que «O presente título aplica-se apenas a sociedades com sede em Portugal, salvo quanto ao seguinte»[5].

Ora, a esta luz, a relação de grupo por domínio total pode ocorrer de duas formas diversas. A primeira dá-se quando uma sociedade anónima[6] totalmente dominada nasce, *ab initio*, nessa posição. Em tais casos, em que a sociedade comercial se constitui apenas com sócio único, estaremos,

[3] Citação extraída, em 30.12.2019, do website https://www.ibc-madeira.com/pt/about-ibc.html.

[4] Referimo-nos (apenas) a esta limitação, porque só esta será objeto da nossa análise. Em rigor, porém, e como ensina Antunes, José A. Engrácia, *Os Grupos de Sociedades*, 2.ª Ed., Almedina, Coimbra, 2002, p. 292, a aplicação do regime jurídico das Sociedades Coligadas «está subordinada à verificação cumulativa e obrigatória de três tipos de requisitos fundamentais: um relativo à *forma* dos sujeitos da relação de coligação (art. 481.º, n.º 1: âmbito formal); outro relativo ao *estatuto pessoal* dos mesmos sujeitos (art. 481.º, n.º 2: âmbito espacial); e, finalmente, um último relativo à específica *natureza da relação* existente entre ambos (art. 482.º: âmbito material)».

[5] A este propósito, chama Antunes, José A. Engrácia, *Os Grupos de Sociedades*, op. cit., p. 310 a atenção para o seguinte «Ora pode colocar-se a dúvida de saber – relativamente às relações de coligação por via indirecta – se a exigência da verificação da conexão espacial contida no art. 481.º, n.º 2 diz apenas respeito às sociedades protagonistas jurídicas da relação (indirecta) ou abrangerá também ainda as sociedades interpostas (...) Muito embora a redacção abrangente e indiferenciada da letra da lei pareça favorecer uma resposta positiva, pensamos que vários argumentos ponderosos concorrem no sentido da solução oposta, que nos parece preferível».

[6] A questão de saber se o domínio total inicial apenas se dá quando a sociedade criada é uma sociedade anónima será objeto de discussão mais abaixo.

usando a terminologia do Código das Sociedades Comerciais, perante domínio total inicial.

Já quando a sociedade não se constitui como sendo, originariamente, unipessoal, então estaremos perante aquilo que o nosso CSC designa por domínio total superveniente, «*A sociedade que, directamente ou por outras sociedades ou pessoas que preencham os requisitos indicados no artigo 483.º, n.º 2, domine totalmente uma outra sociedade, por não haver outros sócios, forma um grupo com esta última*».

Assim sendo, e reconduzindo-se ambas as formas a relações de grupo por domínio total, poderíamos ser levados a pensar que, em virtude da limitação espacial já referida, ambas estariam sujeitas a tal limitação. Se assim fosse, note-se, tal redundaria em que seria impossível uma qualquer sociedade estrangeira constituir, em Portugal, uma sociedade anónima de que fosse a única sócia (domínio total inicial), ou evitar a dissolução de uma sociedade anónima, por quotas ou em comandita por ações de que se tornasse sócia única[7].

Ora, desde 2006 que tal não é, com efeito, exatamente assim. Concretize-se. Enquanto a constituição da relação de grupo por domínio total – seja inicial seja superveniente – parece continuar a exigir que ambas as sociedades sejam portuguesas, o legislador introduziu, porém, uma nuance. De facto, das exceções elencadas no artigo 481.º, resulta da alínea d) que uma sociedade cuja sede não se situe em Portugal pode constituir uma sociedade anónima da qual a primeira seja titular de todas as ações. Assim, parece resultar da letra da lei que o legislador, mantendo – sem exceções – a limitação espacial para a aplicação do regime dos grupos por domínio total, acabou por introduzir uma nova norma especial face ao comando geral do artigo 273.º, n.º 1. Admitir-se-ia, assim, unipessoalidade sem sujeição ao regime dos grupos por domínio total.

A doutrina que sobre estes temas se tem debruçado procurou analisar esta alteração legislativa, tendo surgindo, então, duas principais linhas de força. A primeira, a de estender este alargamento ao próprio regime dos grupos de sociedades, que passaria, assim, a não se encontrar vinculado pela restrição espacial já descrita, a segunda a de entender que tal exceção se reporta apenas à possibilidade de constituição de uma sociedade anó-

[7] Veja-se, a este propósito, o artigo 4.º, n.º 1, a) do Regime Jurídico dos Procedimentos Administrativos de Dissolução e de Liquidação de Entidades Comerciais. Exceciona-se, logicamente, a possibilidade de uma sociedade estrangeira poder optar, caso adquira a totalidade das quotas de uma sociedade por quotas, por transformar a sociedade em sociedade unipessoal por quotas.

nima originariamente unipessoal, à qual, porém, não se aplicará o regime dos grupos.

2.1. Das Posições da Doutrina[8]

A este propósito, Ana Perestrelo de Oliveira[9] refere que caso se entenda ser a exceção aplicável apenas à constituição de uma sociedade anónima unipessoal, e não ao regime dos grupos que está associado a tal constituição, então torna-se «inevitável concluir pela inconstitucionalidade do regime e pela sua desconformidade com o direito europeu (no caso das sociedades com sede em Estados-Membros da União)»[10]. Perante o argumento de que não se estendendo o regime dos grupos também o artigo 503.º não teria aplicação, pelo que a sociedade totalmente dominante não poderia dar instruções desvantajosas à dominada, diz a autora «é evidente que, detendo uma sociedade 100% do capital da outra, não é preciso qualquer formal permissão para exercer esse poder de instrução, que atinge em tal situação a sua máxima intensidade».[11/12] Assim, o regime, em tal interpretação, seria mais favorável para as sociedades estrangeiras, deixando desprotegidas as filiais portuguesas. A autora conclui ainda pela aplicação não só do regime dos grupos quando estamos perante domínio total inicial, como também quando se está no âmbito do domínio total superveniente. De forma sintética, «a proteção dos interesses em jogo ao nível da

[8] Não se pretende, neste âmbito, ser exaustivo, mas sim alcançar uma amostra representativa dos argumentos mobilizados por ambas as posições.

[9] OLIVEIRA, ANA PERESTRELO DE, *Manual de Grupos de Sociedades*, Almedina, Coimbra, 2016, pp. 60 ss.

[10] Ibid., p. 61.

[11] Ibid.

[12] ABREU, J. M. COUTINHO DE, «Responsabilidade Civil Nas Sociedades em Relação de Domínio» in *Scientia Iuridica*, Tomo LXI, N.º 329, Universidade do Minho, Braga, 2012, pp. 244 e 245 esboça raciocínio similar, «Os grupos de sociedades (melhor, as sociedades e sócios dominantes), que vão comandando o mundo, não pretendem qualquer regulamentação geral dos grupos (com traços similares aos que têm sido desenhados). Não querem ficar sujeitos a ter de garantir interesses das sociedades dominadas, seus credores e sócios minoritários. Perdem com isso o direito de instruir as dominadas? Que importa, se o poder de facto existe?...». Acrescentaríamos, porém, que se o poder de facto existe, a responsabilização de direito (desde logo dos administradores que cumpram tais *instruções de facto*) também.

sociedade controlada não pode depender do lugar da sede da sociedade controladora»[13].

Posição contrária têm, neste âmbito, outros autores.

Com efeito, a este propósito diz Rui Pereira Dias[14] o seguinte: «O legislador parece ter tido, tão-só, a intenção de "moralizar" a constituição de sociedades anónimas unipessoais por sociedades de estatuto pessoal estrangeiro, nos termos do art. 488.°. Com efeito, pareciam ser na prática correntes situações em que a unipessoalidade, não existindo embora do ponto de vista formal – graças à colaboração, fácil de obter, de quatro outros sujeitos que componham o grémio social mínimo de cinco sócios –, exista materialmente, com tais sujeitos a deterem uma ínfima parte do capital social, sem qualquer interesse na sua participação na sociedade criada que não o de satisfazer o propósito do sócio esmagadoramente maioritário (...) Conclui-se, portanto, que a introdução da alínea d) não conduziu a uma eliminação da autolimitação espacial do regime dos grupos àqueles que são constituídos por sociedades com sede em Portugal (...)».

Note-se, porém, que o que acaba de ser transcrito não resolve o *problema* de inconstitucionalidade levantado por Ana Perestrelo de Oliveira. Rui Pereira Dias, porém, resolve a questão numa dupla vertente. No que respeita a relações entre sociedades europeias, o autor entende que «a autolimitação espacial não se aplica a essas relações intersocietárias *intraeuropeias*, com a consequência de que as sociedades intervenientes estarão em relação de grupo, para efeitos da aplicação dos arts. 488.° e seguintes»[15].

Já tivemos oportunidade de expressar a nossa total adesão a este raciocínio, que nesta sede mantemos. Posição diferente redundaria, cremos, numa violação do Direito da União Europeia. Já quanto à posição do autor no que respeita a relações entre sociedades portuguesas e extracomunitárias temos algumas reservas, de que daremos conta mais abaixo. Com efeito, diz o autor, numa súmula que, para efeitos de economia de espaço, nos permitimos transcrever: «a opção legislativa pela autolimitação espacial não é *irrazoável*, ao ponto de fundar um juízo de inconstitucionalidade. Tenha-se maior ou menor simpatia político-legislativa pela escolha,

[13] Oliveira, Ana Perestrelo de, *Manual de Grupos de Sociedades*, op. cit., p. 62. Para posição idêntica da mesma autora, mas em obra diferente, *vide* Oliveira, Ana Perestrelo de, «Anotação ao Artigo 481.°», in Cordeiro, António Menezes (Coord.), *Código das Sociedades Comerciais Anotado*, Almedina, Coimbra, 2009, pp. 1119 a 1123.

[14] Dias, Rui Pereira, «Comentário ao Artigo 481.°» in Abreu, Jorge M. Coutinho de (Coord.), *Código das Sociedades Comerciais em Comentário*, Vol. VII, Almedina, Coimbra, 2014, pp. 35 e 36.

[15] Ibid., p. 37.

ela sempre pode estribar-se numa vontade de favorecer o investimento estrangeiro (esses investidores não veem assim os seus recursos expostos à pesadíssima responsabilidade que recai sobre uma sociedade totalmente dominante, nomeadamente pelas dívidas e pelas perdas da dominada (...); na ausência de consagração legislativa de semelhantes regras (de direito dos grupos) em grande parte dos sistemas jurídicos mais próximos do nosso, e connosco "concorrentes" na captação desse investimento; ou ainda nas eventuais dificuldades resultantes da determinação do âmbito pessoal de aplicação do regime (...)[16]».

2.2. A realidade da zona Franca da Madeira

A Zona Franca da Madeira tem, há já bastante tempo, um regime especial em matéria de constituição de sociedades comerciais unipessoais.

Com efeito, importa, nesta sede, começar por considerar o Decreto-Lei n.º 352-A/88. Em tal diploma, visando o legislador regular a «constituição e funcionamento de sociedades ou sucursais de trust off-shore na Zona Franca da Madeira», expressamente se previu a possibilidade de «constituição, funcionamento e registo de sociedades, bem como a abertura de sucursais por parte de instituições já existentes, que tenham por objecto a institucionalização de trust off-shore», sendo que, tendo em conta o regime legal, tais entidades teriam que ser não residentes em Portugal. Ora, o artigo 22.º de tal diploma prevê que «As sociedades poderão constituir-se e subsistir com qualquer número de accionistas, nomeadamente nos termos do n.º 1 do artigo 488.º do Código das Sociedades Comerciais».

Consagrava-se, assim, aquilo que o Código das Sociedades Comerciais da altura não permitia, isto é, a unipessoalidade originária, em sociedades anónimas, em que o sócio único fosse uma sociedade estrangeira[17]. Atenta a remissão apenas para o número 1 do artigo 488.º, porém, cremos que se tratou, apenas, de uma simples norma especial que, em articulação com artigo 273.º, n.º 1 do CSC, fixou um número de sócios inferior, não havendo, portanto, lugar à constituição de uma relação de grupo por domínio total.

Sucede, porém, que 6 anos depois o *legislador da Zona Franca da Madeira* resolveu intervir novamente, consagrando nova *flexibilização* de regras.

[16] Ibid.

[17] Isto porque a exceção que hoje consta da alínea d) do artigo 481.º, n.º 2 só foi introduzida em 2006.

Com efeito, através do Decreto-Lei n.º 212/94, de 10 de agosto[18], o legislador veio escancarar a porta da unipessoalidade na Zona Franca da Madeira. De facto, quando o regime dos grupos de sociedades ainda só previa a criação de sociedades anónimas unipessoais se ambas as sociedades fossem portuguesas, e quando a sociedade unipessoal por quotas estava ainda a mais de dois anos de distância[19], entendeu-se, na ZFM, «continuar a melhorar as condições que propiciem o desenvolvimento da Zona Franca da Madeira, [e, assim,] o presente diploma permite a constituição e a manutenção de sociedades por quotas e anónimas unipessoais, desde que licenciadas para aí operar».

Foram várias as alterações introduzidas, que se sintetizam:

1. As sociedades por quotas e anónimas da Zona Franca da Madeira poderiam constituir-se (assim afastando o regime supletivo do número mínimo de sócios do CSC) ou manter-se (não havendo, portanto, dissolução) com um único sócio[20], que poderia ser pessoa singular ou coletiva, nacional ou estrangeira.
2. Tais sociedades[21] deveriam incluir na firma a expressão «sociedade unipessoal».
3. A sociedade unipessoal e a sociedade que a domine consideram-se numa relação de grupo por domínio total, independentemente da sede da sociedade dominante.
4. Ficava vedado à sociedade unipessoal constituir outras sociedades de que seja sócia única.

2.3. Breve apontamento jurisprudencial

A este propósito, entendemos ser interessante dar nota do acórdão da Relação de Lisboa de 11/05/2017, processo n.º 254/09.7TBVPV.L1-2, que se debruçou, justamente, sobre a conexão espacial relevante para efeitos da constituição de um grupo por domínio total. Discutia-se, em síntese, se

[18] Alterado pelo Decreto-Lei 76-A/2006, de 29 de Março.

[19] Foi introduzida pelo Decreto-Lei 257/96, de 31 de Dezembro.

[20] Ainda assim, note-se, parece ser um regime menos flexível que o dos trusts. Com efeito, enquanto que o regime agora analisado – à semelhança do que faz o Código das Sociedades Comerciais – permite a criação de uma sociedade anónima com um sócio (e, portanto, não é possível criar uma tal sociedade com um número de sócios entre 2 e 4), já no regime dos trusts se falava em qualquer número de acionistas.

[21] Contrariamente ao que sucede, ainda hoje, no regime geral societário dos grupos de sociedades, para as sociedades anónimas.

uma sociedade com sede em Espanha poderia lançar mão do artigo 490.º em relação aos sócios minoritários de uma sociedade portuguesa. Tal artigo 490.º insere-se, note-se, no título VI, o tal a que se aplica a limitação espacial prevista no artigo 481.º[22]. Damos conta deste acórdão porque, apesar de ter sido invocado o argumento da (falta de) conformidade com

22 Interessante posição tem, nesta sede, CUNHA, PAULO OLAVO, *Direito das Sociedades Comerciais*, 7.ª Ed., Almedina, Coimbra, 2019, p. 1133. Com efeito, o autor, tendo embora noção da limitação espacial consagrada no artigo 481.º, parece entender que, seletivamente, algumas das figuras inseridas em tal título devem estar subtraídas a tal limitação espacial. Diz o autor: «A razão que justificou a alteração do disposto no artigo 481.º fundamenta igualmente, em nosso entender e até melhor ponderação, a aplicação do disposto no artigo 490.º às situações em que uma sociedade anónima ou por quotas (portuguesa) seja quase totalmente dominada por uma sociedade estrangeira. Assim, se uma sociedade com sede no estrangeiro pode constituir uma sociedade anónima subsidiária integral em Portugal (...) parece razoável admitir que a mesma sociedade que se torne titular de, pelo menos, 90% do capital da sociedade portuguesa tenha a faculdade de adquirir (potestativamente) o capital remanescente, consolidando o seu domínio, ou seja obrigada a proceder a essa aquisição (...)». Todavia, acrescenta ainda «Em qualquer caso, admitimos que, adquirindo a totalidade do capital da sociedade dominada (ou constituindo uma sociedade subsidiária integral *ab initio*) ou não usando da faculdade prevista no artigo 490.º, a sociedade estrangeira dominante não forma um grupo (jurídico) com a sociedade portuguesa dominada, visto que a lei parece afastar tal hipótese (...) Uma coisa é aplicabilidade de normas que viabilizam a constituição de uma situação de domínio total (inicial ou superveniente) com o envolvimento de uma sociedade estrangeira; e outra, bem diversa, é o enquadramento dessas entidades jurídicas numa relação de grupo, sem prejuízo da responsabilidade solidária ou de sócio único da sociedade estrangeira (...)». Ora, não se pode, cremos, acompanhar a posição do autor. O artigo 490.º, já o dissemos noutra sede – e aliás di-lo a doutrina em geral - insere-se numa ótica de favorecimento da constituição de grupos por domínio total, por ser a forma mais perfeita e acabada de integração. Tal integração, com efeito, pressupõe, para que dela possamos falar, a aplicação do regime que a lei faz corresponder aos grupos por domínio total. Tendo em conta que o artigo 490.º se insere em tal ótica, pretender que tal artigo seja mobilizável por sociedades que, após deterem 100% do capital social, estão arredadas da constituição de uma relação de grupo por domínio total parece-nos, salvo o devido respeito, que é muito, não fazer sentido. Tal como entendemos, aliás, não ser justificável este *cherry picking* dentro do título VI que faz o autor. O artigo 481.º não consagra qualquer exceção ao âmbito espacial que delimita - no que respeita à constituição de relação de grupo – pelo que nenhum sentido fará consagrar uma exceção num instituto que é, apenas, mais uma forma de constituição de uma relação de grupo por domínio total.
É certo, note-se, que sempre se poderá dizer que a nossa posição deixa desprotegidos os sócios (ultra) minoritários que, em virtude de terem como sócio ultra maioritário uma sociedade estrangeira, não poderiam lançar mão da alienação potestativa. Sucede simplesmente que não existe, ao contrário do que parece entender alguma doutrina, qualquer razão de fundo para que os pressupostos da alienação e da aquisição potestativa tenham de ser os mesmos, pelo que, a fazer diferenciações de regime, faria sentido, isso sim, excecionar (apenas) do âmbito de aplicação espacial o instituto da alienação potestativa.

o direito europeu do artigo 481.º, o tribunal não mobilizou tal argumento para sustentar o alargamento espacial do artigo. Ao invés, aderiu à tese de Ana Filipa Morais Antunes[23] segundo a qual seria apenas necessário que uma das sociedades (dominante ou dominada) tivesse conexão espacial com o território nacional.

Em síntese, o tribunal parece aderir aos argumentos da autora, contidos aliás no próprio acórdão, segundo os quais:

1. O facto de o artigo 489.º, n.º 4, a) usar a palavra «ou» seria um argumento no sentido de se exigir que apenas uma das sociedades, dominante ou dominada, tivesse sede em Portugal;
2. A redação inicial do artigo 488.º referia, no seu número 1, que «Uma sociedade com sede em Portugal pode constituir, mediante escritura pública por ela outorgada, uma sociedade anónima de cujas acções ela seja inicialmente a única titular», tendo tal artigo sido alterado em 1987, passando a referir «Uma sociedade pode constituir, mediante escritura por ela outorgada, uma sociedade anónima de cujas acções ela seja inicialmente a única titular».
3. Argumentos de direito comparado, e lugares paralelos, sustentariam a mesma posição.

Ora, concluiu o Tribunal dizendo que «Entende-se assim impor-se a interpretação correctiva do n.º 2 do art 481.º, de modo a que se conclua que não é necessário que a sociedade que visa estabelecer uma relação de domínio total tenha a sua sede em Portugal».

2.4. Posição Crítica

Feito um breve apanhado das posições em confronto sobre esta primeira questão, impõe-se concluir.

Quanto a nós, e como já tivemos oportunidade de referir[24], não pode ter acolhimento a tese segundo a qual o regime previsto nos artigos 481.º

[23] Recorrendo o tribunal, na sua fundamentação, à obra «O Instituto da aquisição tendente ao domínio total (art 490.º CSC): um exemplo de uma "expropriação legal" dos direitos dos minoritários?" in «Nos 20 Anos do Código das Sociedades Comerciais – Homenagem aos Profs Doutores A. Ferrer Correia, Orlando de Carvalho e Vasco Lobo Xavier», Vol II, Coimbra Editora 2007».

[24] Pessoa, Diogo, «A Aquisição Potestativa Societária – Algumas Considerações Adicionais sobre a Aquisição Tendente ao Domínio Total no Código das Sociedades Comerciais», op. cit. p. 220.

ss. do CSC se aplica sempre que pelo menos uma das sociedades tenha a sua sede em Portugal. Com efeito, se de facto tivesse sido intenção do legislador, com a alteração da redação do artigo 488.º, n.º 1, de 1987, possibilitar a criação de sociedades anónimas unipessoais por sociedades com sede no estrangeiro, vazia se tornaria a alteração de 2006[25]. Com efeito, é nossa opinião que a dúvida, a existir, reportar-se-á apenas ao momento temporal que se iniciou em 2006, com a alteração ao artigo 481.º. Além disso, também seria absolutamente ociosa a norma contida no diploma de 1994 referente à Zona Franca da Madeira, porquanto a referência feita no artigo 5.º, n.º 2, «A sociedade unipessoal e a sociedade que totalmente a domine consideram-se em relação de grupo, independentemente da localização da sede da sociedade dominante, relação essa que termina nos casos previstos pelas alíneas b) e c) do n.º 4 do artigo 489.º do Código das Sociedades Comerciais» já resultaria, afinal, do regime geral societário desde 1987.

Assim sendo, quando em 1994 o legislador nacional implementou um regime mais flexível para a Zona Franca da Madeira a intenção era, com efeito, a de trazer inovação, o que nos leva a rejeitar este argumento.

A talho de foice, porém, e a propósito da ZFM, diga-se, em boa verdade, que o legislador não foi totalmente inovador, o que pode trazer dificuldades interpretativas. Com efeito, na medida em que o diploma de 1994 permite a constituição de sociedades anónimas unipessoais que tenham como sócia única uma sociedade anónima com sede em Portugal, tal não representou qualquer inovação face ao regime societário geral. Pelo contrário, parece-nos até levantar-se a hipótese de ter de se proceder a uma interpretação restritiva do artigo 5.º, n.º 1 do diploma de 94. Com efeito, tendo em conta que o objetivo do diploma era o de simplificar exigências legais, pressupõe-se que com o mesmo se tenha visado permitir-se algo

[25] Sobre tal questão, aderimos sem reservas ao afirmado por Antunes, José A. Engrácia, *Os Grupos de Sociedades*, op. cit., pp. 853 e 854. Apesar da extensão do texto, permitimo-nos, dada a enorme clareza do raciocínio, reproduzir o autor «(...) exigência essa que, todavia, viria a ser eliminada posteriormente pelo Decreto-Lei n.º 280/87, de 8 de Julho. Ora o sentido a atribuir a semelhante eliminação tem-se prestado a algumas lucubrações hermenêuticas audaciosas: designadamente, não falta quem na sua base tenha procurado desentranhar ou extrapolar uma implícita intencionalidade legislativa consistente no reconhecimento genérico da legitimidade de constituição de sociedades anónimas originariamente unipessoais indistintamente por sociedades portuguesas ou estrangeiras. Muito embora sejamos os primeiros a reconhecer a infelicidade da delimitação do actual âmbito de aplicação espacial do sistema português das sociedades coligadas e a necessidade da sua revisão futura, impõe-se dizer que tal interpretação se revela, "de iure constituto", totalmente inaceitável, a vários títulos (...)».

que antes não era possível, e não proibir-se o que era antes possível. Assim, tendo em conta que antes do diploma uma sociedade portuguesa (por quotas ou anónima) que fosse unipessoal (no caso das sociedades por quotas, desde que de forma superveniente) poderia livremente, ao abrigo do artigo 488.º, constituir um número ilimitado de sociedades anónimas unipessoais, não se vê razão para que tal não possa suceder neste âmbito. De facto, importa ter em conta, de forma holística, a solução inovadora e de compromisso a que chegou o legislador de 1994. Por um lado, abriu a possibilidade da unipessoalidade a realidades que, até então, a ela não podiam aceder. Por outro lado, impôs a formação de um grupo por domínio total, mesmo quando a sociedade dominante tem sede no estrangeiro, bem como limitou o desenvolvimento de um verdadeiro grupo de sociedades a partir de uma sociedade unipessoal registada na ZFM[26].

Retomando o raciocínio que vínhamos fazendo, e em conclusão, resulta para nós que o regime societário geral dos grupos de sociedades por domínio total apenas se pode aplicar entre duas (ou mais) sociedades sediadas em Portugal[27]. Com efeito, não só é isso que a lei claramente diz (o seu elemento literal) como essa é uma escolha de política legislativa que, de facto, cabe ao legislador.

Não acompanhamos Rui Pereira Dias quando vê em tal âmbito espacial uma forma de promoção do investimento estrangeiro, isentando as sociedades dominantes estrangeiras dessa responsabilidade. O regime dos grupos por domínio total assenta numa relação dialética entre faculdade de dar instruções (inclusivamente desfavoráveis) à sociedade totalmente dominada e, por outro lado, uma responsabilidade perante os credores

[26] Parecendo, se bem interpretamos, ter opinião contrária, no sentido de que o regime de 1994 limita mesmo as possibilidade atribuídas pelo regime societário geral, levando a que uma sociedade anónima unipessoal da ZFM não possa constituir outra sociedade anónima unipessoal, diz-nos COSTA, RICARDO ALBERTO SANTOS, *A Sociedade por Quotas Unipessoal no Direito Português*, Almedina, Coimbra, 2002, p. 520, comparando este regime com a limitação do artigo 270.º-C, «Com certeza que se referia à impossibilidade de se constituir uma sociedade por quotas ou uma sociedade anónima unipessoal, enquanto entes societários monossubjectivos regulados nesse diploma, mas com o preceituado abarca-se naturalmente a modalidade de unipessoalidade anónima prevista em particular pelo CSC. Portanto, a regra nesse regime é a ilegalidade da criação de um grupo de sociedades tendo como sociedade-mãe uma sociedade unipessoal. Pelo que a hipótese aventada para contornar a proibição do art. 270.º-C não seria possível se o comando normativo fosse o do DL n.º 212/94».

[27] Ou, no caso da sociedade dominante, na União Europeia. Não nos parece que faça sentido discutir a hipótese inversa, isto é, ter a sociedade dominante sede em Portugal e a dominada sede na UE.

sociais[28]. Assim, ao não atribuir este *estatuto*, não nos parece que o legislador esteja a privilegiar ou a prejudicar[29/30]. É que uma vez estando fora do regime dos grupos, não há *interesse* de grupo que justifique o acatamento, pela sociedade, de instruções desfavoráveis por parte da sociedade totalmente dominante, funcionando, assim, toda a *maquinaria geral* de proteção e responsabilidade do CSC.

[28] Bem sabemos que o artigo 502.º se inclui entre os artigos abrangidos pela remissão do artigo 491.º. Não obstante, sem bem vemos, o artigo 502.º terá pouca ou nenhuma aplicação prática. Com efeito, apenas vemos como possível uma sua aplicação no caso de o domínio total se ter tornado, de forma superveniente, inferior a 100%, mas igual ou superior a 90%, e em que existirão, portanto, sócios minoritários. Com efeito, não sendo assim, em caso de insolvência o que importa acautelar são os credores, que estão protegidos por uma responsabilidade própria, e em caso de alienação de participações sociais que ponha termo à relação de grupo não é crível que uma qualquer eventual compensação por perdas não fique acautelada contratualmente.

[29] Ainda que não se referindo a tal ideia, parece-nos não ser abusivo ver em ANTUNES, JOSÉ A. ENGRÁCIA, *Os Grupos de Sociedades*, op. cit., p. 311 um reflexo de tal ideia de *estatuto*, quando nos diz, a propósito da limitação espacial do regime dos grupos «se é certo que as sociedades estrangeiras não se verão assim genericamente gravadas com os diversos deveres e ónus impostos pelas normas das sociedades coligadas no contexto das relações que hajam estabelecido com sociedades portuguesas, certo é também que não poderão usufruir dos direitos e faculdades excepcionais que são consagrados pelas mesmas normas, nem beneficiar do acesso a alguns dos instrumentos de coligação intersocietária nelas especialmente previstos – designadamente, não poderão celebrar contratos de subordinação ou contratos de grupo paritário com sociedades portuguesas (arts. 493.º, 492.º); e assim por diante». Não obstante, e em sentido contrário ao que defendemos em texto, Engrácia Antunes refere também (pp. 312 e 313) a situação de *inevitável discriminação*, consagrando um regime de favor para grupos estrangeiros «semelhante autolimitação acaba por introduzir uma inevitável discriminação entre grupos nacionais e grupos estrangeiros (acabando por estabelecer para estes últimos um regime de favor em pleno território português) e das próprias filiais portuguesas entre si (oferecendo-lhes uma protecção diferenciada consoante a nacionalidade da respectiva sociedade-mãe), cuja compatibilidade com os princípios jurídico-constitucionais da igualdade de tratamento e da livre concorrência (arts. 13.º, n.º 2, 15.º, e 81.º, e) CRP) e com os princípios jurídico-comunitários da não discriminação em razão da nacionalidade e da liberdade de estabelecimento (arts. 12.º e 43.º TCE) se afigura extremamente duvidosa».

[30] Referindo-se à existência de um sinalagma no regime jurídico dos grupos societários, ANTUNES, JOSÉ AUGUSTO QUELHAS LIMA ENGRÁCIA, *Os Direitos dos Sócios da Sociedade-mãe na Formação e Direcção dos Grupos Societários*, Universidade Católica Portuguesa - Editora, Porto, 1994, p. 65, «(...) regime jurídico caracterizado pela indissociabilidade do sinalagma entre poder de direcção e extensão do risco empresarial, os quais mais não são do que duas faces da mesma moeda do regime jurídico dos grupos societários», mais acrescentado, em rodapé, «Que tal sinalagma reveste uma natureza imperativa, é o que resulta evidente da inadmissibilidade doutrinalmente reconhecida de as partes poderem convencionar uma semelhante dissociação».

Além disso, e como argumento para não se estender a aplicação do regime dos grupos a sociedades extracomunitárias, não pode deixar de se concordar com os autores que chamam a atenção para a dificuldade acrescida, em legislações extracomunitárias, em aferir o cumprimento (ou falta dele) do requisito imposto pela lei quanto ao tipo social.

Não se concorda, por isso, com Ana Perestrelo de Oliveira quando refere que, detendo um sócio 100% de uma sociedade, se torna desnecessária uma permissão formal para que a sociedade filha acate as instruções da sociedade mãe, sendo que os remédios gerais que a lei consagra não chegariam para obviar a maiores problemas[31]. Salvo o devido respeito, que é muito, tal traria um problema insolucionável em situações (pensemos agora na Zona Franca da Madeira, ou em sociedades por quotas unipessoais) em que o único sócio seja uma pessoa singular, e a quem, por definição, nunca será aplicável o regime dos grupos, ou mesmo em situações em que um sócio tenha uma quota, ou uma percentagem de ações, esmagadora (pense-se num sócio de uma sociedade anónima com 89% das ações).

Com efeito, pensamos que o próprio artigo 481.º, 2, c) tem o cuidado de reforçar (não há conteúdo inovador aqui) a aplicabilidade dos artigos 83.º e 84.º, a que não pode deixar de acrescer, é claro, a responsabilidade dos administradores ou gerentes que acatem *instruções* ilícitas desfavoráveis, bem como, em última *ratio*, o próprio artigo 6.º do Código das Sociedades Comerciais[32/33].

[31] *Vide* Oliveira, Ana Perestrelo de, *Manual de Grupos de Sociedades*, op. cit., p. 62, «Simplesmente, é bem sabido que estes instrumentos societários gerais não são capazes de conferir tutela equivalente à que resulta do Título VI, mantendo-se a inconstitucionalidade: a proteção dos interesses em jogo ao nível da sociedade controlada não pode depender do lugar da sede da sociedade controladora».

[32] A este propósito, Antunes, José A. Engrácia, *Os Grupos de Sociedades*, op. cit., p. 316, refere que a aplicação de tais normas «estaria sempre longe de eliminar os resultados discriminatórios decorrentes do sistema instituído no proémio do n.º 2 do art. 481.º: é que o regime geral de responsabilidade previsto nos arts. 83.º e 84.º oferece aos sócios minoritários e credores sociais das sociedades devedoras uma protecção inferior comparativamente à resultante do regime especial de responsabilidade intersocietário previsto nos arts. 501.º e 502.º».

[33] Chamando a atenção para um aspeto que, como resulta do que vem de ser dito, se acompanha, Cunha, Paulo Olavo, *Direito das Sociedades Comerciais*, op. cit., p. 1133: «Sem prejuízo de admitirmos repensar oportunamente a nossa leitura, afigura-se-nos haver aspetos positivos na rejeição da relação de grupo quando estão envolvidas sociedades estrangeiras, designadamente a inaplicabilidade do disposto no art. 503.º e consequentemente não poder uma sociedade estrangeira dar instruções vinculantes relativamente a uma sociedade nacional totalmente participada por si».

A própria ideia de responsabilidade – nos termos em que o nosso CSC a consagra, como reverso da admissibilidade da relevância do interesse do grupo - não é, sequer, algo pacifica e unanimemente aceite noutras realidades.

Com efeito, veja-sa a este propósito o seguinte excerto do *European Model Company Act*[34/35]: «the right of a parent company to give instructions to a subsidiary is recognized, without creating a specific liability or burden on the parent company, as this power corresponds to reality. Companies Acts which entitle the parent company with a legal power of direction over subsidiaries only on the condition that an over-reaching protection is granted to creditors, minority shareholders and the subsidiary itself, have proven to provide a legal regime which is deemed to be too rigid and with little practical efficacy».

É assim que, no que respeita ao regime da responsabilidade da sociedade dominante face aos credores da subordinada se prevê o seguinte regime:

> «Section 15.17
>
> Parent liability
>
> (1) Whenever a subsidiary company, which has been managed according to instructions issued by its parent in the interest of the group, has no reasonable prospect, by means of its own resources, of avoiding a winding-up (crisis point), the parent company is obliged without delay to effect a fundamental restructuring of the subsidiary or to initiate its winding-up procedure.
>
> (2) If the parent company act in contravention of paragraph 1, it shall be held liable for any unpaid debts of the subsidiary company incurred after the crisis point.
>
> (3) If the parent company has managed the subsidiary to the detriment of the subsidiary and in violation of the interest of the group, it shall be held liable for any unpaid debts of the subsidiary which are the consequences of the harmful instructions.
>
> (4) The right to claim compensation provided for in paragraph 2 and 3 hereof can be invoked only by the liquidator/administrator/administrative receiver/receiver of the subsidiary. The liquidator is obliged to exercise such

[34] Disponível, a 30.12.2019, em https://papers.ssrn.com/sol3/papers.cfm?abstract_id=2929348

[35] De realçar que o grupo de trabalho que se dedicou ao capítulo referente aos grupos de sociedades, no contexto do EMCA, «was chaired by Professor Pierre-Henri Conac (University of Luxembourg, Luxembourg) and included Professor José Engrácia Antunes (Catholic University of Portugal (Porto), Portugal) and Professor Isabelle Urbain-Parleani (University of Paris-Descartes, France)».

claim if creditors holding 10 % of the debts of the subsidiary request it. The insolvency court may itself initiate the said claim»[36].

Mais se acrescentando, nos comentários a tal proposta de dispositivo legal:

> «The formulation ensures the existence of a link between power and liability of the parent company in case of bankruptcy of a subsidiary. As a matter of fact, the default of a subsidiary may be caused by the control exercised by the parent company but may also emerge from purely fortuitous and unpredictable circumstances (e.g., natural catastrophes, strikes, financial crisis, insolvency of important subsidiary debtors, abrupt modification of market environment or legal environment). In such a case, to impute a special liability on the parent corporation would be too rigid a solution, creating a windfall protection for subsidiary creditors (which the creditors of independent companies do not enjoy at all). It might also force the adoption of centralized structures of governance of groups as a way to prevent liability for subsidiary defaults. By limiting the parent company duties in the event of bankruptcy of the subsidiary (restructuring or winding-up) to the case of those subsidiaries, which were consistently managed in the interests of the group, and not in its own interests, one could ensure a flexible system of imputation of such duties»[37].

Não se pretende com tal transcrição, note-se, manifestar concordância com a posição aí adotada. O que se pretende demonstrar, isso sim, é a existência de alternativas possíveis para acautelar o interesse dos credores. Ademais, como se sabe, a garantia constituída pela responsabilidade da sociedade mãe não é, em si mesma, garantia alguma para os credores. Tudo estará em saber, com efeito, qual o património de tal sociedade mãe.

Por tudo o que vem de ser dito concluímos que o regime dos grupos se aplica, apenas, a relações estabelecidas com sociedades dominantes europeias.

A querer alterar-se tal situação, aliás, parece ser aconselhável adotar-se a previsão mais ampla do regime da Zona Franca da Madeira, que não faz depender o nascimento de tal relação de qualquer requisito quanto ao tipo societário da sociedade dominante[38].

[36] Ibid., p. 388.

[37] Ibid., p. 389.

[38] O n.º 2 do artigo 5.º do regime da ZFM apenas abole expressamente a exigência quanto à localização da sociedade dominante. No entanto, ao referir-se a «sociedade que total-

Assim, e em conclusão, entendemos que esta exceção do artigo 481.º, n.º 2, d) não deveria sequer figurar no artigo 481.º, pois que, em bom rigor, não se trata de uma exceção à limitação espacial do título VI. O título VI, enquanto título onde consta (*inter alia*) o regime dos grupos por domínio total, não sofre qualquer exceção – no que respeita às sociedades anónimas unipessoais – à sua limitação espacial. O que tal alínea representa, isso sim, é mais uma norma especial face ao número mínimo de 5 sócios previsto no artigo 273.º.

3. A forma jurídica da *mãe de todas as sociedades*

Aspeto que agora abordaremos é, com efeito, o de saber quais os tipos societários de que se podem socorrer os investidores – pessoas singulares - que, em Portugal, pretendam formar um grupo de sociedades. Com efeito, dissemo-lo já, o artigo 488.º, ao inserir-se no título VI, só se aplica a relações estabelecidas entre sociedades que sejam de algum daqueles três tipos. No que respeita a sociedades anónimas, das duas uma. Ou a sociedade é constituída na Zona Franca da Madeira, caso em que pode ser constituída apenas por um sócio único pessoa singular – sem que se forme uma relação de grupo – mas que não pode, por sua vez, constituir qualquer outra sociedade unipessoal, ou então terá de reunir e manter, sob pena de nulidade do ato constitutivo ou de dissolução administrativa, um mínimo de 5 sócios.

Já no que respeita a sociedades por quotas, a situação apresenta diferenças. Com efeito, quem[39] desejar constituir uma sociedade por quotas terá ou de ter pelo menos mais um sócio, ou então poderá constituir uma sociedade por quotas originariamente unipessoal, nos termos do artigo 270.º-A. Repare-se que, nos termos do artigo 270.º-A, n.º 1, o sócio único da sociedade unipessoal por quotas poderá ser pessoa singular ou coletiva. Como contraponto da concessão de tal possibilidade, a lei limita a sucessão da utilização de tal mecanismo. Com efeito, o artigo 270.º-C, n.º 1 logo nos diz que «Uma pessoa singular só pode ser sócia de uma única sociedade unipessoal por quotas», sendo que mais acrescenta o n.º 2 do artigo que «uma sociedade por quotas não pode ter como sócio único uma sociedade unipessoal por quotas».

mente a domine», sem qualquer requisito adicional, parece apontar claramente para a desconsideração do requisito do tipo social.

[39] Pessoa singular.

Do regime exposto resultam três questões fundamentais, a que procuraremos responder:

1 – Uma sociedade por quotas cujo capital social seja, de forma superveniente, detido, na sua totalidade, por uma sociedade por quotas, anónima, ou em comandita por ações fica sujeita ao regime dos grupos por domínio total?
2 – Pode uma sociedade por quotas, anónima ou comandita por ações constituir uma sociedade por quotas da qual seja originariamente titular de todas as participações sociais, sujeita ao regime dos grupos por domínio total?
2 – Pode uma sociedade por quotas unipessoal ser sócia única de várias sociedades por quotas em cascata?

Tentaremos dar resposta.

Em relação à primeira pergunta, importa fazer um pequeno esclarecimento prévio. Com efeito, analisando o artigo 489.º poderia parecer ser ociosa a pergunta formulada, porquanto, efetivamente, o cenário descrito se insere perfeitamente na factualidade descrita em tal artigo. Com efeito, mais do que saber se uma sociedade por quotas cujo capital social seja, supervenientemente, detido por uma sociedade por quotas, anónima ou em comandita por ações pode integrar-se numa relação de grupo por domínio total, o que se pretende é saber se não poderá, pelo contrário, fugir-se a tal regime, sujeitando-se, antes, ao regime geral da sociedade unipessoal por quotas – previsto nos artigos 270.º-A e seguintes, assim evitando – a sociedade totalmente dominante – a responsabilidade daí emergente. A este propósito, diz Cassiano Santos[40]: «Sem a declaração [do artigo 270.º-A, n.º 3], a sociedade reduzida a um sócio fica sujeita a dissolução. Esta é regra geral, que vale nos casos em que o sócio que fica como sócio único é uma pessoa humana ou uma pessoa colectiva ou jurídica não societária ou ainda uma sociedade em nome colectivo ou em comandita simples.

Há, no entanto, que ter em conta um caso especial. Sendo o sócio (tornado único) uma sociedade por quotas, anónima ou em comandita por acções (art. 481.º, n.º 1), há que ter presente que logo que se dá a concentração, ocorre automaticamente a formação de um grupo, «por força da lei» especial (n.º 1 do art. 489.º), e que se aplica, por isso, o regime das

[40] Santos, Filipe Cassiano dos, *A Sociedade Unipessoal por Quotas*, Coimbra Editora, Coimbra, 2009, pp. 73 e 74.

sociedades coligadas e, em especial, o das sociedades em relação de grupo. Não haverá, em tal caso, lugar a dissolução automática.

A formação do grupo impede a conversão em unipessoal por quotas. Apesar de, literalmente, o art. 270.º-A, n.º 1, ter uma formulação tão ampla que parece admitir que uma sociedade de um desses tipos possa ser sócia de uma sociedade unipessoal sujeita ao regime dos arts. 270.º-A e segs., não se deve admitir, em tal caso, a declaração de conversão em unipessoal (...) Prevalece, mesmo nesse caso, o regime especial, com a tutela da sociedade dominada integralmente e dos credores que o inspira: aplica-se, no caso, o n.º 2 do art. 489.º, que deixa à sociedade-sócio único a hipótese de pôr termo à relação de grupo mediante a dissolução, a reconstituição da pluralidade de sócios ou a manutenção da situação existente (a da relação de grupo), mas não pode estabelecer-se uma relação sujeita ao regime especial das unipessoais».

Como refere o autor, a formulação do artigo 270.º-A contém, na sua letra, a possibilidade de – por exemplo – uma sociedade anónima que se torne supervenientemente titular de todas as quotas de uma sociedade por quotas *transformar* tal sociedade numa sociedade unipessoal por quotas. *De jure condendo*, tenderíamos a defender tal possibilidade. Com efeito, e como já referido, olhamos para o *estatuto* da relação de grupo por domínio total de forma neutra. Vale isto por dizer que se uma sociedade preferir abdicar da possibilidade de comandar a sociedade totalmente dominada segundo o *interesse de grupo* (sujeitando-se, em contrapartida, ao regime de responsabilidade), para, ao invés, ter de a gerir como unidade económica e jurídica independente, nada haveria, da nossa parte, a obstaculizar.

Não é, porém, esse o espírito da lei!

Com efeito, não restam dúvidas de que a constituição da relação de grupo por domínio total, com as inerentes consequências, é algo que ocorre *ope legis*, sem que a vontade das sociedades envolvidas a tal possa obstar. Porque assim é, então, e na coerência do sistema, não faria sentido permitir uma fuga à aplicação de tal estatuto através deste expediente. Ademais, note-se que também não se perceberia qual o sentido de se conseguir afastar a aplicação do *estatuto de grupo* recorrendo a uma sociedade por quotas, mas não se conseguir resultado idêntico recorrendo a uma sociedade anónima.

Deve, assim, concordar-se com Cassiano Santos, apenas com uma ressalva. A impossibilidade de uma sociedade por quotas, anónima ou em comandita por ações poder *transformar* uma sociedade por quotas em sociedade unipessoal por quotas de responsabilidade limitada apenas se aplicará, na coerência do sistema, caso a sociedade dominante seja europeia. Com efeito, não o sendo, como nunca ocorreria a formação de uma relação de grupo por força da exclusão espacial da aplicação do regime dos grupos, tal transformação nunca representaria uma *fuga* à aplicação do regime da responsabilidade típico desta relação.

Em sequência lógica, também quanto à segunda pergunta se deve responder em sentido favorável.

Tendo em conta a referência exclusiva do artigo 488.º às sociedades anónimas, poderíamos ser tentados a concluir que a resposta seria negativa.

Como já vimos, o artigo 488.º não abre a porta a que se possa iniciar uma relação de grupo por domínio total inicial tendo por sociedade dominada uma sociedade por quotas. No entanto, ponderosos argumentos militam em sentido contrário. Com efeito, a referência, no artigo 488.º, apenas à sociedade anónima será facilmente explicável pela ausência, aquando da aprovação do CSC, da admissibilidade da sociedade por quotas unipessoal[41].

Uma vez consagrado tal subtipo societário[42], não só não subsiste nenhuma razão para que a sociedade por quotas não possa ser unipessoal, de forma originária, imediatamente sujeita ao regime dos grupos por domínio total, como, em bom rigor, uma vez admitindo-se que as pessoas coletivas podem constituir tais sociedades unipessoais, se impõe, como visto, tal consequência[43/44].

[41] Já será menos facilmente explicável a omissão subsequente do legislador.

[42] Considerando que a sociedade unipessoal por quotas não representa um tipo societário autónomo face à sociedade por quotas Costa, Ricardo, «Comentário Geral sobre a Unipessoalidade no CSC» in *Código das Sociedades Comerciais em Comentário*, Abreu, Jorge M. Coutinho de (Coord.), Vol. IV, 2.ª Ed., Almedina, Coimbra, 2017, pp. 298 ss. e santos, filipe cassiano dos, *As Sociedades Unipessoais por Quotas*, op. cit., pp. 46 ss.

[43] Pode ler-se em Santos, Filipe Cassiano dos, *A Sociedade Unipessoal por Quotas*, op. cit., p. 89, o seguinte raciocínio, que sufragamos integralmente: «Ora, assim sendo, não se vê razão para que, nos casos em que uma sociedade, unipessoal ou pluripessoal pretenda constituir sozinha uma sociedade, se imponha a constituição de uma sociedade anónima e não se permita também a constituição de uma sociedade por quotas. O legislador de 1986 deu um primeiro passo em frente, ao admitir a unipessoalidade na sociedade anónima, mas a ulterior introdução da unipessoalidade para as sociedades por quotas veio alargar o sistema inicial do Código, estendendo a unipessoalidade às sociedades por quotas. Neste quadro, a introdução da sociedade unipessoal por quotas, importando uma fundamental mutação no nosso direito que consistiu na admissibilidade de sociedades por quotas unipessoais (...) permite e até implica uma extensão teleológica do art. 488.º, n.º 1, o qual deve ser integrado à luz dos arts. 270.º-A e segs.: deve também permitir-se a uma das sociedades abrangidas pelo regime dos grupos (incluindo a uma unipessoal por quotas) a constituição de uma sociedade por quotas de que seja sócio único, que não é uma sociedade unipessoal por quotas no sentido dos arts. 270.º-A e segs., mas antes uma sociedade por quotas unipessoal de grupo (como uma anónima pode ser...)».

[44] Para reservas face a este entendimento *vide*, com indicações bibliográficas do mesmo

A este propósito, diz Coutinho de Abreu[45/46]:

«Não obstante, tendo em vista as razões da lei das sociedades em relação de grupo – nomeadamente, proteger os credores da sociedade dominada (art. 501.º) e ela mesma (502.º) de uma sociedade dominante que tem o poder (também jurídico) de a instrumentalizar em larga escala (art. 503.º) –, a "unidade do sistema jurídico" societário, a circunstância de o art. 488.º ter aparecido em tempo em que não era lícito constituir sociedades por quotas unipessoais e o facto de os arts. 270.º-A e segs. visarem geral e abstratamente um conjunto vasto de sujeitos (pessoas singulares e coletivas) possíveis sócios únicos de "responsabilidade limitada", devemos entender que uma *sociedade por quotas unipessoal constituída por outra sociedade* (das indicadas no art. 481.º, n.ºs 1 e 2) *fica com esta "em relação de grupo"*».[47/48].

Vejamos agora a terceira questão, que resulta da proibição ínsita no n.º 2 do artigo 270.º-C.

autor, Costa, Ricardo, «Comentário ao Artigo 488.º» *in* Abreu, Jorge M. Coutinho de (Coord.), *Código das Sociedades Comerciais em Comentário*, Vol. VII, Almedina, Coimbra, 2014, pp. 113 ss.

45 Abreu, J. M. Coutinho de, «Responsabilidade Civil Nas Sociedades em Relação de Domínio», op. cit., pp. 228 e 229.

46 A este propósito, também santos, filipe cassiano dos, *A Sociedade Unipessoal Por Quotas*, op. cit., pp. 74 e 75 refere que: «O que dizemos não obsta a que, em sede de constituição, se permita agora a uma sociedade sujeita ao regime das sociedades coligadas a constituição de uma unipessoal por quotas. Pode, ao abrigo do art. 270.º-A, n.º 1, fazê-lo, mas em tal caso prevalece o regime da relação especial de grupo sobre o regime geral da relação de socialidade vigente para as sociedades por quotas: há grupo formado por domínio total inicial e não há limitação da responsabilidade, valendo o regime do art. 491.º, aplicável por força do art. 501.º. Na prática, o art. 270.º-A comporta um alargamento da hipótese de criação de sociedades unipessoais por uma outra sociedade, que agora podem não apenas ser anónimas (art. 488.º, n.º 1), mas também por quotas (art. 270.º-A, n.º 1)».

47 antunes, josé a. engrácia, *Os Grupos de Sociedades*, op. cit., p. 850, mostra-se favorável a tal *extensão analógica*, «Se contra semelhante extensão analógica joga certamente a natureza excepcional do universo normativo das sociedades coligadas, a verdade é que a mesma, não apenas resulta sistematicamente confortada pelos princípios gerais delimitadores do âmbito formal de aplicação daquele universo (...) como parece ser mesmo teleologicamente imposta pela própria "ratio" das relações de grupo por domínio total inicial (...)».

48 Também oliveira, ana perestrelo de, *Manual de Grupos de Sociedades*, op. cit., p. 49 refere que «Entende-se que existe relação de grupo por domínio total quando uma sociedade unipessoal por quotas (SUQ) é constituída por sociedade elencada no art. 481.º».

Pensamos que o número 1 e 2 do artigo 270.º-C devem ser lidos em conjunto[49]. Com efeito, e como refere Ricardo Costa[50], «Com a limitação não é permitido multiplicar os centros de exploração autónoma. De outro modo, permitir-se-ia que o empresário jamais arriscasse o seu património pessoal e o dividisse em várias parcelas, provavelmente até o esgotar, cada uma de modestas e refreadas dimensões, para assim melhor se poder "espalhá-lo" e retirá-lo, mesmo na totalidade, da área de poder persecutório dos seus credores pessoais».[51]

Ora, desta forma, o número 2 surge como consequência natural - «Esta proibição *completa* a proibição do n.º 1, de tal forma que os n.ºs 1 e 2 do art. 270.º *estão em sintonia um com o outro*.

Se o fito é impedir que uma só pessoa singular tenha mais de uma SQU – atacando a indesejada subjetivação contemporânea de diferentes partes (empresas) do respetivo património –, então *proíbe-se a forma mais natural de contornar essa limitação*. Essa seria a constituição de uma SQU como sociedade-mãe a controlar totalitariamente uma ou várias outras SQU: aí já não seria formalmente a pessoa singular a ser delas titular, mas antes a pessoa coletiva societário-quotista a aparecer como sócia única dessa ou dessas SQU inteiramente participadas pela SQU-mãe. Posto isto, parece

[49] Santos, Filipe Cassiano dos, *A Sociedade Unipessoal por Quotas*, op. cit., p. 86 refere, a este propósito, e referindo-se ao artigo 270.º-C, n.º 2, que «o preceito tem aplicação independentemente do sujeito que seja o sócio da sociedade unipessoal, e não circunscrevemos assim, o n.º 2 a uma conexão com a proibição do n.º 1. Por isso, não subscrevemos uma interpretação restritiva pela qual o n.º 2 se aplicaria apenas a casos em que uma pessoa singular obtém por essa via uma participação indirecta em várias unipessoais por quotas». Concordamos, nesta dimensão, com o autor. Com efeito, se uma sociedade em nome coletivo for sócia única de uma sociedade unipessoal por quotas, esta segunda não poderá constituir uma outra sociedade unipessoal por quotas, mesmo não sendo a primeira detida por uma pessoa singular. No entanto, se isto é assim, não deixa de haver uma relação de complementaridade entre os dois preceitos, para efeito de nos ajudar a compreender a *ratio* das proibições, como, de resto, o autor logo identifica, a p. 90, «É certo que a proibição do n.º 2 também se compreende à luz da proibição de um mesmo sujeito singular ser sócio de mais do que uma sociedade unipessoal (inscrita no n.º 1), e em articulação com ela: é que, se não se permite que um sujeito (singular) crie mais do que uma sociedade unipessoal, então também não se pode permitir que a (sua) sociedade unipessoal crie ela própria outras unipessoais, sob pena de ser fácil contornar a primeira proibição. A regra do n.º 2 é, pois, nesta medida, uma proibição instrumental da do n.º 1».

[50] Costa, Ricardo, «Comentário ao artigo 270.º-C», in *Código das Sociedades Comerciais em Comentário*, Abreu, Jorge M. Coutinho de (Coord.), Vol. IV, 2.ª Ed., Almedina, Coimbra, 2017, p. 325.

[51] Não podemos acompanhar esta última referência aos credores pessoais. Com efeito, os credores pessoais do sócio único sempre poderão, ainda que eventualmente com mais trabalho, fazer-se pagar pelo produto da venda das participações sociais.

ser esta a *ratio* das *duas normas em conjunto*: (i) circunscrever *ao limite* o uso da SQU por uma só pessoa singular, e (ii) sentenciar a esterilidade da SQU para formar outras SQU em cascata.»[52]. Ricardo Costa aponta, porém, que uma SQU poderá, todavia, constituir uma sociedade anónima nos termos do artigo 488.º e, a partir dessa sociedade anónima, constituir várias outras SQU, pois que a tal nada obsta.

Não obstante, e recuperando o raciocínio de Filipe Cassiano Santos – a que já acima fizemos referência – caso a sociedade unipessoal por quotas seja constituída por outra sociedade unipessoal por quotas, não estaremos perante uma segunda sociedade unipessoal por quotas – nos termos do artigo 270.º-A –, mas sim perante uma sociedade (unipessoal) por quotas de grupo. Ora, como tal sociedade (unipessoal) por quotas de grupo não é – nem pode ser, vimo-lo já – uma sociedade de *responsabilidade limitada* nos termos do artigo 270.º-C, a questão pertinentemente identificada também por Ricardo Costa das limitações de responsabilidade em cascata deixa, pura e simplesmente, de se colocar. [53] Com efeito, o sócio (pessoa singular) da sociedade unipessoal por quotas pode criar tantas sociedades (unipessoais de grupo) por quotas quantas as que bem entender, sem que, com isso, consiga qualquer tipo de limitação da responsabilidade, com exceção da que ocorre aquando da constituição da sociedade unipessoal por quotas inicial – que será, assim, a *mãe de todas as sociedades* de tal grupo –, mas limitação essa que a lei anteviu, e admitiu, ao permitir, justamente, a criação, por pessoas singulares, de uma sociedade unipessoal por quotas.

Entendemos, porém, que a firma de tal sociedade por quotas deve apresentar-se destituída da componente «unipessoal». Com efeito, duas foram as soluções adotadas pelo legislador. No que respeita à sociedade anónima constituída nos termos do artigo 488.º, fala a lei apenas em sociedade anónima. Já no regime da ZFM, manda a lei que a sociedade por quotas ou anónima criada contenha o vocábulo «sociedade unipessoal»[54]. Ora,

[52] Ibid., p. 331.

[53] Entendendo resultar da lei não poder haver uma cascata de sociedades por quotas unipessoais, ainda que chamando à atenção para a incongruência do regime legal, Antunes, José A. Engrácia, *Os Grupos de Sociedades*, op. cit., p. 852. Aderindo à construção proposta por Cassiano Santos, Abreu, J. M. Coutinho de, «Responsabilidade Civil nas Sociedades em Relação de Domínio», op. cit., p. 229.

[54] A título de exemplo para uma sociedade anónima, e tendo por base uma pesquisa aleatória realizada no portal das publicações MJ no dia 02.01.2019, veja-se a firma da sociedade «SANINV - GESTÃO E INVESTIMENTOS, SOCIEDADE UNIPESSOAL, S.A.(ZONA FRANCA DA MADEIRA)». De notar, porém, que a nossa pesquisa devolveu resultados em que, ao contrário de «sociedade unipessoal», a firma incluía apenas o vocábulo unipessoal, assim: «AZORIANI - ANIMAÇÃO E TURISMO, UNIPESSOAL, S.A.».

se a inclusão de tal vocábulo pode eventualmente revestir-se de relevância informativa no caso das sociedades da Zona Franca da Madeira[55], não cremos que tal suceda com as sociedades anónimas do artigo 488.º, pelo que bem andou o legislador. Por idêntica razão, cremos que no caso das sociedades unipessoais por quotas de grupo se deve omitir o vocábulo unipessoal, o qual não só nada acrescenta, nestes termos, como pode, inclusivamente, induzir em erro[56].

4. A constituição da relação de grupo por domínio total – tempo e modo

Como já tivemos oportunidade de referir *supra*, o último ponto que abordaremos será o tempo e a forma de constituição da relação de grupo por domínio total.

Com efeito, a doutrina tem, a este propósito, discutido sobre o eventual carácter meramente confirmatório da deliberação mencionada no artigo 489.º, n.º 2, posto que a relação de grupo teria, afinal, sido constituída apenas pela aquisição da totalidade das participações sociais, por um lado, e o seu eventual carácter verdadeiramente constitutivo, enquanto elemento essencial para a formação da relação de grupo por domínio total, por outro[57]. Posição que cremos não se reconduzir diretamente a

[55] Note-se, a este propósito, que tais sociedades contêm também, como aditamento à firma, a menção «ZONA FRANCA DA MADEIRA».

[56] Pois que pode fazer transparecer a aplicação do regime *de responsabilidade limitada* dos artigos 270.º-A ss. Parece-nos ter opinião idêntica SANTOS, FILIPE CASSIANO DOS, *A Sociedade Unipessoal por Quotas*, op. cit., p. 90, quando diz «(...) do mesmo modo, não haverá dissolução se ocorrer aquisição por uma unipessoal da quota (ou quotas) de uma unipessoal, com abandono da denominação unipessoal e do respectivo regime».

[57] Para referências bibliográficas de autores que sustentam a constituição da relação de grupo com a mera aquisição da participação *vide* ABREU, J. M. COUTINHO DE, «Comentário ao Artigo 489.º» in ABREU, JORGE M. COUTINHO DE (Coord.), Vol. VII, Almedina, Coimbra, 2014, pp. 129 ss.
Com posição contrária, por exemplo, ANTUNES, JOSÉ A. ENGRÁCIA, *Os Grupos de Sociedades*, op. cit., p. 868 - note-se, inclusivamente, que este autor, a p. 908, defende que o legislador deveria ter previsto uma consulta prévia aos sócios da sociedade totalmente dominante antes que a sua administração pudesse operar o termo da relação de grupo –, ABREU, J. M. COUTINHO DE, «Comentário ao Artigo 489.º», op. cit., p. 130, VASCONCELOS, PEDRO PAIS DE, «Constituição de grupo por domínio total superveniente – o tempo e o modo», op. cit., pp. 40 ss.

nenhuma destas – ainda que claramente mais próxima da segunda - tem, estamos em crer, Ana Perestrelo de Oliveira[58].

Com efeito, invocando «as consequências práticas do princípio da lealdade», cremos poder sintetizar o raciocínio da autora nos seguintes parágrafos:

> «Em suma, deve sempre haver uma deliberação antecedente da aquisição do domínio total, sem a qual ele se formou ilicitamente. Por isso mesmo, apesar de ser a aquisição da participação que determina o domínio total que constitui a responsabilidade da sociedade-mãe pelas dívidas da sociedade-filha, todos os interesses ficam acautelados porque a deliberação precedeu a aquisição do domínio total.
>
> Devidamente reconstruído o art. 489.º em termos de lhe dar sentido útil, o sistema torna-se claro: (i) a (futura) sociedade totalmente dominante tem sempre de deliberar antes de adquirir o controlo; pois (ii) quando adquire o controlo produzem-se os efeitos da relação de grupo; (iii) entre eles a assunção do passivo da sociedade-filha (art. 501.º); assim (iv) só adquire o passivo e só se produzem os restantes efeitos da relação de grupo após deliberação da sociedade totalmente dominante.
>
> Quanto à exigência de deliberação *ex post*, prevista no art. 489.º, esta só tem sentido e lugar quando se revele impossível, *de jure* ou de facto, a prévia deliberação da sociedade (v.g., porque a aquisição tem de ser realizada num determinado momento, sob pena de se perder dada oportunidade, ou porque a titularidade do capital social adveio de facto alheio à sua vontade). Nestes casos, haverá que convocar a assembleia geral em termos póstumos: mas aí, mais uma vez importará assegurar a proteção da sociedade-mãe nos termos pretendidos pelo art. 489.º e negar a produção de efeitos enquanto não houver deliberação.
>
> (...)
>
> Não há qualquer incerteza quanto ao momento a partir do qual se produzem os efeitos da relação de grupo: ou há prévia deliberação e, nesse caso, os efeitos são desencadeados pela própria aquisição do domínio; ou isso não aconteceu, e os efeitos dependem da deliberação ou, quando esta não ocorra, do decurso do referido prazo de seis meses».

O tema não é irrelevante, desde logo porque, como se sabe, o início de uma relação de grupo por domínio total importa consequências, desde logo, na esfera dos sócios da sociedade-mãe[59].

[58] Oliveira, Ana Perestrelo de, *Manual de Grupos de Sociedades*, op. cit., pp. 92 ss.

[59] A este propósito, veja-se Antunes, José Augusto Quelhas Lima Engrácia, *Os Direitos dos Sócios da Sociedade-mãe na Formação e Direcção dos Grupos Societários*, op. cit., pp. 21 e 22:

No caso do domínio total inicial, a constituição de uma sociedade ao abrigo do regime dos grupos de sociedades pareceria, à primeira vista, uma simples subscrição de participações numa outra sociedade. Nesse sentido, o artigo 246.º, 2, d) logo apontaria para uma competência dos sócios[60], no caso das sociedades por quotas, e os artigos 373.º e 406.º[61] para uma competência da administração, nas sociedades anónimas.

Importa, porém, trazer agora à colação o artigo 11.º do CSC. Com efeito, o número 4 deste artigo, reportando-se ao objeto social, e ainda que inserindo-se na parte geral do código, diz-nos o seguinte: «A aquisição pela sociedade de participações em sociedades de responsabilidade limitada abrangidas por esta lei cujo objecto seja igual àquele que a sociedade está exercendo, nos termos do número anterior, não depende de autorização no contrato de sociedade nem de deliberação dos sócios, salvo disposição diversa do contrato». Por seu turno, o número 5 diz-nos que «o contrato pode ainda autorizar, livre ou condicionalmente, a aquisição pela sociedade de participações como sócio de responsabilidade ilimitada ou de participações em sociedades com objecto diferente do acima referido, em sociedades reguladas por leis especiais e em agrupamentos complementares de empresas».

Como refere Engrácia Antunes[62], debruçando-se sobre esta norma, «só pode significar que, salvo quando a sociedade unipessoal tiver objecto diverso da sociedade fundadora ou for regulada por lei especial, a respectiva constituição é matéria que releva da competência do órgão de administração da sociedade adquirente. (...)

Isto não é bem assim, todavia.

Desde logo, todo o raciocínio expendido repousa sobre o pressuposto da identidade qualitativa dos efeitos da aquisição de participações sociais, qualquer que seja o seu montante (...) Ora a verdade é que a participação totalitária não constitui uma participação como as outras: ao contrário dos restantes tipos de participações, os respectivos efeitos de modo nenhum

«a criação de um grupo de sociedades acarreta sempre uma alteração da situação jurídico-organizativa e jurídico-patrimonial dos sócios da sociedade-mãe. Desde logo, e por um lado, a constituição do grupo provoca uma sensível redução dos *direitos de participação social* do colégio dos sócios da sociedade-mãe. (...) Depois, a criação de um grupo origina outrossim uma alteração dos *direitos patrimoniais* dos mesmos sócios».

60 Salvo diferente previsão no contrato de sociedade.

61 Não se deixe de referir aqui expressamente que o artigo 406.º é particularmente impressivo ao incluir, entre as competências reservadas ao órgão de administração, as «Modificações importantes na organização da empresa».

62 Antunes, José Augusto Quelhas Lima Engrácia, *Os Direitos dos Sócios da Sociedade-mãe na Formação e Direcção dos Grupos Societários*, op. cit., pp. 52 e 53.

se esgotam no plano dessas consequências normais associadas à detenção de partes sociais, mas antes – constituindo a «facti-species» genética de uma relação de coligação intersocietária (relação de grupo) a que a lei fez associar um regime jurídico de carácter absolutamente excepcional – vêm interferir directamente com a estrutura jurídico-patrimonial e organizativa das sociedades em presença (art. 491.º)».

Ora, da nossa parte, entendemos que o já transcrito artigo 11.º deve ser ponto de partida na nossa análise. Com efeito, a lei só isenta de necessidade de autorização contratual o caso de as participações adquiridas[63] o serem em sociedades de responsabilidade limitada. Como refere a este propósito Alexandre Soveral Martins[64] «As sociedades com responsabilidade limitada são as sociedades por quotas e anónimas (...) É que a desnecessidade de autorização no contrato de sociedade ou de deliberação dos sócios relaciona-se, precisamente, com o grau de responsabilidade assumido com a aquisição da participação. Isso mesmo torna-se evidente se compararmos o n.º 4 com o n.º 5: neste último, já surge mencionada a participação "como sócio de responsabilidade ilimitada"».

A esta luz, importa compatibilizar o afirmado quer por Engrácia Antunes, quer por Soveral Martins.

Ora, o que distingue a sociedade de responsabilidade limitada da sociedade sem responsabilidade limitada é não a posição jurídica da sociedade em si (pois que esta, em qualquer dos tipos sociais, responde com todo o seu património por todas as suas dívidas[65]) mas sim a dos sócios. Numa sociedade de responsabilidade limitada, o sócio sabe, logo à partida, o montante máximo que lhe pode ser exigido que despenda[66]. A exigência de quaisquer outras quantias pressupõe, entre nós, e nos termos do artigo 86.º, o consentimento individual do sócio. Ora, se isso é assim em geral numa sociedade por quotas ou anónima, já assim não será no caso de

[63] Assumindo que os restantes requisitos quanto ao objeto se verificam.

[64] Martins, Alexandre de Soveral, «Comentário ao Artigo 11.º» in *Código Das Sociedades Comerciais em Comentário*, Abreu, Jorge M. Coutinho de, (Coord.), Vol. I, 2.ª Ed., Almedina, Coimbra, 2017, p. 247.

[65] O que demonstra, aliás, a extrema infelicidade que a expressão sociedade de responsabilidade limitada representa. Não obstante, a mesma parece ter adquirido entre nós utilização frequente e incontestada.

[66] Seja esse valor o de «todas as entradas convencionadas no contrato social» - eventualmente com o valor acrescido previsto no artigo 198.º –, ou o «valor das ações que subscreveu».

uma sociedade por quotas ou anónima[67/68] a partir do momento em que a aquisição atinja ou ultrapasse a fasquia dos 90% do capital social de uma outra sociedade por quotas, anónima ou em comandita por ações com sede em Portugal[69]. Porquê?

Em primeiro lugar, o sócio que ultrapasse tal percentagem fica inelutavelmente colocado na posição de sujeição perante o exercício do direito de alienação potestativa societária, previsto no artigo 490.º, n.ºs 5 e 6. Ora, tendo em conta que o montante que o sócio maioritário fica sujeito a ter de desembolsar é o que, em cada momento, corresponda ao valor das restantes participações sociais[70], não se pode, atendendo à materialidade subjacente, dizer que ainda aqui estamos perante uma sociedade de responsabilidade limitada. Assim, pegando no raciocínio de Engrácia Antunes, e adaptando-o ao que vimos de expor, em tais casos haverá como que uma mutação qualitativa da própria participação social, ficando, afinal, o sócio colocado numa posição de sócio de responsabilidade ilimitada. Ora, se tal é, quanto a nós, assim na fasquia dos 90%, por maioria de razão o será nos 100%.

Porque assim é, a questão de saber se deverá ser exigida uma deliberação social para que tenha início a relação de grupo por domínio total (ou até mesmo para que se possa alcançar a participação dos 90% no capital) está, quanto a nós, um passo à frente do que deveria estar.

Ao entender-se assim, mais do que uma deliberação dos sócios (seja por que maioria for), o que existe, em boa verdade, é a necessidade de uma

[67] Optámos, por uma questão de simplificação, por omitir, em texto, a referência às sociedades em comandita por ações, pois que nestas, como se sabe, coexistem sócios de responsabilidade limitada e sócios de responsabilidade ilimitada.

[68] A este propósito, entende ANTUNES, JOSÉ A. ENGRÁCIA, *Os Grupos de Sociedades*, op. cit., p. 294 que «parece que deveria ter sido considerado como indiferente a forma jurídica revestida pela empresa titular da participação ou do domínio».

[69] Diz ANTUNES, JOSÉ AUGUSTO QUELHAS LIMA ENGRÁCIA, *Os Direitos dos Sócios da Sociedade-mãe na Formação e Direcção dos Grupos Societários*, op. cit., p. 48, «É que, afinal – nos grupos por domínio total do mesmo modo que nos grupos por contrato de subordinação –, os sócios da sociedade-mãe sempre terão de contar com um inusitado alargamento do risco empresarial: ora esta alteração do quadro legal regulador da administração do capital por estes investido, resultante da responsabilidade ilimitada da sociedade-mãe por perdas e dívidas sociais alheias, vem romper com algumas das regras jurídicas mais gerais em matéria de sociedades de capitais, que não parece admissível introduzir sem o acordo prévio dos próprios investidores (por alguma razão, de resto, a lei apenas admitiu o afastamento do benefício da responsabilidade limitada em situações muito contadas, todas elas fruto de uma vontade ou actuação dos seus próprios destinatários: cfr. arts. 84.º e 198.º)».

[70] A este propósito, *vide* MENDES, EVARISTO, *Aquisições Potestativas no Artigo 490 do CSC após a Reforma de 2006 e Procedimento Justo*, consultável em http://www.evaristomendes.eu/ficheiros/Evaristo_Mendes_Aquisicoes_potestativas_(artigo)_Final_Net.pdf

autorização contratual. Com efeito, é a própria lei que prevê, de forma expressa, o instrumento pelo qual deverá operar tal autorização, não bastando, portanto, simples deliberação dos sócios.

Contra este entendimento manifestou-se já, entre nós, Cassiano Santos, num raciocínio face ao qual, porém – como resulta do que vem de ser dito – nos afastamos. Vejamos porquê. O autor[71] começa por falar da limitação imposta pelo n.º 5 do artigo 11.º em função da natureza da responsabilidade assumida, dizendo «Não se vê a bondade geral da solução», seguindo-se um elenco de argumentos e contra-argumentos a este propósito. Para o que ora nos interessa, diz o autor o seguinte: «A este reparo, observar-se-á, certeiramente (...) que não é a mesma coisa exercer directamente ou promover o exercício através de outra sociedade, o qual, colocadas as coisas no plano da sociedade participante e dos seus sócios, nem se poderá, em rigor, chamar exercício, exactamente por não ser nenhum deles o sujeito da actuação: é que, no exercício directo, a actividade é controlada pela própria estrutura à qual os sócios confiaram o capital – e este risco é o que eles correm, por definição –, ao passo que no exercício por participação (diga-se assim) o controlo é feito pela sociedade participada e pela sua administração, competindo à participante o (mero) exercício dos direitos de sócio». Ora, se até aqui subscrevemos o afirmado, o mesmo já não se pode dizer face ao que segue:

> «Contudo, esta objecção não procede inteiramente num caso: o de formação de grupo com a aquisição da participação, pois, aí, a sociedade participante tem poderes excepcionais de intervenção na sociedade participada. (...) Deste modo, parece que as expressões responsabilidade limitada e ilimitada usadas nos n.ºs 4 e 5 do art. 11 se devem interpretar no sentido de se reportarem apenas ao tipo de responsabilidade abstractamente associado à participação de um sujeito naquele tipo social e não aos casos em que excepcionalmente a sociedade participante assume responsabilidade ilimitada (como acontece nos grupos). Por outras palavras, e em termos práticos, a aquisição de 100% de participações em sociedade anónima ou por quotas com objecto igual cai no n.º 4 do art. 11 e não no seu n.º 5 (...)».

Assim, não se acompanha o autor por duas ordens de razões. A primeira, menos importante, deve notar-se que a formulação literal do n.º 4 não é igual à do n.º 5. Com efeito, enquanto o n.º 4 remete inequivocamente para a consideração da sociedade em si «sociedades de responsa-

[71] Santos, Filipe Cassiano dos, *Estrutura Associativa e Participação Societária Capitalística*, Coimbra Editora, Coimbra, 2006, pp. 168 e 169.

bilidade limitada», já o n.º 5 faz deslocar o foco para o âmbito subjetivo da sociedade adquirente-futura sócia «aquisição pela sociedade de participações como sócio de responsabilidade ilimitada». Pelo que já acima expusemos, a posição subjetiva da sociedade adquirente não é, cremos, idêntica à de uma sociedade que apenas adquira 60% do capital social de outra sociedade. Com efeito, não se ignora que, abstratamente, a sociedade totalmente dominada seja uma *sociedade de responsabilidade limitada*. O que não é menos verdade é que a posição adquirida é de sócio de responsabilidade ilimitada.

Além disso, porém, o raciocínio do autor desconsidera a posição dos sócios da sociedade dominante no controlo da atividade societária. Com efeito, ainda que a sociedade dominante controle a sociedade dominada, tal controlo é exercido pela administração da sociedade dominante, na qual, como se sabe, é limitado o poder de interferência dos sócios (pensamos, em especial, na sociedade anónima). Como nos parece ser forte, no n.º 5 do artigo 11.º, uma nota de preocupação/proteção com os sócios da sociedade adquirente de participações sociais, reiteramos que tal preocupação/proteção nos deve levar, sem sobra de dúvidas, a concluir pela inclusão da situação-tipo que nos acompanha na hipótese do artigo 11.º, n.º 5. Cassiano Santos[72], porém, acrescenta que «sob o ponto de vista do risco e da responsabilidade, o recurso ao exercício indirecto pode ser efectivamente menos gravoso para a sociedade e para os seus sócios. A questão não está, pois, directamente na responsabilidade ou no risco. Isto é, aliás, confirmado pela própria lei, quando admite a participação de responsabilidade ilimitada nas mesmas circunstâncias em que permite a afectação de investimento a actividades novas – isto é, com cláusula permissiva. Pode, tudo isto ponderado, concluir-se que é exclusivamente a tutela do compromisso relativamente ao investimento dos sócios, na sua relação com o objecto tal como eles o definiram, que está em jogo no n.º 5 do art. 11». Não se discorda do papel central, neste artigo, do objeto social. Porém, note-se que mesmo que a participação social a adquirir seja de uma sociedade com objeto social exatamente igual ao da sociedade adquirente, ainda assim será necessária autorização contratual se a sociedade cujas participações se adquirem for de *responsabilidade ilimitada*. Daqui resulta, portanto, que mesmo que não haja qualquer alteração no que respeita ao objeto social (na comparação sociedade dominante – sociedade dominada), ainda assim o mero facto de a responsabilidade da sociedade adquirente se tornar ilimitada, face à sociedade dominada e seus credores, é, só por si, suficiente para fazer funcionar a especial exigência do n.º 5 do

[72] Ibid., p. 171.

artigo 11.º, o que indicia fortemente, quanto a nós, uma preocupação que extravasa a mera identidade de objeto social.

Assim sendo, importante nos parece analisar os artigos 488.º e 489.º a esta luz.

Em primeiro lugar, estamos em crer que se o contrato de sociedade autorizar, de forma clara, a aquisição de participações sociais como sócio de responsabilidade ilimitada, tudo dependerá do que aí ficar previsto quanto à repartição de competências para tal decisão. Atribuindo-se a competência ao órgão de administração[73], ocioso será discutir a necessidade de uma deliberação prévia para efeitos do domínio total inicial. Com efeito, uma vez que se permita ao conselho de administração adquirir participações sociais em sociedades de responsabilidade ilimitada, não vemos razão para que se exija aqui uma deliberação dos sócios. Em bom rigor, a consequência – possível responsabilização pelo passivo da sociedade – vem, afinal de contas, a revelar-se tendencialmente idêntica àquela que já foi expressamente autorizada, em momento prévio, pelos sócios[74].

Mais difícil é a conciliação entre o artigo 11.º, n.º 5 e o artigo 489.º. Entendendo nós, como entendemos, que a aquisição da totalidade das participações sociais cai no âmbito de aplicação do artigo 11.º, n.º 5, não se percebe a sua compatibilização com o artigo 489.º.

Será que, afinal, no caso da constituição da relação de grupo por domínio total não bastará uma autorização estatutária?

Ou será que em vez da autorização estatutária a lei pretende impor uma deliberação, no caso particular dos grupos por domínio total?

Um aproveitamento possível para o artigo 489.º poderia ser o seguinte:

A lei não especifica qual a sanção jurídica para a violação do comando do artigo 11.º, n.º 5. Na opinião de Soveral Martins[75], a sanção não

[73] Ou nada se prevendo quanto à repartição de competências, no caso das sociedades anónimas.

[74] Não obstante, não seremos avessos a que, em certos casos, representando a quantia despendida em tal constituição de sociedade uma parte significativa do património social, a operação deixe de ser uma mera subscrição de participações sociais, passando a ser, isso fim, uma forma encapotada de cisão. Tal questão, porém, levar-nos-ia para um tema que teria de ser, ele próprio, objeto de um artigo autónomo.

[75] Martins, Alexandre de Soveral, «Comentário ao Artigo 11.º», op. cit., p. 250. Mais em concreto, vejamos a opinião do autor, expressa em Martins, Alexandre Soveral, «Os Poderes de Representação dos Administradores de Sociedades Anónimas» in *Studia Iuridica*, 34, Coimbra Editora, Coimbra, 1998, p. 337, «Para João Labareda, *Das acções das sociedades anónimas*, cit., p. 66, se uma sociedade adquire participações sociais numa sociedade com objecto diferente sem que o contrato de sociedade o permita ou quando este a exclua, a aquisição efectuada é nula. Tenho, mais uma vez, sérias dúvidas que assim seja, pois não se vê que a aquisição de participações sociais numa sociedade com objecto diferente seja

deverá ser a da nulidade, mas antes a dos atos que não respeitam o objeto social. Assim, como tal consequência pode, em concreto, não impedir a validade ou eficácia da aquisição, o artigo 489.º, na parte em que prevê a necessidade de deliberação específica para a constituição da relação de grupo, serviria como forma de impedir a aplicação imediata e inexorável do regime da responsabilidade dos grupos por domínio total. Se isto é assim, porém, não se percebe qual a razão para consagrar tal regime nesta

mais grave do que, por exemplo, a aquisição de um estabelecimento comercial para o exercício directo de uma actividade não prevista no contrato de sociedade. (...) parece bastante mais razoável considerar que, se o contrato de sociedade não autoriza as aquisições das participações mencionadas no n.º 5 do artigo 11.º, a aquisição que ainda assim tenha lugar é um acto que não respeita o objecto social e, por isso, sujeita ao disposto no n.º 2 do artigo 409.º. A solução será a mesma se o contrato de sociedade proibir expressamente aquelas aquisições. Se, porém, o contrato de sociedade autoriza a aquisição sujeitando-a a certas condições, a aquisição que não respeitou essas condições é abrangida pelo disposto no n.º 1 do artigo 409.º, a menos que as circunstâncias permitam concluir que a aquisição foi um acto que não respeitou o objecto social». Pugnando pela nulidade dos atos em violação do artigo 11.º, n.º 5, por reconduzir a questão a uma eventual falta de capacidade, ainda que matizada pela ponderação da relevância do negócio, num raciocínio que, salvo o devido respeito, que é muito, não podemos acompanhar, Cunha, Paulo Olavo, *Direito das Sociedades Comerciais*, op. cit., pp. 155 a 157, «(...) se o contrato de sociedade não autorizar a participação da sociedade noutras sociedades, desde que com objeto social diferente, e a sociedade não tiver por objeto a gestão e aquisição de participações sociais, tal participação não é possível, ainda que esteja unicamente em causa a simples aquisição de ações (correspondente a uma pura aplicação financeira). Isto traduz uma leitura crua do Código das Sociedades Comerciais (art. 11.º, n.ºs 4, *a contrario*, e 5), que veda literalmente a aquisição de participações sociais, em qualquer circunstância, se tal possibilidade não estiver estatutariamente acautelada (...) A ordem de compra de ações em bolsa dada por um gestor (bancário) de conta da sociedade corresponderia, assim, nesse contexto – e aceitando-se a interpretação enunciada –, a um ato nulo (cfr. art. 294.º do CC) (...)» mais acrescentando que «No entanto, a lei deveria ser, nesta matéria, mais flexível, não limitando a **capacidade da sociedade** para adquirir participações sociais, designadamente com a forma de ações – na falta de autorização contratual expressa (...)» - realçado nosso. Contra a atribuição, nesta sede, de consequências ao nível da capacidade, veja-se Antunes, José Augusto Quelhas Lima Engrácia, *Os Direitos dos Sócios da Sociedade-mãe na Formação e Direcção dos Grupos Societários*, op. cit., p. 101, quando o autor, referindo-se uma posição de Raúl Ventura segundo a qual «a falta de expressa autorização estatutária constituiria um limite à capacidade da sociedade (...)» nos diz que: «cumpre recordar que jamais se poderá associar a qualquer disposição contratual que autorize a aquisição de participações sociais nas sociedades acima referidas o valor de condição ou limite da capacidade da sociedade adquirente: no sistema da nova lei portuguesa, é hoje inquestionável a recusa da ortodoxia da teoria «ultra vires», constituindo o objecto social estatutário, não um limite à capacidade da sociedade, mas tão-só um imperativo delimitador da actuação dos órgãos de administração social (arts. 6.º, n.º 4, 260.º, n.º 1, 409.º, n.º 1)».

sede, e não o fazer de forma idêntica na aquisição de outras participações em tipos sociais de responsabilidade ilimitada.

Não obstante, um outro cenário poderá surgir. É que, com efeito, a ultrapassagem do limiar dos 100% pode muito bem ocorrer de forma involuntária. Quando assim for, não estaremos, em bom rigor, no âmbito de aplicação do artigo 11.º, n.º 5, que fala em aquisição de participações como sócio de responsabilidade ilimitada, posto que pode não ter havido qualquer aquisição voluntária de participações sociais. Em tal caso, o artigo 489.º, n.º 2 funcionará em pleno, como forma de proteção dos sócios da sociedade dominante. Tal deliberação, ao estar em causa a constituição de um regime de grupo por domínio total, vem a reconduzir-se, afinal, a uma deliberação sobre a mutação da natureza da participação social – de responsabilidade limitada para ilimitada – pelo que o objeto da deliberação deverá ser não só a aprovação da operação pontual como também a necessária operação de alteração estatutária, com a maioria para tanto necessária[76].

Pena é, na coerência do sistema, que o legislador não tenha excecionado tais situações fortuitas estabelecendo também uma válvula de escape que evite o funcionamento do artigo 490.º[77]

Assim, sintetizando.

Nas sociedades adquirentes em que o contrato de sociedade expressamente preveja a possibilidade de a administração proceder, sem mais requisitos, à aquisição de participações sociais em sociedades de responsabilidade ilimitada, deve fazer-se uma interpretação ab-rogante do artigo 489.º, n.º 2, não sendo necessária qualquer deliberação.

Nos casos em que os estatutos permitam a aquisição de participações como sócio de responsabilidade ilimitada, mas mediante certos requisitos, caso tais requisitos não sejam respeitados e o negócio aquisitivo seja

[76] Referindo-se à deliberação exigida pelo artigo 489.º, n.º 2, entende Antunes, José A. Engrácia, *Os Grupos de Sociedades*, op. cit., p. 864 que «propendemos a considerar justificada neste ponto a aplicação analógica do regime vigente para a deliberação da assembleia geral da sociedade directora (...)».

[77] Como faz, aliás, em outros lugares paralelos. Veja-se o artigo 190.º do CVM. Assim, apesar de defendermos a exigência de autorização contratual nos termos do artigo 11.º, n.º 5, para a aquisição dos 90%, a única consequência para a aquisição de tal participação em violação de tal regra, caso a aquisição seja plenamente válida e eficaz, será, na medida em que os requisitos legais se verifiquem, a responsabilização dos administradores. Com efeito, em casos como, por exemplo, a ultrapassagem fortuita do limiar dos 90%, e por ausência de uma válvula de escape de proteção dos sócios como previsto no artigo 489.º, n.º 2, não restará outra coisa que não concluir que se dá por constituída a posição jurídica de sujeição face à possibilidade de alienação potestativa.

plenamente válido e eficaz, deve exigir-se, para tutela dos sócios, a deliberação do artigo 489.º, n.º 2 que será, então, constitutiva da relação de grupo.

Se o contrato de sociedade nada dispuser sobre as matérias do artigo 11.º, n.º 5, aplicam-se as consequências prevista *supra*, tal como defendido por Soveral Martins. Caso tais consequências não impeçam a plena validade e eficácia do negócio aquisitivo, mais uma vez funcionará a deliberação do artigo 489.º, n.º 2, com o seu efeito constitutivo.

Nos casos em que a percentagem dos 100% é alcançada por atos que não resultem do concurso da vontade da sociedade, deverá cumprir-se a necessidade de deliberação do artigo 489.º, n.º 2.

Em todo o caso, sem tal alteração contratual, ou sem a prévia existência de cláusula que a substitua, a relação de grupo por domínio total não deve ter-se por imediatamente constituída, interpretando-se, como já propugnado na doutrina, o n.º 3 do artigo 489.º, na parte em que se refere «enquanto não for tomada alguma deliberação» como referindo-se apenas ao período temporal após os 6 meses previstos na lei.

Chegamos, assim, estamos em crer, e no que respeita ao domínio total superveniente, ao mesmo resultado proposto por Ana Perestrelo de Oliveira, ainda que com fundamento diverso.

Por último, importa também abordar o cenário de o domínio total inicial se ter constituído em violação dos requisitos dos artigos 11.º, n.ºs 4 e 5. Em tais casos, por se concordar com a necessidade de tutela dos sócios da sociedade dominante identificada por Engrácia Antunes[78], entendemos que também em tal cenário a deliberação do artigo 489.º deveria ser utilizada como válvula de escape, caso o negócio constitutivo da sociedade unipessoal seja plenamente válido e eficaz. Não obstante, o artigo 488.º, em conjugação com o artigo 406.º (para as sociedades anónimas) parece-nos, quanto a estas, impedir, numa ótica de direito constituído, tal solução.

Antes de concluir, importa que se faça uma derradeira observação, desta feita de carácter procedimental.

Dissemos antes que entendemos que a deliberação do artigo 489.º, n.º 2 deve ser tomada pela mesma maioria necessária para deliberar alterações contratuais. A esta luz, pode surgir uma dificuldade de operacionalização prática. Com efeito, suponha-se que os administradores de uma sociedade anónima, em violação do artigo 11.º, n.º 5, adquirem participações sociais representativas de 100% do capital social de outra sociedade. Como referimos, se tal negócio for, à luz das regras pertinentes, plenamente válido

[78] ANTUNES, JOSÉ AUGUSTO QUELHAS LIMA ENGRÁCIA, *Os Direitos dos Sócios da Sociedade-mãe na Formação e Direcção dos Grupos Societários*, op. cit., pp. 45 ss.

DSR, ano 12, vol. 24 (2020): 109-145

e eficaz, a deliberação do artigo 489.º poderá funcionar como válvula de escape – não para suspender a aquisição em si, que se consumou, mas para suspender (até um máximo de 6 meses) o início da relação de grupo por domínio total.

Nos termos do artigo 489.º, n.º 2, deve a assembleia geral ser convocada para deliberar, em alternativa, sobre: dissolução da sociedade dependente; alienação de quotas ou ações da sociedade dependente ou a manutenção da situação existente.

Esta expressão «deliberar em alternativa» não é, quanto a nós, totalmente clara. Com efeito, suponha-se que numa assembleia geral, em primeira convocação, os sócios são chamados a pronunciar-se sobre estas três alternativas. Os resultados são:

Dissolução da sociedade – 1000 votos

Alienação de ações – 1000 votos

Manutenção da situação existente (com a inerente alteração contratual da cláusula de objeto social) – 2002 votos.

Em tal situação, os votos a favor da manutenção representam 50.02% dos votos. Ora, como tal maioria não é suficiente para a alteração contratual, ficar-se-ia num impasse, o qual seria, aliás, prejudicial para os sócios que não pretendem a relação de grupo, porquanto apesar de tutelados pela lei com a exigência de uma maioria qualificada, veriam o prazo de 6 meses esgotar-se e correr contra eles.

Entendemos, assim, que o procedimento certo deve ser um outro.

Deverá, em nossa opinião, começar por se colocar à deliberação dos sócios a possibilidade de manutenção da situação existente. Caso a mesma não reúna a maioria necessária para a sua aprovação, então aí sim, num segundo momento, deliberar-se-á, por maioria simples, entre a dissolução e a alienação de participações sociais.

5. Conclusão

Concluído que está o caminho que nos propusemos tratar, sintetizemos as conclusões a que chegámos.

1. O regime dos grupos por domínio total previsto no CSC aplica-se apenas a relações estabelecidas entre uma sociedade por quotas, anónima ou em comandita por ações portuguesa (a sociedade dominada) e uma sociedade por quotas, anónima ou em comandita por ações com sede num estado-membro da União Europeia (a sociedade dominante).

2. A exclusão da aplicação deste regime nos casos em que a sociedade dominante se situa num estado terceiro não é inconstitucional.
3. O regime dos grupos por domínio total constitui um *estatuto* com a inerente relação de direitos e obrigações.
4. Ao não se sujeitar as sociedades de países terceiros a tal estatuto, isentam-se as mesmas do pesado regime de responsabilidade que lhe é característico, mas impedem-se tais sociedades de gerir a sociedade dominada numa ótica de grupo com instruções dadas à sociedade dominada.
5. A aplicação do regime dos grupos por domínio total independentemente da sede da sociedade dominante existe apenas no caso do regime especial da Zona Franca da Madeira.
6. A Sociedade por Quotas Unipessoal pode ser a sociedade-mãe de um grupo de sociedades, o qual pode englobar subsidiárias que sejam sociedades por quotas de que a SQU mãe seja sócia única.
7. Em tais casos, tais sociedades por quotas dominadas não serão sociedades unipessoais por quotas de responsabilidade limitada, mas sim sociedades unipessoais por quotas de grupo.
8. Uma sociedade por quotas pode ser a sociedade dominada numa relação de grupo por domínio total inicial.
9. Uma sociedade por quotas, anónima ou em comandita por ações portuguesa ou da UE não pode constituir uma sociedade unipessoal por quotas de responsabilidade limitada, aplicando-se-lhe sempre o regime dos grupos por domínio total.
10. A aquisição – por uma sociedade por quotas, anónima ou em comandita por ações - de participações sociais que façam atingir a fasquia dos 90% ou mais do capital social de outra sociedade nacional de algum destes tipos insere-se na previsão do artigo 11.º, n.º 5, pois que a sociedade adquirente será sócia de responsabilidade ilimitada.
11. Caso o contrato de sociedade preveja, de forma livre, a possibilidade de se adquirirem participações sociais em sociedades de responsabilidade ilimitada, deve fazer-se uma interpretação ab-rogante do artigo 489.º, n.º 2, constituindo-se a relação de grupo com a simples aquisição dos 100%.
12. Caso a fasquia dos 100% seja atingida sem recurso a qualquer aquisição, sem autorização contratual, ou em violação dos requisitos contratualmente exigidos, então em tais casos, como forma de salvaguarda dos sócios da adquirente, será necessário, para a constituição da relação de grupo, a deliberação prevista no artigo 489.º, n.º 2.

13. Como a deliberação de manutenção da situação implica a assunção da qualidade de sócio em sociedade de responsabilidade ilimitada, tal exigirá a competente alteração contratual, aplicando-se as correspondentes maiorias e quóruns.
14. Enquanto tal deliberação não ocorrer, a relação de grupo não se pode dar por constituída, a não ser que se tenha esgotado o período de seis meses previsto na lei.
15. No caso de domínio total inicial, a violação dos requisitos do artigo 11.º, n.º 5 ou do contrato não permite, nos termos da lei, obstar à constituição da relação de grupo, pois que não foi aí prevista qualquer deliberação. É, pois, preceito que carece de revisão urgente.
16. A deliberação do artigo 489.º, n.º 2 deve ser procedimentalmente adaptada, devendo os sócios deliberar, em primeiro lugar, sobre a manutenção da situação existente (com a inerente alteração contratual). Caso tal deliberação não resulte aprovada pela maioria necessária, então, num segundo momento, deverão os sócios ser chamados a pronunciar-se, em alternativa, por uma das outras duas possibilidades.

Lisboa, 19 de janeiro de 2020

Resumo: **Este texto é o produto do estudo do DL n.º 79/2017, de 30 de junho, o qual possibilitou o aumento do capital social por conversão de suprimentos, através de um procedimento que pretere o usual processo deliberativo e de um mecanismo simplificado para a sua avaliação e contabilização nas sociedades. Procurando mais do que a mera análise das suas normas, este texto ocupa-se, também, do estudo de várias formas de financiamento da sociedade pelos sócios, culminando na ponderação do potencial destes mecanismos para a capitalização das sociedades comerciais portuguesas.**

Abstract: **This paper is the product of the study of DL no. 79/2017, of June 30, which enabled a capital increase through the conversion of shareholders' loans, by means of a procedure that precludes the usual deliberative process, and a simplified mechanism for said loans' evaluation and accounting in companies. Seeking more than the mere analysis of its rules, this paper is also concerned with the study of several methods of financing the company by shareholders, concluding with the appraisal of the potential of these mechanisms for the capitalisation of Portuguese companies.**

JOSÉ VILAS BOAS* **

* Advogado (Corticeira Amorim S.G.P.S., S.A.)

A conversão de suprimentos em capital social[1/2]

I. NOÇÕES INTRODUTÓRIAS

1. Capital próprio e alheio e subcapitalização

Uma sociedade comercial, para iniciar a sua atividade, necessita de ativos – dinheiro, máquinas, edifícios, equipamentos, etc. Para dotar a socie-

** Texto submetido a revisão por pares (*peer review*).

1 O presente trabalho é o resultado de uma revisão e adaptação da Dissertação de Mestrado em Direito das Empresas e dos Negócios, apresentada à UCP em maio de 2018 e defendida em outubro do mesmo ano. Cabe-me reiterar o meu agradecimento ao Professor Doutor José Engrácia Antunes, pela sua orientação e análise construtiva, e agradecer ao Professor Doutor Armando Triunfante, que assumiu o papel de arguente aquando da defesa pública da dissertação, pelos seus pertinentes comentários e questões.

2 Sempre que se refira um artigo sem indicação do diploma dever-se-á considerar reportado ao CSC.

DSR, ano 12, vol. 24 (2020): 147-177

dade destes meios, os sócios gozam de uma ampla liberdade de financiamento, podendo dotar a sociedade de capital próprio ou capital alheio[3].

Capital próprio representa o conjunto de meios financeiros de uma sociedade colocados à sua disposição pelos seus sócios, direta ou indiretamente[4], de forma duradoura ou permanente, que não garante qualquer remuneração a quem o disponibiliza, e que, estando sujeito ao regime jurídico de conservação do capital social, não pode ser livremente restituído e responde pelas dívidas sociais[5].

Assim, constituirão capital próprio de uma sociedade[6]: o capital social; as reservas legais, estatutárias, livres e de reavaliação; os lucros sociais transitados e os resultados líquidos do exercício em curso; os ágios; as prestações suplementares; e, não sendo onerosas nem livremente restituíveis, as prestações acessórias.

Por sua vez, *capital alheio* corresponderá aos meios financeiros[7], constantes do passivo da sociedade, onerosa e temporariamente colocados à disposição da sociedade por terceiros ou pelos sócios, que, por não estarem vinculados à proteção do capital social, são pagos com prioridade em relação àqueles que compõem o capital próprio[8].

Posto isto, se, por um lado, os sócios estão em posição de dotarem a sociedade dos meios necessários para a prossecução do seu objeto social e resistir às vicissitudes da vida empresarial, também poderão, por outro lado, não o fazer. Ora, não raras vezes, a causa para a frustração de créditos

[3] Cfr., João Oliveira Martins, *Temas de Direito das Sociedades – Colectânea de Dissertações em Direito das Empresas*, «Os Suprimentos no Financiamento Societário», Coimbra Editora, Coimbra, 2011, pp. 42 e 43, e Alexandre Mota Pinto, *Do Contrato de Suprimento – O financiamento da sociedade entre capital próprio e capital alheio*, Almedina, Coimbra, 2002, pp. 57 e ss..

[4] Por exemplo, através da realização de entradas ou da retenção de lucros, respetivamente.

[5] V. José Engrácia Antunes, *Direito das Sociedades*, 9.ª ed., Ed. de Autor, Porto, 2020, pp. 368 e 369; Ana Perestrelo de Oliveira, *Manual de Corporate Finance*, Almedina, Coimbra, 2015, p. 37; e Alexandre Mota Pinto, op. cit. (2002), pp. 27 e 28.

[6] Contribuindo para a completude do rol que se menciona, v. José Engrácia Antunes, *Scientia Ivridica n.º 313*, «Capital próprio, reservas legais especiais e perdas sociais», Universidade do Minho, Braga, 2008, pp. 96 e 97, José Engrácia Antunes, op. cit. (2020), p. 368, António Menezes Cordeiro, *Direito das Sociedades – II Volume – Das Sociedades em Especial*, 3.ª reimp. da 2.ª ed. de 2007, Almedina, Coimbra, 2017, p. 655, Ana Perestrelo de Oliveira, op. cit., pp. 38 e 68, Alexandre Mota Pinto, op. cit. (2002), pp. 34 a 40.

[7] Obrigações, opções, títulos de participação nos lucros, créditos bancários (mútuo, abertura de crédito em conta corrente, descoberto em conta), créditos junto dos fornecedores, etc. – v. António Menezes Cordeiro, *Direito das Sociedades – I Volume*, Almedina, Coimbra, 2011, p. 655; Alexandre Mota Pinto, op. cit. (2002), pp. 44 e ss..

[8] V. José Engrácia Antunes, op. cit. (2020), p. 369; Ana Perestrelo de Oliveira, op. cit., p. 37; e Alexandre Mota Pinto, op. cit. (2002), pp. 27 a 29 e 41 e ss..

dos credores sociais e a curta vida útil de uma sociedade está nas próprias circunstâncias que rodearam a origem da sociedade, encontrando-se esta *subcapitalizada ab initio*[9] – sem que os sócios, durante a existência da sociedade, tenham suprido tal escassez de fundos.

Subcapitalização pode ser definida como a situação em que uma sociedade não dispõe de capital (próprio ou alheio) suficiente para a manutenção do seu funcionamento e para a prossecução da sua atividade, sem que essa insuficiência seja compensada pelos sócios[10].

Não querendo dedicar maiores desenvolvimentos, dir-se-á tão-só que a subcapitalização poderá ser: i) *formal*, se e quando os sócios financiam a sociedade através de capital alheio, ao invés de capital próprio; ou *material*, quando exista uma efetiva falta de fundos, próprios ou alheios; e ii) *originária*, se verificada desde o momento da constituição da sociedade; ou *superveniente*, quando decorre das vicissitudes da vida societária[11].

2. Capitalização das sociedades

2.1. A obrigação de entrada

Tratando-se do meio através do qual os sócios, por excelência, dotam a sociedade do capital (social[12]) necessário para o exercício da sua atividade social, a obrigação de entrada consubstancia-se como uma das prin-

[9] Paulo de Tarso Domingues, *Do capital social – Noção, Princípios e Funções*, 2.ª ed., Almedina, Coimbra, 2004, p. 222.

[10] Vejam-se Rui Pinto Duarte, *Escritos Jurídicos Vários 2000-2015*, «Subcapitalização das Sociedades – Notas de Direito Privado e de Direito Fiscal», Almedina, Coimbra, 2015, p. 514; e Maria de Fátima Ribeiro, *A Tutela dos Credores da Sociedade por Quotas e a «Desconsideração da Personalidade Jurídica»*, Almedina, Coimbra, 2009, p. 188.

[11] Sobre a distinção entre subcapitalização formal/material e originária/superveniente v. Paulo de Tarso Domingues, op. cit. (2004), pp. 223, 224 e 229; Rui Pinto Duarte, op. cit. (2015), p. 514; João Aveiro Pereira, *O Contrato de Suprimento*, 2.ª ed., Coimbra Editora, Coimbra, 2001, pp. 22 e 23; e Maria de Fátima Ribeiro, op. cit. (2009), pp. 188, 189 e 232.

[12] Por *capital social* devemos entender, cremos, a cifra numérica de valor constante, em dinheiro, expressa na moeda com curso legal em Portugal, e que consta dos estatutos da sociedade (art. 9.º) – capital social formal ou nominal –, e, simultaneamente, o conjunto de bens que, pelo seu valor, correspondem, na realidade, àquela mesma cifra – capital social real. Cfr. José Engrácia Antunes, op. cit. (2020), pp. 366 e 367; Paulo Olavo Cunha, *Direito das Sociedades Comerciais*, 7.ª ed., Almedina, Coimbra, 2019(a), pp. 267 e 268; Paulo de Tarso Domingues, *Variações sobre o Capital Social*, reimp., Almedina, Coimbra, 2013, pp. 50 e 54; e Ana Perestrelo de Oliveira, op. cit., pp. 39 e ss..

cipais obrigações dos sócios – tal qual resulta do art. 980.º do CC e do art. 20.º, al. a)[13].

Deverá entender-se por *entrada* «toda a contribuição patrimonial que o sócio se obriga a realizar e a entregar à sociedade como contraprestação das participações sociais que subscreve»[14].

A entrada não se cingirá somente aos bens cujo valor corresponda ao valor nominal (ou de emissão) das participações[15], abrangendo igualmente o valor excedente (o ágio) que o sócio entrega à sociedade para as adquirir[16], e pode ser cumprida mediante a entrega à sociedade de bens suscetíveis de penhora, ou com indústria[17] (art. 20.º, al. a)).

Sobre estas duas formas apontaremos que: i) quanto à última, ela é proibida nas sociedades de capitais[18/19]; e ii) muito embora o legislador português tenha concretizado a expressão *bens suscetíveis de penhora*, há quem considere que apenas deve ser exigido que o bem seja *suscetível de avaliação económica* – por aplicação do art. 46.º da Diretiva 2017/1132/UE, mas também porque, caso contrário, se estaria a excluir bens/direitos que, embora não sejam penhoráveis, apresentam um elevado valor económico (*v.g.* o gozo de certos bens ou a cessão da posição contratual a favor da sociedade)[20].

Dentro de *bens suscetíveis de penhora/bens suscetíveis de cessão e avaliação económica* encontramos dois tipos de entradas: as entradas em dinheiro – que se concretizam sempre que o sócio entrega à sociedade moeda metálica, papel moeda ou bancária, com curso legal em Portugal[21] –, ou em

[13] Paulo de Tarso Domingues, op. cit. (2013), p. 172.

[14] *Ibidem*, p. 174.

[15] O legislador proíbe, no n.º 1 do art. 25.º, a emissão abaixo do par (i.e., que a contribuição de um sócio a título de entrada seja inferior ao valor nominal da parte, quota ou das ações que lhe foram atribuídas).

[16] Paulo de Tarso Domingues, op. cit. (2013), pp. 174 e 175; e Armando Triunfante, *O Regime das Entradas na Constituição das Sociedades por Quotas e Anónimas*, Coimbra Editora, Coimbra, 2014, pp. 157 e ss..

[17] «A entrada em indústria é aquela que é composta pela obrigação de prestação de serviço ou execução de trabalho por parte do sócio» – Armando Triunfante, op. cit. (2014), p. 124.

[18] De acordo com os arts. 202.º, n.º 1, 277.º, n.º 1, e, para os sócios comanditários em sociedades por comandita, o art. 468.º.

[19] Para algumas razões que justifiquem a proibição destas entradas nas SQ, nas SA e nas sociedades em comandita, no caso dos sócios comanditários, v. Coutinho de Abreu, *Curso de Direito Comercial – Volume II – Das Sociedades*, Almedina, Coimbra, 2016, p. 251; e Paulo de Tarso Domingues, op. cit. (2013), pp. 195 e 196.

[20] V. Coutinho de Abreu, op. cit., p. 250; Paulo de Tarso Domingues, op. cit. (2013), pp. 187 e ss.; e Armando Triunfante, op. cit. (2014), pp. 48 e ss..

[21] Cfr. Paulo de Tarso Domingues, op. cit. (2013), pp. 201 e 202; e Armando Triunfante, op. cit. (2014), pp. 42 a 46.

espécie – que constitui «toda e qualquer entrada que seja constituída por bens diferentes de dinheiro»[22].

Destarte, também as entradas com créditos que os sócios detêm sobre terceiros ou sobre a própria sociedade são qualificadas como entradas em espécie[23], pois, ainda que um crédito represente um determinado montante pecuniário, o seu valor económico pode não equivaler ao seu valor nominal, encontrando-se aquele dependente de variáveis como a solvabilidade do devedor, o prazo de pagamento ou as garantias associadas[24].

Tratando-se de uma entrada em espécie, o crédito sobre terceiros ou sobre a sociedade terá de ser avaliado[25] por um ROC independente (art. 28.º, n.º 2), mediante a elaboração de um relatório que indique, entre outras informações[26]: i) o titular dos bens; ii) o valor atribuído e quais os critérios de avaliação utilizados para alcançar esse resultado; e iii) se esses bens atingem o valor da entrada do sócio.

Importa mencionar que, se no momento da avaliação do ROC[27] o valor real do bem/direito a ser transmitido à sociedade for inferior ao valor declarado no relatório, o sócio será responsável pela diferença entre esses valores até ao valor da sua entrada (art. 25.º, n.º 3) – independentemente da existência de culpa pelo ROC[28].

De referir, por último, que todas as normas atinentes à obrigação de entrada estabelecidas para a constituição da sociedade serão integralmente aplicáveis aos aumentos de capital (art. 89.º, n.º 1) – com respeito pelas especificidades de cada tipo de aumento.

[22] *In* Armando Triunfante, op. cit. (2014), p. 46. Para uma abordagem exaustiva v. Armando Triunfante, op. cit. (2014), pp. 63 e ss.; e Paulo Olavo Cunha, op. cit. (2019a), pp. 309 e 310.

[23] Quer pela sua suscetibilidade de cessão e avaliação económica, quer pela sua penhorabilidade (art. 773.º do CPC).

[24] V. Paulo de Tarso Domingues, op. cit. (2013), pp. 223 e 224; e Paulo Olavo Cunha, *V Congresso de Direito da Insolvência*, «Conversão de créditos em capital», Almedina, Coimbra, 2019(b), pp. 242 e 243.

[25] Em respeito pelo art. 28.º.

[26] V. art. 28.º, n.º 3, e Armando Triunfante, op. cit. (2014), pp. 171 e ss..

[27] O momento relevante para despoletar a norma do n.º 3 do art. 25.º é o momento da avaliação do ROC, não importando para o efeito a normal depreciação do bem, pois se à data da avaliação o bem tiver sido avaliado corretamente faltará um pressuposto essencial: *o erro do revisor*. V. Armando Triunfante, op. cit. (2014), pp. 263 e ss..

[28] Id., pp. 272 e 273.

2.2. As prestações suplementares e as prestações acessórias

Previstas apenas para as SQ[29], as *prestações suplementares* são prestações em dinheiro (art. 210.º, n.º 2), às quais não é possível estipular juros (210.º, n.º 5) e que dependem de estipulação no contrato de sociedade e deliberação dos sócios para que possam ser exigidas[30].

Tal como sucede para a sua exigibilidade, a restituição (parcial ou total)[31] das prestações suplementares depende, *inter alia*[32], de uma deliberação nesse sentido (art. 213.º, n.º 2)[33], e que, com a restituição, a situação líquida da sociedade não fique inferior à soma do capital e da reserva legal (art. 213.º, n.º 1).

Pela sua vinculação à conservação do capital social, a par da impossibilidade de remuneração, as prestações suplementares são consideradas capital próprio[34].

Por sua vez, previstas para as SQ (art. 209.º) e para as SA (art. 287.º), «as prestações acessórias constituem prestações além das entradas, acessórias ao capital, que o contrato de sociedade pode impor a todos ou a alguns sócios»[35], e que não necessitam de uma deliberação para serem exigíveis[36], sendo-o pela mera estipulação no pacto social caso sejam fixados os elementos essenciais desta obrigação (n.º 1 dos arts. 209.º e 287.º).

As prestações acessórias são caracterizadas por uma alta liberdade quanto ao seu objeto, admitindo-se prestações pecuniárias, prestações de *dare, facere* ou *non facere*[37]. Destarte, são admissíveis, enquanto prestações acessórias, o fornecimento de produtos, a prestação de serviços, o exercício

[29] Pois inserem-se no Título III do Código das sociedades comerciais, relativo apenas às SQ. Sobre a possibilidade de efetuar prestações suplementares nas SA, v. António Menezes Cordeiro, op. cit. (2017), p. 583; Paulo Olavo Cunha, op. cit. (2019a), pp. 320 e ss.; e Sofia Gouveia Pereira, *As Prestações Suplementares no Direito Societário Português*, Principia Editora, Cascais, 2004, pp. 187 e ss..

[30] V. Coutinho de Abreu, op. cit., pp. 300 e 301; e Raúl Ventura, *Sociedades por Quotas – Volume I – Comentário ao Código das Sociedades Comerciais*, 2.ª ed. da 2.ª reimp. de 1989, Almedina, Coimbra, 1999, pp. 248 e ss..

[31] Coutinho de Abreu, op. cit., p. 302.

[32] V. os n.ºs 1, 3 e 4 do art. 213.º.

[33] Por maioria simples (art. 250.º, n.º 3) ou qualificada, se exigida pelo contrato (213.º, n.º 2) – v. Sofia Gouveia Pereira, op. cit., p. 136.

[34] Cfr. Sofia Gouveia Pereira, op. cit., pp. 308 e 309; e João Rodrigues, *Sistema de Normalização Contabilística – SNC Explicado*, 6.ª Edição, Porto Editora, Porto, 2016, pp. 672 e 673.

[35] V. Sofia Gouveia Pereira, op. cit., pp. 199 e 200.

[36] Alexandre Mota Pinto, *Código das Sociedades Comerciais em Comentário*, «Artigo 209.º», Almedina, Coimbra, 2011, p. 265.

[37] Cfr. António Menezes Cordeiro, op. cit. (2017), p. 287.

do cargo de gerente, a assunção de uma obrigação de não concorrência, etc.[38]. De notar, porém, que quando o conteúdo do objeto das prestações acessórias corresponder ao de um contrato tipificado na lei, aplicar-se-á a regulamentação legal própria desse tipo contratual às prestações acessórias (art. 209.º, n.º 1, e 287.º, n.º 1).

Se as prestações acessórias forem, por estipulação, vinculadas à conservação do capital social (em termos similares às prestações suplementares, por exemplo) e, por isso, responsáveis pelas dívidas sociais, constituirão capital próprio; pelo contrário, nada sendo convencionado a respeito do seu reembolso e inexistindo outros elementos que possam induzir diversamente constituirão capital alheio[39].

II. O CONTRATO DE SUPRIMENTO

1. Caracterização

Previsto nos arts. 243.º e ss., o *contrato de suprimento* trata-se de um empréstimo realizado pelos sócios à sociedade, com caráter de permanência, que tem por objetivo suprir necessidades de liquidez da última. O seu objeto poderá consistir em dinheiro ou outras coisas fungíveis, como, a título de exemplo, «matérias-primas (*vg.* sementes, leite, pasta de papel) ou meios de produção (*vg.* combustível), que [a sociedade] se obriga a devolver»[40].

Tendo como objeto usual a prestação de dinheiro, os suprimentos não têm de se traduzir numa entrega efetiva do mesmo à sociedade, podendo a sujeição de um crédito ao seu regime derivar do seu diferimento (*v.g.* o não levantamento de lucros já distribuídos).

Ainda que se constituam sob a forma de capital alheio[41], os suprimentos desempenham uma função similar à de capital próprio, respondendo

[38] V. Alexandre Mota Pinto, op. cit. (2011), p. 267.

[39] V. João Rodrigues, op. cit., pp. 672 e 673.

[40] Cfr. Alexandre Mota Pinto, op. cit. (2002), p. 315. O A., nas páginas subsequentes, levanta também a possibilidade de se efetuarem suprimentos à sociedade cujo objeto consista no gozo de bens infungíveis – nomeadamente a locação de bens a favor da sociedade –, concluindo pela sua admissibilidade. Contra este entendimento v. Raúl Ventura, *Sociedades por Quotas – Volume II – Comentário ao Código das Sociedades Comerciais*, reimp., Almedina, Coimbra, 1996, pp. 123 a 125. e João Oliveira Martins, op. cit., pp. 83 a 85.

[41] V. Alexandre Mota Pinto, op. cit. (2002), p. 53; e Ana Perestrelo de Oliveira, op. cit., p. 114.

pelas dívidas sociais em caso de insolvência da sociedade[42] (conforme se verá *infra*). Os suprimentos são, por isso, capital quase-próprio por força da lei (*i.e.*, capital alheio equiparado a capital próprio[43/44]).

Verificado o caráter de permanência do crédito de um sócio sobre a sociedade[45] – ou (voluntariamente) qualificado como suprimento –, e, por isso, sujeito ao regime dos suprimentos, podem surgir problemas no momento do seu reembolso se não tiver sido fixado prazo para o mesmo. É que, tratando-se de um crédito, na falta de estipulação de prazo o sócio credor teria, em abstrato, o direito a solicitar o reembolso do seu crédito a todo o tempo (art. 777.º, n.º 1 do CC)[46]. Contudo, admitir tal faculdade de reembolso implicaria permitir ao sócio pôr em causa a sobrevivência da sociedade, ou causar-lhe graves prejuízos.

Assim, para fazer face ao conflito de interesses entre o sócio, que pretende ver o seu crédito reembolsado, e a sociedade, que conta com esses fundos na sua atividade, estipula o n.º 1 do art. 245.º que, na falta de prazo e de acordo entre sociedade e sócio, será o juiz a fixar o momento para o reembolso de suprimentos.

Mas o art. 245.º não protege apenas os interesses da sociedade, contendo também disposições para a proteção dos credores sociais, designadamente, *inter alia*[47]: i) impossibilita que os credores de suprimentos possam pedir a insolvência da sociedade por esses mesmos créditos (n.º 2); e ii) classifica os suprimentos, em sede de processo de insolvência, como créditos subordinados, impondo que a sua satisfação aos sócios só ocorra após a satisfação dos créditos de terceiros (n.º 3, al. a))[48] e impe-

[42] Alexandre Mota Pinto, op. cit. (2002), p. 55.

[43] *Ibidem*, p. 56.

[44] Ainda que – a par da sua não remuneração –, conforme pode suceder com as prestações acessórias, também aos suprimentos possam ser estabelecidas condições de reembolso similares às prestações suplementares, qualificando-os como capital próprio (cfr. João Rodrigues, op. cit., pp. 672 e 673).

[45] Constituem índices do caráter de permanência (art.243.º), sem prejuízo de outros índices (v. Coutinho de Abreu, op. cit., p. 307): i) prazo de reembolso superior a um ano (n.º 2); e ii) a não utilização, por prazo mínimo de um ano, da faculdade de exigir o reembolso de crédito que o sócio detenha sobre a sociedade (n.º 3).

[46] João Oliveira Martins, op. cit., p. 104.

[47] V. art. 245.º, n.os 5 e 6.

[48] V. Alexandre Mota Pinto, op. cit. (2002), pp. 384 e 385. Os créditos por suprimentos são, na insolvência, créditos subordinados – al. g) do art. 48.º do CIRE, e, de acordo com o disposto nos arts. 46.º, 47.º, 172.º e ss. do mesmo diploma, os créditos subordinados figuram em último na ordem de pagamento dos credores da sociedade insolvente.

dindo a possibilidade de compensação entre créditos da sociedade e dos credores de suprimentos (n.º 3, al. b))[49].

2. Suprimentos nas SA e nas SENC

Uma vez que os suprimentos apenas foram previstos no Título III do CSC, respeitante às SQ, questão relevante, embora já discutida, é a da aplicabilidade do regime dos suprimentos a empréstimos efetuados às SA e SENC, dado que a ambas podem os sócios emprestar dinheiro ou outra coisa fungível, ou acordar o diferimento de um crédito já existente.

Argumentando que: i) também nas SA se podem gerar situações injustas para os credores sociais, atentas as relações privilegiadas dos acionistas em face da sociedade[50]; ii) as situações de subcapitalização (material) que os suprimentos visam contrariar se verificam de igual modo nas SA[51]; e iii) as SQ e as SA possuem um regime de conservação do capital social idêntico[52]; veio a doutrina[53] concluir pela admissibilidade, ou pela necessidade, da aplicação do regime dos suprimentos aos créditos dos acionistas efetuados às SA.

Sendo pacífica a aplicação do regime do contrato de suprimento às SENC, discutia-se a aplicabilidade dos preceitos referentes à proteção dos credores sociais na insolvência da sociedade. Assim, encontramos, por um

[49] Em consonância com o disposto no art. 99.º, n.º 4, al. d) do CIRE.

[50] Cfr. Raúl Ventura, op. cit. (1996), p. 87.

[51] Alexandre Mota Pinto, op. cit. (2002), p. 292.

[52] Id., p. 293.

[53] Divergindo em dois pontos: a) quanto à técnica jurídica que utilizam para permitir tal aplicação; e b) a que sócios é aplicável o regime. Quanto à primeira al., encontramos três soluções: i) aplicação do regime por analogia – Raúl Ventura, op. cit. (1996), p. 89; ii) aplicação fundada numa extensão teleológica – v. Alexandre Mota Pinto, op. cit. (2002), p. 294; e iii) através de interpretação extensiva – João Aveiro Pereira, op. cit., pp. 123 e ss.. Quanto à al. b) deparamo-nos com as seguintes posições: i) a que aplica o regime dos suprimentos a todos os sócios – cfr. Coutinho de Abreu, op. cit., pp. 312 e ss.; ii) aquela que defende a aplicabilidade do regime aos acionistas detentores de pelo menos 10% do capital social – Raúl Ventura, op. cit. (1996), pp. 88 e 89; e iii) a tese que defende que a aplicabilidade do regime a um acionista em concreto dependerá da análise de um «*conjunto de circunstâncias* que *indiciam* a verificação dos motivos que estão por trás da sua tutela jurídica» – v. Alexandre Mota Pinto, op. cit. (2002), p. 303 –, como sejam a participação social, o exercício de funções em outros órgãos sociais, o risco que aquele corre pela assunção de garantias em benefício da sociedade, etc.. Contra a aplicabilidade do regime do contrato de suprimento a outro tipo que não SQ encontrámos apenas a opinião de António Pereira de Almeida em Rui Pinto Duarte, *Problemas de Direito das Sociedades*, IDET, «Suprimentos, Prestações Acessórias e Prestações Suplementares, Almedina, Coimbra, 2008, p. 268.

lado, a posição de que devem ser afastados os preceitos do contrato de suprimento aquando da insolvência da sociedade, com fundamento na responsabilidade ilimitada dos sócios perante os credores sociais[54]; e, por outro lado, o entendimento[55] de que: i) a não aplicação do regime dos suprimentos na insolvência levará a que esses créditos não tenham que permanecer no património social, pelo que, uma vez esgotado, os credores sociais irão concorrer com os credores particulares do(s) sócio(s); e ii) uma vez que as regras dos suprimentos determinam quais créditos dos sócios deverão ser equiparados a capital próprio e quem irá sofrer o ónus de tal equiparação, o súbito reembolso de suprimentos (que conduza à insolvência da sociedade) levará a que, em face da responsabilidade solidária entre os sócios, o sócio credor de suprimentos onere os demais sócios pelo reembolso daqueles.

3. O autor dos suprimentos[56]

3.1. O usufrutuário

A constituição de um direito real sobre participações sociais, a favor de um terceiro, pode restringir o exercício dos direitos por parte do respetivo sócio. Tal hipótese verificar-se-á com a constituição de usufruto sobre as participações, mediante o qual o titular deste direito real de gozo detém alguns direitos sociais, mormente o direito aos lucros, o direito à informação e o direito a votar[57] – e, por lógica, os direitos de assistir e participar em assembleia[58].

Ou seja, se ao usufrutuário são atribuídos poderes que lhe permitem ter uma posição ativa e privilegiada na sociedade, não será de estranhar

[54] Motivo pelo qual não carecem de proteção na insolvência da sociedade. Cfr. Coutinho de Abreu, op. cit., p. 315; Pedro Pais de Vasconcelos, *A Participação Social nas Sociedades Comerciais*, Almedina, Coimbra, 2006, p. 286; e Raúl Ventura, op. cit. (1996), pp. 89 e 90.

[55] João Oliveira Martins, op. cit., pp. 68 e 69; e Alexandre Mota Pinto, op. cit. (2002), pp. 309 a 311.

[56] Embora a letra do art. 243.º aponte no sentido de que o legislador circunscreveu como único autor possível dos suprimentos o *sócio*, cremos, todavia, ser possível que outros sujeitos detenham créditos aos quais deva ser aplicado o regime dos suprimentos.

[57] Entendimento derivado da leitura do n.º 2 do art. 23.º e do art. 1467.º do CC, quanto ao direito sobre os lucros, e dos arts. 293.º e 214.º, n.º 8, quanto ao direito à informação. O usufrutuário está apenas limitado, quanto ao direito de voto, em deliberações que importem a alteração dos estatutos e a dissolução da sociedade (arts. 269.º e 462.º e, ainda, o n.º 2 do 1467.º do CC).

[58] Por força do n.º 1 do art. 379.º, para as SA, e do n.º 5 do art. 248.º, para as SQ.

que, em face do seu interesse no sucesso da mesma, o usufrutuário realize empréstimos à sociedade, ou não levante lucros já distribuídos, ou difira a cobrança de outros créditos que detém sobre a mesma.

Por estes motivos e porque, se assim não se considerasse, o usufrutuário, que dispõe de informação privilegiada tal qual um sócio, concorreria com os demais credores sociais na insolvência da sociedade, dever-se-ão considerar os créditos que o usufrutuário detém sobre a sociedade como *suprimentos*, contanto que gozem da mesma caraterística de permanência (ou tenham sido como tal qualificados)[59].

3.2. O credor pignoratício

Com a constituição de um penhor sobre determinadas participações sociais, o credor pignoratício adquire o direito de satisfazer o seu crédito à custa das participações sociais oneradas (art. 666.°, n.° 1, do CC).

Contudo, pode suceder que o credor pignoratício não se limite a uma posição passiva, mas, através do exercício dos direitos sociais que detém por acordo (art. 23.°, n.° 4), assuma um papel mais ativo na sociedade[60].

Se é possível, como veremos, que um terceiro seja credor de suprimentos, e se através de uma atenta análise ao art. 245.°, reparamos que este preceito se refere a *credores de suprimentos*, não vemos por que tal não poderá suceder num caso em que um credor pignoratício assume uma posição ativa, quase de sócio, na sociedade. Seria altamente injusto para esta e para os demais credores que aquele credor, gozando de uma posição ativa, capaz de influenciar a sociedade, pudesse: i) pedir subitamente o reembolso de empréstimos que realizou à sociedade no exercício da sua posição ativa, provocando a insolvência da mesma; ou ii) concorrer com os demais credores, quer quanto a esses empréstimos, quer quanto ao empréstimo que originou o penhor de alguma das participações sociais – gozando, quanto ao montante deste crédito, de prioridade sobre os demais credores não garantidos.

Assim, cremos que, caso o credor pignoratício exerça direitos como o direito de voto, o direito à informação e o direito aos lucros, os seus créditos sobre a sociedade podem ser qualificados como suprimentos (forço-

[59] V. Alexandre Mota Pinto, op. cit. (2002), pp. 273 e 275; e João Aveiro Pereira, op. cit., pp. 64 a 69.

[60] *Ibidem*, p. 275 e pp. 69 e 70, respetivamente

samente, caso gozem da permanência exigida pelo art. 243.º, n.º 1[61], ou voluntariamente).

3.3. Outros credores

Uma vez que os créditos de suprimentos de um sócio são passíveis de transmissão sem a cessão da sua participação social e vice-versa[62], o art. 245.º, n.º 5, estabeleceu que o crédito de terceiro cedido a um sócio é igualmente sujeito ao regime dos suprimentos, desde que se verifique o seu caráter de permanência.

É que, de facto, embora uma operação de cessão de créditos de suprimentos[63] possa constituir uma forma de o sócio «realizar o seu valor económico sem ter de esperar pelo reembolso»[64], também poderá (ou poderia) constituir uma forma de defraudar a lei e o regime inerente aos suprimentos que protege os (restantes) credores sociais.

Por estes motivos, e pela função substitutiva de capital próprio inerente aos suprimentos, aqueles que sejam cedidos a terceiro não sócio, ou que permaneçam com o sócio que cede a sua quota disjunta do crédito, deverá manter-se sujeito ao regime dos suprimentos[65].

3.4. Na coligação de sociedades[66]

Imaginemos: *a)* uma sociedade *A* que detém 75% do capital social da sociedade *B*, a qual, por sua vez, detém 80% do capital social da sociedade *C* (art. 486.º); e *b)* um grupo societário composto pela sociedade α, que detém o domínio total da sociedade β (arts. 488.º e 491.º), e a sociedade γ

[61] A favor desta hipótese veja-se Alexandre Mota Pinto, op. cit. (2002), pp. 275 e ss.; e João Aveiro Pereira, op. cit., pp. 69 e 70. Contrariamente, v. Raúl Ventura, op. cit. (1996), p. 95. Este último A. parece fazer depender a sujeição de um crédito ao regime dos suprimentos à qualidade de sócio do *mutuante*, manifestando que o credor pignoratício não é sócio, ao contrário do usufrutuário que, em certa medida, a ele deverá ser equiparado. Não nos parece que tal condição seja efetivamente necessária.

[62] Cfr. João Oliveira Martins, op. cit., pp. 62 e 63; João Aveiro Pereira, op. cit., pp. 73 e ss.; e Raúl Ventura, op. cit. (1996), p. 135.

[63] Que não depende do consentimento da sociedade (art. 577.º do CC).

[64] Alexandre Mota Pinto, op. cit. (2002), p. 286.

[65] Neste sentido v. Alexandre Mota Pinto, op. cit. (2002), pp. 286 e ss.; e João Aveiro Pereira, op. cit., p. 72.

[66] Falaremos apenas dos casos de relação de grupo e de relação de domínio; para outras hipóteses v. Alexandre Mota Pinto, op. cit. (2002), pp. 284 e 285.

que, mediante um contrato de subordinação (arts. 493.º a 508.º), é subordinada de β.

Partindo do *supra* descrito, não será de estranhar que *A* e α efetuem empréstimos a *C* e γ, respetivamente, passando a ser suas credoras. Mas poderão estes créditos ser qualificados como suprimentos?

Quanto às situações de domínio é necessário que: i) a sociedade dominante (*A*) detenha uma participação no capital da dominada (*B*) e, deste modo, indireta no da sociedade mutuária (*C*)[67]; e ii) que a sociedade dominante (*A*) exerça uma influência *efetivamente* dominante nas demais (em *B* e, indiretamente, em *C*)[68]. Caso se conclua pela existência de uma real capacidade de determinação da vontade social na sociedade mutuária e na sociedade *intermédia*, será de admitir que ao crédito de uma sociedade dominante sobre a sociedade mutuária seja aplicado o regime dos suprimentos.

Por sua vez, aplicando o mesmo critério de influência decisória – mais que provável num grupo societário – será de aplicar o mesmo regime aos empréstimos efetuados entre as várias sociedades em situação de grupo[69].

III. A CONVERSÃO DE SUPRIMENTOS EM CAPITAL SOCIAL

1. Restrição aos suprimentos

Como veremos, o DL 79/2017 estabelece um procedimento simplificado para o aumento de capital social, bem como um regime especial para a verificação das entradas, mas apenas a respeito da entrada com (créditos por) suprimentos.

Foram, portanto, excluídas as prestações suplementares e as prestações acessórias, que, tal como os suprimentos, se traduzem em obrigações eventuais e voluntárias para os sócios e créditos subordinados (arts. 48.º, als. a) e g), e 49.º, n.º 2, al. a) do CIRE), mas também outros créditos não qualificados como suprimentos.

Sucede que as prestações suplementares, pelo seu rígido regime de restituição e pela sua impossibilidade de remuneração, qualificam-se sempre

[67] João Oliveira Martins, op. cit., p. 70; e Alexandre Mota Pinto, op. cit. (2002), p. 284.

[68] A qual poderá ser aferida: i) pelo preceituado no n.º 2 do art. 486.º; ii) pela existência de dependência económica; iii) pela coincidência de membros dos órgãos de administração; iv) pela existência de acordos parassociais que atribuam poderes que a mera detenção de uma participação (de percentagem reduzida) não conferiria – cfr. Alexandre Mota Pinto, op. cit. (2002), p. 284; e João Oliveira Martins, op. cit., p. 70.

[69] Cfr. João Oliveira Martins, op. cit., p. 69.

como capital próprio. Pelo contrário, os suprimentos, ainda que cumpram funções substitutivas do capital social, são refletidos no passivo da sociedade, qualificando-se formalmente como capital alheio, e não possuem limitações (legais) de reembolso comparáveis às prestações suplementares.

Ora, considerando que um dos objetivos visados pelo legislador[70] passa por aumentar o grau de autonomia financeira das sociedades (e subverter a sua subcapitalização formal), cremos estar aí o motivo para a exclusão das prestações suplementares. É que quando as realizam, os sócios já dotam a sociedade com capital próprio, algo que não sucede, em regra, com os suprimentos. Se assim é, e se se admitir que a redução do passivo de uma sociedade aumenta a sua viabilidade económica e o acesso a capital alheio ou próprio, natural será que esta mudança qualitativa (alheio-próprio) não tenha de ser motivada para as prestações suplementares. Além disso, uma vez que a restituição destas últimas está sujeita a condições idênticas às da distribuição de lucros (art. 213.º, n.º 1), o resultado prático da previsão das prestações suplementares nas alterações operadas pelo DL n.º 79/2017 seria, em abono da verdade, irrelevante[71].

Mas se a qualidade de capital próprio justifica a não inclusão das prestações suplementares, o mesmo não podemos dizer das prestações acessórias, pois apenas em certas circunstâncias, e verificadas certas limitações ao seu reembolso, é que estas serão qualificadas como capital próprio.

É certo que nem todas as prestações acessórias poderiam ser abrangidas, pois o seu objeto pode consistir não só em dinheiro, mas também em obrigações de não concorrência ou prestações de serviços. Admitir um regime simplificado de verificação das entradas, por *conversão de (todas as) prestações acessórias*, seria admitir (indiretamente), no caso das sociedades de capitais, a entrada em indústria – hipótese vedada pelos arts. 202.º, n.º 1, e 277.º, n.º 1.

Contudo, já não encontraremos argumento semelhante para a exclusão das prestações acessórias *pecuniárias*. Estas, tratando-se de contribuições que se qualificam tipicamente como capital alheio, poderiam certamente

70 V. Programa Capitalizar (Resolução do Conselho de Ministros n.º 42/2016, de 18 de agosto), «programa estratégico de apoio à capitalização das empresas, (...) [que visa, entre outros objetivos, reduzir] os passivos das empresas economicamente viáveis, ainda que com níveis excessivos de endividamento».

71 É certo que, com a sua conversão, as prestações sempre deixariam de poder ser reembolsadas e, além disso, seria aumentado o capital social da sociedade e, consequentemente, o montante mínimo de que a sociedade teria de dispor para distribuir lucros (arts. 32.º e 33.º). De todo o modo, parece-nos que esta vantagem não seria suficiente para justificar a inclusão destas prestações neste novo regime, cuja entrega à sociedade, aliás, foi já considerada como entrada em *dinheiro* – cfr. Parecer R. Co. 106/2002 DSJ – CT.

ter sido incluídas neste regime de conversão. Especialmente se refletirmos que as prestações acessórias e os suprimentos têm caraterísticas similares, designadamente, *inter alia*, quanto à possibilidade de remuneração e quanto à sua qualificação.

É certo que, verificados os indícios do art. 243.º, às prestações acessórias pecuniárias serão aplicáveis as normas que regem o contrato de suprimento (art. 209.º, n.º 1) – o que permite indagar se a «regulamentação legal própria desse tipo de contrato» abrange este novo regime. Todavia, cremos que a sua qualificação enquanto *prestações acessórias* mantém-se e, por isso, obsta, à partida, ao recurso ao regime introduzido pelo DL n.º 79/2017[72].

Por fim, a diferente conclusão chegaremos quanto a *outros créditos* não sujeitos ao regime dos suprimentos, ou ao regime das outras figuras acima referidas. Como vimos, os suprimentos são assim qualificados quando gozem de permanência na sociedade – caraterística que é verificada com base num período temporal de um ano, sem prejuízo de outros índices –, ou quando como tal sejam qualificados pelo sócio e pela sociedade.

Ora, em abstrato, um sócio que empreste uma quantia pecuniária à sociedade ou difira o levantamento de lucros, sem que esse crédito seja (voluntariamente) qualificado como suprimento, sempre teria de permanecer na sociedade pelo prazo de um ano para poder ser qualificado como tal. Porém, uma vez que a sociedade e o sócio poderão, por mero encontro de vontades, qualificar e submeter um determinado crédito ao regime dos suprimentos, a abrangência de *outros créditos* na alteração legislativa em análise seria redundante.

2. A conversão de suprimentos em capital social

2.1. A decisão de aumento do capital social

2.1.1. *O procedimento*

Os n.ºs 4 e 5 do art. 87.º vieram consagrar uma nova forma para aumentar o capital de uma sociedade, um verdadeiro desvio à regra esta-

[72] O qual, em abono da verdade, se traduz num regime simplificado de *aumento de capital social*, não fazendo parte integrante, cremos, do regime do contrato de suprimento em si – disposto no art. 245.º (cuja epígrafe é, precisamente, «Regime do contrato de suprimento»).

DSR, ano 12, vol. 24 (2020): 147-177

tuída no art. 85.º: de que a alteração do contrato de sociedade só pode ser *deliberada* pelos sócios[73].

A este propósito cumpre notar, antes de mais, que, como *infra* veremos, entendemos, pela sua similaridade e o seu fim (i.e., a alteração do contrato da sociedade), aplicar a este procedimento diversas disposições relativas às deliberações, numa tentativa de suprir lacunas criadas pelo legislador. É relevante, por isso, a discussão sobre se este procedimento se tratará, na realidade, de uma deliberação, realizada através de uma forma diversa (à AG regularmente convocada, à assembleia universal, etc.)[74]. Sendo certo que a sua natureza se assemelha à de uma deliberação, o legislador – por negligência ou não –, ainda que como tal quisesse considerar este procedimento, além de não o ter enquadrado nos arts. 53.º, 54.º e 247.º, alterou a epígrafe do art. 87.º para distinguir (os requisitos da) *decisão* e *deliberação*.

Posto isto, refere o n.º 4 do art. 87.º que o «sócio de sociedade por quotas[75] que por si ou juntamente com outros reunir a maioria de votos

[73] Sem prejuízo da faculdade conferida ao conselho de administração de deliberar o aumento de capital social por entradas em dinheiro (arts. 85, n.º 1, e 456.º), bem como dos mecanismos previstos no art. 198.º, n.º 2, al. b), do CIRE, no âmbito de plano de insolvência, e na Lei n.º 7/2018, de 02 de março, a qual consagra o regime jurídico da conversão de créditos em capital. V., a propósito dos mecanismos previstos no CIRE e na Lei n.º 7/2018, de 02 de março, Catarina Serra, *Lições de Direito da Insolvência*, Almedina, Coimbra, 2019 (reimpressão), pp. 530 e ss.; David Sequeira Dinis e Nair Maurício Cordas, *Atas das IV Jornadas de Reestruturações e Insolvências da Uría Menéndez – Proença de Carvalho*, «O Regime Jurídico da Conversão de Créditos em Capital: Primeiras Considerações», Universidade Católica Editora, Porto, 2019, pp. 41 a 74; Orlando Vogler Guiné, *Revista de Direito das Sociedades, Ano X, N.º 2*, «Comentários preliminares ao Regime Jurídico da Conversão de Créditos em Capital», Almedina, Coimbra, 2018, pp. 289 a 317; Paulo Olavo Cunha, op. cit. (2019b), pp. 247 e ss.; e Paulo de Tarso Domingues, *Seminário de Direito da Insolvência*, «Regime Jurídico da Conversão de Créditos: A tomada de assalto das sociedades pelos credores?», Almedina, Coimbra, 2019, pp. 79 a 101.

[74] Para maiores desenvolvimentos sobre o tema vejam-se Rui Pinto Duarte, *IV Congresso de Direito da Insolvência*, «A conversão em capital social de suprimentos e de outros créditos – Notas sobre o Dec.-Lei 79/2017, de 30 de Junho, e sobre um projeto legislativo relativo à conversão de créditos de terceiros em capital social», Almedina, Coimbra, 2017, pp. 325, 326 e 328; e Maria de Fátima Ribeiro, *Seminário de Direito da Insolvência*, «Regime Simplificado de Aumento de Capital por Conversão de Suprimentos», Almedina, Coimbra, 2019, pp. 61 e ss..

[75] Ponderou-se em tempos a possibilidade destas normas serem aplicáveis a qualquer tipo societário. Além da sua inserção no Título I do CSC, constituído por disposições aplicáveis a todos os tipos societários, a própria redação das normas no respetivo projeto de DL – que não circunscrevia este aumento ao *sócio da sociedade por quotas* como agora sucede –, poderia levar-nos a responder afirmativamente. V. Paulo de Tarso Domingues, *Direito das Sociedades em Revista – Ano 9 – Volume 18*, «A conversão de suprimentos em capital social

necessária para deliberar a alteração do contrato de sociedade[76] pode comunicar à gerência o aumento do capital social por conversão de suprimentos[77] registados no último balanço aprovado de que seja titular».

A comunicação pode ser feita a qualquer gerente, por aplicação, com as devidas adaptações, do art. 261.º, n.º 3, e terá de ser feita por escrito (art. 85.º, n.º 3, por analogia). Cremos que os sócios que comuniquem a sua decisão de aumento do capital social não são obrigados a converter os seus suprimentos *in totum*, sendo-lhes permitida uma conversão parcial do seu crédito[78]; e que, no caso de serem vários os sócios a compor a maioria necessária, não terão os sócios subscritores de deter ou converter suprimentos sobre a sociedade, podendo simplesmente subscrever a comunicação para permitir que outros procedam à conversão dos seus suprimentos[79].

Subsequentemente à decisão de aumentar o capital social, e conforme o art. 87.º, n.º 5, o órgão de administração (i.e., qualquer dos gerentes, por inspiração nos arts. 85.º, n.º 5, e 248.º, n.º 3) terá um prazo máximo de 10 dias para comunicar, por escrito, a decisão de aumento proferida nos termos do art. 87.º, n.º 4, aos sócios que não hajam participado nesta última.

(DL n.º 79/2017, de 30 de junho)», Almedina, Coimbra, 2017, p. 157; e o respetivo projeto de DL em «http://www.smmp.pt/wp-content/uploads/CSC-CIRE-07-03-2017.pdf». Contudo, além da redação final ter restringido o n.º 4 do art. 87.º aos sócios das SQ, a Declaração de Retificação n.º 21/2017, de 25 de agosto, eliminou as referências a *administração* e *administradores* – erroneamente transpostas do projeto para o DL. Assim, este *procedimento* apenas poderá ser aplicado às SQ – não sendo aplicável nem às SENC, nem às SA. Ainda que, quanto a estas, já o disposto no art. 68.º da Diretiva 2017/1132/UE – o qual impõe que qualquer aumento de capital seja *deliberado* pela AG, ou, excecionalmente, por outro órgão (art. 456.º) – apontasse para a sua impossibilidade. V. Paulo de Tarso Domingues, op. cit. (2017), p. 158.

[76] Três quartos do capital social, ou por número mais elevado de votos se estipulado no contrato de sociedade (art. 261.º, n.º 1).

[77] É necessário dizer, desde já, que esta *conversão* nada mais se trata do que uma cessão de créditos por suprimentos à sociedade, os quais, após a operação, por terem como credor e devedor a própria sociedade, se extinguirão por confusão (arts. 868.º e ss. CC) – cfr. José Ferreira Gomes, *Revista de Direito das Sociedades – Ano IX, n.º 3*, «A alteração dos artigos 87.º e 89.º do CSC pelo Decreto-Lei n.º 79/2017, de 30 de junho: conversão de suprimentos em capital», Almedina, Coimbra, 2017, p. 538; e Armando Triunfante, op. cit. (2014), pp. 420 e ss.. Não obstante, utilizaremos a terminologia adotada pela lei.

[78] Seguindo de perto a opinião versada em Paulo de Tarso Domingues, op. cit. (2017), p. 160.

[79] Tal como poderiam, numa deliberação em AG, propor e votar a favor de uma proposta de aumento de capital social por entradas com créditos de apenas um sócio.

Desta comunicação deve constar expressamente que a eficácia do aumento depende da não oposição expressa dos seus destinatários, manifestada por escrito (art. 87.º, n.º 5), e com a mesma devem ser fornecidos: i) os elementos mínimos de informação – tal qual os mencionados no n.º 4 do art. 58.º, sob pena da decisão ser anulável com fundamento na al. c), do n.º 1 do mesmo preceito, aplicável por analogia; ii) uma declaração – por referência ao art. 89.º, n.º 4 – que ateste a existência, a proveniência, o montante e a data dos suprimentos a converter, subscrita pelo contabilista certificado, ou pelo ROC, se a revisão de contas for legalmente exigida.

Uma vez notificados, os sócios minoritários podem, no prazo de 10 dias[80]: a) opor-se expressamente por escrito, tornando a decisão de aumento ineficaz; ou b) aceitar, ou não se pronunciar sobre a mesma, validando a operação[81]. Neste hiato deve ser igualmente permitido que exerçam o seu direito à informação nos termos do art. 214.º.

Caso os sócios não se oponham expressamente no mencionado prazo, a gerência procede à inscrição da decisão no livro de atas – por aplicação do art. 63.º, n.º 4 – e declara, «por escrito e sob sua responsabilidade, quais as entradas já realizadas e que não é exigida pela lei, pelo contrato ou pela deliberação a realização de outras entradas» (art. 88.º, n.º 2).

Para efeitos de verificação da entrada não será necessária uma avaliação de ROC independente, nos mesmos termos do art. 28.º (*ex vi* art. 89.º, n.º 1), mas apenas a declaração do contabilista certificado da sociedade ou do seu ROC, se a sociedade estiver legalmente obrigada à revisão das suas contas, que ateste a quantia, proveniência e a data dos suprimentos a converter – de acordo com o n.º 4 do art. 89.º, do qual nos ocuparemos *infra*.

Internamente, o capital considerar-se-á aumentado na data da emissão da aludida declaração da gerência (art. 88.º, n.º 2); externamente, a gerência ou demais interessados (n.º 1 do art. 29.º do CRCom) terão de efetuar o competente registo[82], apresentando a declaração do n.º 2 do art. 88.º, a ata na qual a gerência fez constar a decisão de aumento, a declaração a que alude o n.º 4 do art. 89.º, o contrato de sociedade atualizado e a lista de sócios (n.º 2 do art. 59.º do CRCom).

Como nota final deste ponto, poder-se-ia dizer que a grande vantagem deste procedimento consiste na preterição do processo deliberativo e suas

[80] V., para igual entendimento, Paulo Olavo Cunha, op. cit. (2019b), p. 245.

[81] «Se o *sócio* (...) participa do sufrágio, emitindo um *voto de abstenção*, adopta um comportamento de *indiferença* perante o resultado da *votação*, aceitando, assim, de ânimo igual, tanto a *rejeição da proposta* como a *sua aprovação*» – Jorge Pinto Furtado, *Deliberações de Sociedades Comerciais*, Almedina, Coimbra, 2005, p. 521.

[82] Obrigatório, conforme dispõem os arts. 3.º, n.º 1, al. r), e 15.º, n.º 1, ambos do CRCom.

formalidades (p. ex. a realização de convocatória, cuja data de expedição tem de anteceder em 15 dias a data pretendida para a assembleia – art. 248.º, n.º 3) e o natural debate de ideias e propostas inerente à própria assembleia.

Contudo, com este regime, os sócios que reúnem a maioria necessária para alterar o contrato ficam sujeitos a um poder de veto de sócios detentores de menos de 25% do capital social, algo que não aconteceria se recorressem aos processos deliberativos já existentes para extrair a mesma decisão.

Ademais, uma vez que os prazos impostos pelo n.º 5 do art. 87.º representam uma potencial espera de 20 dias para que a gerência emita a declaração do n.º 2 do art. 88.º (e, assim, para que o aumento de capital produza os seus efeitos), este regime não consagra, afinal, uma celeridade relevante[83].

2.1.2. *A oposição ao aumento*

Uma questão prévia a colocar é se, à semelhança do que sucede numa AG, é possível considerar a oposição dos sócios *excluídos* abusiva, tendo em mente que um dos casos paradigmáticos de abuso de minoria é precisamente o caso do sócio minoritário que vota contra um aumento de capital social, quando, em face do estado financeiro da sociedade, se imporia um voto positivo[84] – ou, no presente caso, a sua não oposição.

O sócio *excluído* pode obter qualquer informação (art. 214.º)[85] no prazo que lhe é concedido para se opor e, dessa forma, reunir os dados e informações que pudessem exigir uma outra declaração de vontade por parte daquele, ainda que, como se pretere o processo deliberativo, não exista debate e prestação de informação *in loco* como numa AG.

Todavia, cremos que o derradeiro obstáculo para a aplicação do instituto do abuso de minoria não é o da falta de informação, mas sim o facto de não ser exigida, com a oposição, a indicação dos motivos subjacentes à

[83] Daí que o ganho deste procedimento ser apenas nulo e a sua vantagem meramente aparente – cfr. José Ferreira Gomes, op. cit., pp. 536 e 537. Em sentido idêntico v. Rui Pinto, *Revista de Direito das Sociedades – Ano IX, n.º 1*, «Considerações gerais sobre a reforma», Almedina, Coimbra, 2017, p. 19.

[84] Cfr. Hélder Branco, *O Abuso do Direito da Minoria Societária*, Almedina, Coimbra, 2014, pp. 25 a 27; e Armando Triunfante, *A Tutela das Minorias nas Sociedades Anónimas – Direitos de Minoria Qualificada – Abuso de Direito*, Coimbra Editora, Coimbra, 2004, pp. 412 e ss..

[85] Requisito essencial para concluir que uma decisão está inquinada de abuso – v. Hélder Branco, op. cit., pp. 50 e 51; e Armando Triunfante, op. cit. (2004), p. 415.

mesma – transparecendo que a própria lei parece atribuir ao sócio *excluído* um direito potestativo de vetar o aumento de capital.

Posto isto, refere o art. 87.º, n.º 5, que «O órgão de administração procede à comunicação por escrito (...) aos sócios que não hajam participado no aumento (...), com a advertência de que a *eficácia do aumento* depende da não oposição expressa de qualquer um daqueles (...)».

Quer isto dizer que caso os sócios excluídos do aumento se oponham, a decisão é ineficaz? Nesta hipótese, a decisão mantém-se suspensa, até que os sócios que se opuseram venham prestar o seu consentimento, ou até que o aumento de capital caduque, nos termos do art. 89.º, n.º 3?

A referência a *eficácia do aumento* é infeliz e potencia alguma confusão e até contradição com normas pré-existentes, designadamente o art. 88.º, n.º 2 – que trata, conforme referido, da eficácia interna do aumento de capital.

Poder-se-ia colocar a hipótese de a eficácia ser determinada pelo disposto no art. 87.º, n.º 5 – i.e., esgotado o prazo para a oposição dos sócios excluídos do aumento, ou por estes aceite o aumento *decidido*, o capital social considerar-se-ia aumentado nessa mesma data –, por se tratar de uma norma especialmente criada para este procedimento. Contudo, tal hipótese não procede perante o disposto no art. 88.º, n.º 2, porquanto este preceito foi também alterado pelo DL n.º 79/2017, passando a constar da sua redação que «(...) *no caso do disposto no n.º 5 do artigo anterior*, o capital considera-se aumentado (...) na data em que qualquer membro da administração declarar (...) quais as entradas já realizadas e que não é exigida pela lei, pelo contrato ou pela deliberação a realização de outras entradas.».

Ou seja, parece-nos que foi intenção do legislador manter a eficácia interna do aumento de capital dependente da declaração da gerência, pelo que julgamos, assim sendo, que a *eficácia* a que o art. 87.º, n.º 5, se refere não diz respeito à produção (interna ou externa) de efeitos do aumento do capital.

Diante deste cenário, em face de um vazio quanto à real consequência da oposição do sócio que não participou no aumento, julgamos que a única interpretação viável (e coerente com a celeridade pretendida para este procedimento) é a de que havendo oposição o aumento não se considera aprovado e o procedimento extingue-se[86].

[86] Conscientes, contudo, que tal interpretação não encontra correspondência com a letra da lei. Ponderámos, ainda, que pudesse ser a declaração do sócio *decisor* a beneficiar de efeito suspensivo, cujo efeito (o da aprovação de uma matéria sujeita a deliberação/decisão) apenas se despoletaria com a não oposição dos demais. Contudo, tal interpretação

2.1.3. *Sujeito ativo da decisão*

O n.º 4 do art. 87.º é categórico em referir que *os sócios* das SQ podem preterir o processo deliberativo e, mediante comunicação à gerência, decidir o aumento de capital[87].

Mas uma vez que é possível que outros sujeitos efetuem suprimentos, ou que os seus créditos fiquem sujeitos ao mesmo regime, surge a questão de sabermos se esses sujeitos podem servir-se deste procedimento para aumentar o capital social de uma sociedade à qual tenham entregado suprimentos.

Desde logo, o *usufrutuário* de uma quota goza de uma posição privilegiada na sociedade e da faculdade de exercício de alguns dos direitos sociais de que o sócio é titular, entre os quais o direito de voto.

Contudo, quando se trate de deliberações que importem a alteração dos estatutos da sociedade, o voto deverá ser exercido conjuntamente com o proprietário de raiz (art. 1467.º, n.º 2, do CC, *ex vi* n.º 2 do art. 23.º). Não obstante esta limitação, cremos que, por acordo entre o usufrutuário e o sócio, e por aquele ser equiparado a este, será possível o usufrutuário comunicar à gerência a intenção do aumento de capital – em conjunto com outros, ou por si, no caso da quota alvo de usufruto representar três quartos do capital social – com base nos suprimentos que detém sobre a sociedade.

Uma vez que a titularidade dos suprimentos não está dependente da titularidade de qualquer quota na sociedade, com a conversão dos suprimentos pelo usufrutuário, será este mesmo a beneficiar do aumento do capital social, devendo ser criada uma nova quota que lhe pertencerá, salvo se acordado que a mesma ficará igualmente sujeita a usufruto (art. 269.º, n.º 4).

Quanto ao *credor pignoratício*, os direitos por ele exercidos dependerão do regime acordado com o sócio cuja quota foi penhorada, mas, existindo acordo que possibilita o exercício do direito de voto que lhe caberia, sempre julgamos possível que este sujeito utilize o procedimento do n.º 4 do art. 87.º.

pareceu-nos ainda mais distante do texto do art. 87.º, n.º 5 (que se refere a *eficácia do aumento* e não da *decisão*), e, por isso, inviável.

[87] E, quanto aos sócios, devemos referir que o requisito fundamental para a utilização deste mecanismo é a titularidade do direito de voto – cfr. Armando Triunfante, *V Congresso Direito das Sociedades em Revista*, «Conversão de créditos de suprimentos em capital (DL n.º 79/2017, de 30/6 e Retificação n.º 21/2017, de 25/8)», Almedina, Coimbra, 2018, p. 302.

Resposta negativa restará para os *terceiros credores de suprimentos* e para as *sociedades em relação de domínio ou de grupo*. Recordando os exemplos enunciados *supra*, verificamos que em todas estas hipóteses o credor de suprimentos não exerce *diretamente* direitos corporativos na sociedade devedora, ora porque apenas detém um crédito sobre a sociedade – no caso de terceiros credores –, ora porque apenas exerce direitos corporativos através de uma outra sociedade – no caso das sociedades em situação de domínio ou de grupo.

Assim, por não deterem (diretamente) direito de voto, cremos que as sociedades-mãe e os terceiros credores não poderão decidir por si só e diretamente um aumento de capital social nos termos do art. 87.º, n.º 4.

2.2. A simplificação da verificação das entradas (art. 89, n.os 4 e 5)

2.2.1 *Admissibilidade nos diversos tipos societários*

O DL n.º 79/2017, a par das alterações acima abordadas, consagrou no CSC um regime simplificado para verificação das entradas com suprimentos, no âmbito de um aumento de capital social.

O n.º 4 do art. 89.º institui então que, para efeitos de verificação de entradas no caso de conversão de suprimentos, é dispensada a avaliação por ROC independente nos termos do art. 28.º, bastando, para o efeito, declaração do contabilista certificado da sociedade, ou do seu ROC – se a mesma estiver obrigada à revisão das suas contas, nos termos do art. 262.º[88] –, que ateste a existência da quantia que se pretende converter, bem como a sua proveniência e data.

Pela sua igual terminologia – *conversão de suprimentos* –, podemos facilmente concluir que os n.os 4 e 5 do art. 89.º aplicar-se-ão ao procedimento dos n.os 4 e 5 do art. 87.º, mas também serão aplicáveis aos aumentos de capital decididos em AG regularmente convocada ou em assembleia universal[89].

Nesta sede, porque a letra dos referidos números do art. 89.º não restringe esta norma às SQ, como sucede no art. 87.º, poderíamos considerar que a conversão de suprimentos dispensaria, para todos os tipos societários, o relatório de ROC elaborado nos termos do art. 28.º. Tal conclusão estaria, contudo, errada.

88 Ou nos termos do art. 10.º da LSGPS, no caso das SGPS.

89 Cfr. Paulo de Tarso Domingues, op. cit. (2017), p. 157.

No caso das SA, o art. 49.º[90] da Diretiva 2017/1132/UE impõe que «as entradas que não consistam em dinheiro devem ser objeto de um relatório elaborado (...) por um ou mais peritos independentes da sociedade» (n.º 1), o qual deve «descrever cada uma das entradas, referir os critérios de avaliação e indicar se os valores obtidos (...) correspondem (...) ao número e ao valor nominal (...) a emitir em contrapartida» (n.º 2). Concluímos, assim, não ser o n.º 4 do art. 89.º aplicável a aumentos de capital com suprimentos nas SA[91]. Quanto às SENC a aplicabilidade deste preceito levanta algumas dúvidas, mas dado já existir regime idêntico para estas (art. 179.º), não parece ser este preceito de aplicar, de igual modo, às entradas com suprimentos nas SENC[92].

2.2.2 *A natureza das entradas e os suprimentos convertíveis*

Com a introdução deste preceito passou a ser possível, nas SQ, entrar com créditos sobre a sociedade, ainda que apenas com um em específico, sem que os mesmos passem pelo escrutínio a que obriga o art. 28.º. É que, os suprimentos, como qualquer outro crédito, quando dados como entrada num aumento de capital, consubstanciam uma entrada em espécie, pelo que, inexistindo o n.º 4 do art. 89.º, sempre teriam de ser avaliados nos termos do art. 28.º.

Esta alteração permite indagar se o legislador não terá passado a considerar os suprimentos como uma entrada diversa das entradas em espécie – e, em caso afirmativo, se uma entrada em dinheiro, ou algo a «meio termo». Questão relevante pois já a Ordem dos ROC detinha entendimento semelhante, segundo a qual as entradas com créditos pecuniários sobre a própria sociedade são entradas em dinheiro e não entradas em espécie (e, por isso, livres da aplicação do art. 28.º) – cfr. a Directriz de Revisão/Auditoria 841, de dezembro de 2001[93].

[90] E bem assim o art. 70.º da mesma Diretiva, aplicável aos aumentos de capital social.

[91] Cfr. Paulo de Tarso Domingues, op. cit., (2017), pp. 157 e 158; e José Ferreira Gomes, op. cit., pp. 545 e 546.

[92] Paulo de Tarso Domingues, op. cit., (2017), pp. 158 e 159.

[93] V., em particular, o ponto 20 da página 5 da referida auditoria. A propósito do tema v. Francisco Neves Marques de Carvalho, *Temas de Direito das Sociedades – Colectâneas de Dissertações em Direito das Empresas – ISCTE-IUL*, «O aumento de capital social por entradas em espécie, em particular com créditos sobre a sociedade», Coimbra Editora, Coimbra, 2011, pp. 321 e ss.. De realçar que este tema já foi discutido junto das Conservatórias do Registo Comercial – v. Pareceres n.os 64/93 R.P.4; 52/2005 DSJ-CT, que consagram entendimento oposto ao dos ROC. e o Parecer R. Co. 106/2002 DSJ – CT, que aplica o

Contudo, i) por não terem sido esclarecidas em sentido diverso estas dúvidas; ii) por estarem sujeitas a uma *certificação* – ao contrário das entradas em dinheiro, que estão dispensadas de qualquer formalismo; e iii) porque não se enquadram no conceito de entradas em dinheiro; não nos resta senão considerar que a conversão de suprimentos qualifica-se, ainda assim, enquanto entrada em espécie[94].

Não obstante o entendimento diverso perfilhado pela Ordem dos ROC, é de valorar, de uma outra perspetiva, quando aquela refere que a «conversão de créditos sobre a sociedade deve ser apreciada não no âmbito dos créditos em causa, mas no âmbito dos activos que entraram na sociedade e que deram origem a esses créditos»[95]. Isto porque, em nossa opinião, este modo de certificação das entradas apenas deve ser aplicado caso os suprimentos a converter tenham por objeto *dinheiro*.

É que, tratando-se de suprimentos cujo objeto seja outra coisa fungível (v.g. uma determinada quantidade de matérias-primas), a quantia que os mesmos representam no balanço não foi alvo de qualquer verificação e poderá não ser rigorosa, ou sequer ter correspondência com o seu valor real[96] aquando da sua entrega à sociedade – perigo que no caso de suprimentos pecuniários não existe. Tal possibilidade poderia conduzir à contabilização, no capital social, de um valor irreal. Não nos parece que o legislador queira admitir tal hipótese, dada a sua preocupação no Título I do CSC em assegurar a efetiva realização do capital social[97].

Julgamos, portanto, que este mecanismo – criado para incentivar a capitalização e não o oposto – foi pensado para os casos em que os ativos que se encontram na posse da sociedade não careceram de qualquer tipo de avaliação aquando da sua entrega à sociedade, i.e., dinheiro; não sendo aplicável aos suprimentos que tenham como objeto coisas fungíveis diversas de dinheiro, aos quais deverá continuar a ser aplicável o regime de avaliação por ROC independente (art. 28.º) – impondo-se uma interpretação restritiva do art. 89.º, n.º 4.

entendimento da Diretriz de Revisão/Auditoria 841 (ainda que referente às prestações suplementares).

94 A este propósito v. Rui Pinto Duarte, op. cit. (2017), pp. 326 e 327; e Armando Triunfante, op. cit. (2018), p. 308.

95 *Directriz de Revisão/Auditoria* 841, p. 4 (17).

96 O valor de mercado de matérias-primas ou outros meios de produção pode variar consideravelmente, desde logo pela própria avaliação que os contraentes deles fazem, e, por inerência, o valor do crédito correspondente poderá ser perigosamente inflacionado.

97 V. arts. 25.º, 28.º, 29.º e 93.º.

2.2.3. *A responsabilidade pela diferença/por erro de revisor*

Na sequência do ponto anterior, chegamos, agora, a uma questão crucial e não resolvida pelo DL n.º 79/2017.

Sendo certo que este regime parece permitir agilizar o acesso das empresas a financiamento, promover a sua capitalização e, simultaneamente, reduzir custos com a contratação de um ROC independente, também acarreta *aparentemente* um relevante perigo. É que, apesar do art. 28.º não ser aplicável às entradas com suprimentos, sobrepondo-se a aplicação do n.º 4 do art. 89.º, as demais disposições do regime da entrada, aplicáveis aquando da constituição da sociedade, continuarão a ser aplicáveis por força do n.º 1 deste último preceito.

Em particular, será sempre aplicável o n.º 1 do art. 25.º, que consagra a proibição da emissão abaixo do par. Mas será igualmente aplicável o disposto no n.º 3 do mesmo preceito?

Ora, em conformidade com o que foi referido *supra*, o valor real de um crédito por suprimentos pode não ser igual ao seu valor nominal, podendo haver uma divergência com base em fatores como a solvabilidade da sociedade ou o prazo de pagamento.

Daí que, dando-se o caso de o valor real dos suprimentos ser inferior ao valor nominal da sua entrada no aumento, será o sócio obrigado a ressarcir a sociedade pela diferença nos termos do n.º 3 do art. 25.º? Em caso afirmativo, o contabilista certificado ou o ROC podem ser responsabilizados perante a sociedade ou perante os sócios?[98]

Teoricamente, se não existe avaliação, não fará sentido existir erro de avaliação feita pelo revisor e, ademais, cumprindo com as menções do n.º 4 do art. 89.º, nenhum ROC terá incumprido com qualquer dever, porque a obrigação da efetiva e correta avaliação da entrada não lhes é exigível.

Todavia, arguindo o princípio da exata formação do capital social (subjacente ao n.º 1 do art. 25.º, bem como ao art. 47.º da Diretiva 2017/1132/

[98] O ROC é designado por deliberação dos sócios e as suas funções são executadas ao abrigo de um contrato (a deliberação) entre a sociedade e o ROC. Desta relação contratual pode resultar a obrigação de indemnizar a sociedade ou o sócio, havendo erro na avaliação de um bem. Como hipóteses de erro do ROC destacam-se os casos de: i) cumprimento defeituoso – o revisor avalia um bem sem se aperceber que o mesmo não apresenta as qualidades adequadas para o fim a que se destina, não refletindo no valor do bem os defeitos existentes; ii) impossibilidade originária – se, à data da avaliação, o bem já não existia, mas o ROC não se apercebe; iii) entradas de bens sem valor patrimonial – quando é entregue um bem cujo passivo é igual ou superior ao seu valor – v. Armando Triunfante, op. cit. (2014), pp. 268 e 269.

EU), há quem considere[99] que deverá ser aplicado analogicamente o n.º 3 do art. 25.º e, deste modo, consagram a *responsabilidade pela diferença* (dos sócios)[100] quando o valor real dos suprimentos, tal qual versados na declaração exigida pelo art. 89.º, n.º 4, for inferior ao valor da sua entrada[101].

Cremos, contudo, que o problema levantado deriva de uma falsa questão, porquanto, em nossa opinião, o cenário que o art. 25.º, n.º 3 visa evitar não justifica a sua aplicabilidade ao caso em concreto. Desde logo, o principal objetivo da operação de conversão é «o efeito contabilístico de passar uma determinada quantia do passivo social para a conta de capital. Esse efeito é automático, não existindo dúvidas sobre a sua verificação»[102].

Compreendemos que o valor nominal de um crédito sobre terceiro possa facilmente não corresponder ao seu valor real – caso em que o referido preceito seria aplicável em pleno. Todavia, neste caso, o devedor é a própria sociedade, pelo que a quantia pecuniária de que o sócio é credor já foi entregue àquela e, por isso, inexiste o risco (ou até a possibilidade) de a participação atribuída ao sócio ser superior ao valor da sua entrada[103].

Destarte, julgamos que será de afastar a aplicação da responsabilidade pela diferença/por erro do revisor ou contabilista certificado (art. 25.º, n.º 3) à conversão de suprimentos em capital social efetuada nos termos do art. 89.º, n.º 4.

2.3. Direito de preferência na conversão de suprimentos

Finalmente, atento o modo como são *verificados* os suprimentos convertidos, cumpre analisar se, na pendência de uma votação, em assembleia, sobre uma proposta de aumento de capital social por conversão de suprimentos, ou uma vez recebida a comunicação a que alude o art. 87.º,

[99] Consulte-se José Ferreira Gomes, op. cit., pp. 541 a 543; e Paulo de Tarso Domingues, op. cit. (2017), pp. 162 e 163.

[100] A qual seria sempre solidária – art. 197.º, n.º 1. Cfr. José Ferreira Gomes, op. cit., p. 544.

[101] De acordo com esta tese, dando-se o caso do art. 25.º, n.º 3, a gerência deverá exigir do(s) sócio(s) o remanescente do valor da entrada, sob pena de responder perante a sociedade (n.º 1 do art. 72.º) ou perante os credores (n.º 1 do art. 78.º), sem prejuízo da sua responsabilidade criminal por tal ato (art. 509.º).

[102] Cfr. Armando Triunfante, op. cit. (2018), p. 309.

[103] Concordamos, por isso, com Armando Triunfante, quando refere que «a conversão operou o seu efeito patrimonial que consiste no desaparecimento do valor do suprimento do passivo social. Quer a contribuição inicial, quer o desaparecimento por alturas da conversão, assentam no valor nominal do crédito.» - cfr. Armando Triunfante, op. cit. (2018), pp. 309 e 310.

n.º 5, assiste ao sócio excluído do aumento um direito de preferência que o permita, de igual modo, converter os seus suprimentos em capital social[104] (ou, até, realizar entradas equivalentes em dinheiro).

Julgamos que a resposta a esta questão deverá ser negativa[105], desde logo por tal possibilidade não ser sequer equacionada pela letra ou pela *ratio* da norma.

Uma vez que a conversão de suprimentos não se consubstancia como uma entrada em dinheiro, não existe qualquer direito de preferência que permita aos restantes sócios participar no aumento de capital, como sucede no caso das entradas em dinheiro (art. 266.º, n.º 1)[106].

Assim, o sócio minoritário que pretenda converter os seus suprimentos em capital social deverá procurar – tal como os maioritários o fizeram primeiramente –, junto dos detentores do capital necessário para o efeito, a subscrição da comunicação que pretenda remeter à gerência (art. 87.º, n.º 4); tal como numa AG sempre terá de colher os votos dos restantes sócios para, tendo em consideração o capital que detém, ver aprovado um aumento de capital por si proposto.

Consideramos que este entendimento é aquele que melhor se coaduna com as normas referidas. Não só porque, deste modo, não é atribuído ao sócio minoritário um direito que a lei não confere, mas principalmente porque, caso contrário, no caso do procedimento do art. 87.º, n.º 4, estaríamos a impedir os sócios *decisores* de se oporem a tal conversão, conforme é permitido aos sócios excluídos da decisão primitiva.

Reconhecemos, é certo, que, inexistindo este direito, os sócios controladores, para contornarem o direito de preferência no caso de aumentos de capital através de entradas em dinheiro, poderão sentir-se tentados a entregar suprimentos à sociedade, visando exclusivamente a sua ulterior (e temporalmente próxima) conversão, em detrimento dos sócios *excluídos* da decisão/proposta de aumento de capital social. Talvez este pudesse ser um motivo para justificar um eventual direito de preferência.

Todavia, do mesmo modo que o direito de preferência – no caso de entradas em dinheiro – pode ser *abusivamente* suprimido (art. 460.º), restando apenas aos acionistas afetados a impugnação da respetiva deliberação (com fundamento no art. 58.º, n.º 1, al. b[107]), também no pre-

[104] Questão respondida afirmativamente por Paulo de Tarso Domingues, op. cit. (2017), p. 161, com base no princípio da igualdade de tratamento dos sócios.

[105] Para igual entendimento consulte-se Maria de Fátima Ribeiro, op. cit. (2019), pp.72 e ss.; e Armando Triunfante, op. cit. (2018), p. 301.

[106] Cfr. Armando Triunfante, op. cit. (2018), p. 301.

[107] Com especial fundamento na falta de interesse social da sociedade (art. 460, n.º 2).

sente caso apenas restará aos sócios excluídos da decisão[108]/deliberação a impugnação do aumento de capital social (por via do mesmo preceito[109]).

IV – NOTAS FINAIS

Aqui chegados, cumpre dizer que consideramos louvável a tentativa do legislador em fornecer aos sócios maioritários – aqueles que, por regra, estão mais interessados no sucesso da sociedade e correm, em maior proporção, o risco do mesmo – um procedimento de capitalização simples, direto e focado na redução do passivo da sociedade.

Lamenta-se, contudo, que, para o efeito, o legislador tenha criado um procedimento que não surtirá os efeitos pretendidos, por sujeitar ilogicamente os sócios maioritários à vontade dos minoritários.

É certo que muitas das sociedades portuguesas são de cariz familiar, nas quais o seu norte é informalmente determinado e posteriormente versado numa ata; daí que, nestes casos, o procedimento de aumento de capital do art. 87.º, n.os 4 e 5, pudesse, em abstrato, ser um meio proveitoso e acessível para o financiamento da sociedade – pois a oposição de qualquer sócio é algo improvável. Contudo, até nestes casos nos parece condenada ao insucesso, dada a possibilidade de recurso à figura das assembleias universais.

Para os demais casos, em que a vontade societária não é unânime ou unitariamente determinada, cremos que este procedimento está, também, destinado ao fracasso – não necessariamente pelo (possível) abuso dos sócios maioritários sobre os minoritários e/ou aumento de litígios entre estes[110] (potenciais consequências do uso deste mecanismo), mas pela sua não utilização[111], pois os sócios maioritários certamente evitarão o recurso a este procedimento pelo facto de o mesmo conferir, aos sócios

[108] Os quais sempre tiveram a oportunidade de se opor previamente ao referido aumento – algo que, em rigor, obsta, em nossa opinião, ao sucesso de tal pretensão.

[109] Aplicado por analogia no caso do art. 87.º, n.º 4.

[110] Como referido em José Ferreira Gomes, op. cit., p. 537; Rui Pinto, op. cit., p. 19; e Paulo Olavo Cunha, *IV Congresso de Direito da Insolvência*, «Reestruturação das sociedades e direitos dos sócios», Almedina, Coimbra, 2017, p. 357.

[111] Na esteira de Paulo Olavo Cunha, «não temos conhecimento de que as novas (sub) modalidades de aumento do capital disponibilizadas, desde 2017, tenham obtido o êxito que se esperaria, impondo-se, por isso, repensar os regimes criados se, entretanto, tais mecanismos não colherem adesão significativa como seria desejável (...)» – cfr. Paulo Olavo Cunha, op. cit. (2019b), p. 254.

minoritários, um direito de veto que no seio de uma assembleia geral não existe[112].

Parece-nos também que o legislador pretendeu reforçar a importância que para si o (aumento do) capital social assume, quer como meio de financiamento da sociedade, quer enquanto uma forma de facilitar o acesso desta a outros meios financeiros, dado o nexo de causalidade existente entre a necessária robustez financeira da sociedade e a concessão de capital pelos sócios ou terceiros – pois quanto mais sólida e economicamente viável for a sociedade, maior será a predisposição dos sócios, das instituições financeiras ou de outros terceiros para a financiarem. Todos estes sujeitos terão uma perceção, artificial ou não, de que com um capital social superior o risco é diminuído, e, confiantes no sucesso da sociedade e no retorno do capital que lhe forneçam – mediante a distribuição de lucros, no caso dos sócios, ou o natural reembolso dos meios com os quais a dotaram, independentemente da figura de que se sirvam –, não estarão apreensivos no momento em que tenham de decidir pelo seu financiamento.

Além do mais, não é de ignorar a perspetiva da realidade da vida empresarial que possui o legislador, consciente do peso que os suprimentos assumem de entre os vários meios disponíveis para o financiamento da sociedade pelos sócios (e outros sujeitos).

Somando todos estes fatores, compreendemos o motivo pelo qual o legislador consagrou um modo alternativo para a verificação das entradas com suprimentos, pois a sua expressa estatuição pode servir de incentivo à utilização mais frequente de aumentos de capital por conversão de suprimentos.

Efetivamente, se uma operação de aumento de capital por conversão de suprimentos dispensar as usuais formalidades para a sua avaliação, então cremos que, na hora de capitalizar a sociedade, natural será que a gerência ou o contabilista da sociedade possam propender para sugerir a conversão de suprimentos, ao invés de recomendar uma outra forma de financiamento[113].

Esta, a entrada com suprimentos, ainda que anteriormente possível mediante a avaliação a que se refere o art. 28.º, a par da nova forma de verificação, não deixa de ser uma forma de tentar impulsionar um maior recurso ao capital próprio, através de entradas de capital, com a natural consequência de aumentar o limiar mínimo de que a sociedade terá que dispor para que os sócios possam distribuir dividendos.

112 V., para idêntica opinião, Paulo de Tarso Domingues, op. cit. (2017), p. 161.

113 V., para um caso similar, Pais de Vasconcelos, op. cit., p. 281.

Todavia, ainda que da conversão resulte um aumento dos seus capitais próprios e, claro está, uma diminuição do seu passivo (um dos objetivos do Programa Capitalizar), o aumento mediante a conversão de suprimentos (ou de outros créditos) não representa para a sociedade a entrada de novos fundos, mantendo-se os seus ativo e capacidade económica inalterados[114] – o que poderá não ser suficiente para sociedades que se encontrem numa situação económica difícil ou de insolvência iminente, em particular num contexto de crise económico-financeira generalizada.

Por outro lado, não será de desconsiderar a importância que este modo de certificação, simples e sem custos para a sociedade, poderá assumir numa situação de insolvência ou numa tentativa de recuperação/reestruturação financeira da mesma.

De facto, para a recuperação das empresas, que, as mais das vezes, passa ou é desbloqueada pela reestruturação das finanças das sociedades, o aproveitamento deste modo de certificação em sede de RERE[115], PER ou, até, plano de recuperação (198.º, n.º 2, al. b) do CIRE)[116], pelos sócios ou outros credores de suprimentos, poderá apresentar-se como um mecanismo relevante[117] – enquanto alavancagem negocial e sinal de compromisso com o projeto societário, ainda que não consiga resolver o

[114] Cfr. Paulo Olavo Cunha, op. cit. (2019b), pp. 239 e 240.

[115] De realçar o teor do art. 2.º, n.º 2, da Lei n.º 8/2018, de 2 de março: «Entende-se por acordo de reestruturação (...) *o acordo com vista à alteração* da composição, das condições ou *da estrutura do ativo ou do passivo de um devedor, ou de qualquer outra parte da estrutura de capital do devedor, incluindo o capital social*, ou uma combinação destes elementos, incluindo a venda de ativos ou de partes de atividade, *com o objetivo de permitir que a empresa sobreviva na totalidade ou em parte*».

[116] V., a título de exemplo, em Madalena Perestrelo de Oliveira, *Revista de Direito das Sociedades, Ano IX, n.º 2*, «Suprimentos para revitalização societária: entre a subordinação e o privilégio mobiliário creditório geral», Almedina, Coimbra, 2017, pp. 377 a 379, e 382 a 392; e Catarina Serra, op. cit., pp. 530 (813), 460 a 464 e 466 e ss.., ainda que em contextos ligeiramente diferentes, a ponderação da aplicabilidade do art. 17.º-H do CIRE, em sede de PER ou plano de recuperação, aos incentivos dados pelos sócios (e outros credores) – de cuja (discutível) aplicação pode resultar um incentivo ao recurso ao aumento de capital social por conversão de suprimentos (e, claro está, ao respetivo regime simplificado do art. 89.º, n.º 4).

[117] Ainda que, como refere Catarina Serra, «apesar de legalmente previstas no Código da Insolvência e da Recuperação de Empresas, a inclusão de certas medidas (alterações ao capital social (...) sem ou contra a vontade dos sócios) no plano de recuperação no âmbito de processo de insolvência ou de PER [possa ser] de duvidosa admissibilidade» – v. Catarina Serra, op. cit., p. 534 (821). Em sentido contrário ao referido no corpo do texto cfr. Rui Pinto Duarte, op. cit. (2017), pp. 320 e 321.

problema financeiro de que deriva, as mais das vezes, a crise de uma sociedade: carência de novos ativos[118].

Vislumbrando os efeitos úteis da alteração introduzida, cremos ser de questionar quais as motivações do legislador por ainda perseguir a capitalização das sociedades através do capital social. De facto, sendo ainda um meio privilegiado para o financiamento da sociedade, é notório que, paulatinamente, os credores sociais, em particular os *credores fortes*, têm vindo a pôr à margem o valor do capital social como índice da solidez financeira da sociedade e como bastante garantia da cobertura dos seus créditos. Estes credores servem-se, para o efeito, de outros pormenores inscritos nas suas demonstrações financeiras[119], da imposição de garantias adicionais ou «do ajustamento contratual do nível de risco (cobrando um juro mais elevado pelo dinheiro mutuado ou um preço mais alto pelas mercadorias vendidas)»[120].

Possibilitando o DL n.º 79/2017, é certo, uma via para a redução do passivo das sociedades, parece-nos que a forma pela qual se pretende alcançar a capitalização das empresas, pela via societária, é merecedora de uma reanálise.

[118] Considerando, aliás, que, além de não ser provável que os credores de suprimentos, pelo menos por tais créditos – por força do art. 245.º, n.º 2 –, promovam a insolvência ou recuperação judicial da sociedade em situação económica difícil ou de insolvência iminente, os suprimentos já terão sido utilizados, com elevada probabilidade, em momento prévio ao da sua conversão – mantendo-se inalterada a capacidade da sociedade em cumprir com as suas obrigações financeiras perante terceiros (credores não subordinados).

[119] Nomeadamente, «o nível de "cash flow", de endividamento e a taxa EBIDTA» – cfr. Engrácia Antunes, op. cit. (2020), p. 376.

[120] *Ibidem*.

Resumo: A CRP (art. 86.º, 2) traz a possibilidade de intervenção transitória do Estado na gestão de empresas privadas. Esse ensaio investiga a quem a CRP se refere enquanto sujeito-interventor e afere as repercussões desta resposta em institutos de âmbito administrativo e, especialmente, judicial. Ao final, verifica que providências cautelares inespecíficas podem ser manejadas pelo Estado-juiz para intervir em conflitos societários não tuteláveis pela via do inquérito judicial.
Palavras-Chave: intervenção; gerência; empresas; inquérito judicial; providências cautelares.

Abstract: The Portuguese Constitution (art. 86, 2) brings the possibility of temporary State intervention in the management of private companies. This essay investigates who the Constitution refers to as a subject-intervener and measures the repercussions of this response in institutes of an administrative and, especially, judicial scope. At the end, it verifies that precautionary measures can be used by the judge-State to intervene in corporate conflicts not protected by the "judicial inquiry" institute.
Keywords: intervention; management; companies; judicial inquiry; precautionary measures.

MARCELO LAUAR LEITE* **

Intervenção estatal na gerência empresária

1. Contextualização

> *Artigo 86.º*
> *(Empresas privadas)*
>
> *(...)*
>
> *2. O Estado só pode intervir na gestão de empresas privadas a título transitório, nos casos expressamente previstos na lei e, em regra, mediante prévia decisão judicial.*
>
> *(...).*

O art. 86.º, 2, da Constituição da República Portuguesa (CRP) veicula a possibilidade de intervenção transitória do Estado na gestão de empresas privadas, condicionando seu exercício à expressa previsão legal e, em regra, à prévia decisão judicial. Se, por um lado, essa estruturação normativa representa *um flagrante testemunho do caráter não absoluto dos poderes empresariais e da inserção do privado num sistema socioeconômico com estratégia*

* Doutor em Ciências Jurídico-Empresariais pela FDUC. Professor Adjunto do Curso de Direito da UFERSA. Advogado.

** Texto submetido a revisão por pares (*peer review*).

DSR, ano 12, vol. 24 (2020): 179-209

própria[2], por outro, a ausência de lei expressa *impediria qualquer intervenção transitória na gestão societária pelo Estado*[3].

A CRP coloca o *"Estado"* como sujeito da ação interventiva regulada pelo seu art. 86.º, 2. Em uma primeira análise, poder-se-ia enxergar no citado dispositivo constitucional a consideração do Estado de maneira ampla (*lato sensu*), tal qual se referem Canotilho e Vital Moreira[4]. Por essa leitura, reputar-se-ia o Estado enquanto poder uno que se manifesta com recurso à noção de pessoa coletiva[5], seja em âmbito internacional – pessoa jurídica de direito público externo; ou nacional – pessoa jurídica de direito público interno. Isso é possível graças à sua *soberania*, seja o ente unitário ou federal; isto é, graças à existência de um poder político supremo na ordem interna e independente na ordem externa[6].

2 Coutinho de Abreu, Jorge Manuel. *Limites constitucionais à iniciativa económica privada*. In: Boletim da Faculdade de Direito da Universidade de Coimbra: estudos em homenagem ao Professor Doutor A. Ferrer Correia, Coimbra, v. especial, t. 2, p. 411-425, 1989, p. 418.

3 Nesse sentido, corroboram Canotilho e Vital Moreira (Canotilho, José Joaquim Gomes; Moreira, Vital. *Constituição da República Portuguesa anotada*. v. 1. 4. ed. Coimbra: Coimbra Editora, 2007, p. 1.017). Em mera reprodução do teor constitucional, *cf.* Miranda, Jorge. *Manual de direito constitucional*. v. 4. 3. ed. Coimbra: Coimbra Editora, 2000, p. 519.

4 Canotilho e Moreira, *op. cit.*, p. 1.013 [(...) *a CRP define no presente artigo o estatuto da empresa privada enquanto instituto da organização económica. Na verdade, trata-se, por um lado, de impor ao Estado (lato sensu) uma obrigação de estímulo à actividade empresarial privada e, por outro lado, de lhe impor deveres de fiscalização ou de lhe abrir possibilidades de ingerência, o que redunda na justificação de limites da iniciativa privada, quer submetendo as empresas privadas a uma fiscalização estadual* (...), *quer admitindo restrições ao próprio direito de gestão das empresas* (...)].

5 Miranda, Jorge. *Teoria do Estado e da Constituição*. Rio de Janeiro: Forense, 2002, p. 225; Kelsen, Hans. *Teoria geral do Direito e do Estado*. Tradução de Luís Carlos Borges. São Paulo: Martins Fontes, 2000, p. 264-265.

6 Caetano, Marcello. *Manual de ciência política e direito constitucional*. 6. ed. t. 1. Atualizada por Miguel Galvão Teles. Coimbra: Almedina, 2015, p. 132; Fontes, José. *Teoria geral do Estado e do Direito*. 3. ed. Coimbra: Coimbra Editora, 2010, p. 21-22; Maluf, Sahid. *Teoria geral do Estado*. 26. ed. São Paulo: Saraiva, 2007, p. 29-30; Streck, Lenio Luiz; Morais, José Luis Bolzan. *Ciência política e teoria geral do Estado*. 3. ed. Porto Alegre: Livraria do Advogado, 2003, p. 156-157. "A soberania é uma qualidade própria do poder estatal: supremo, ilimitado, absoluto, indivisível, perpétuo, imprescritível e que não deriva de nenhum outro" (Miranda, *Teoria do Estado e da Constituição, op. cit.*, p. 225; Kelsen, *op. cit.*, p. 545-546; Ruffia, Paolo Biscaretti di. *Diritto constituzionale*. 15. ed. Napoli, Jovene Editore, 1989, p. 62-63; Badeni, Gregorio. *Tratado de derecho constitucional*. v. 1. Buenos Aires: La Ley, 2004, p. 250-251; Crisafulli, Vezio; Paladin, Livio. *Commentario breve ala constituzione*. Padova: CEDAM, 1990, p. 6-7). (...).
Em sua concepção moderna, tem-se por soberana a nação que pode eleger um parlamento, o qual pode votar leis, criar uma Constituição, ter representantes do povo titulares de mandato, etc. (Bagnoli, Vicente. *Direito e poder econômico: os limites jurídicos do imperialismo frente aos limites econômicos da soberania*. Rio de Janeiro: Elsevier, 2009, p. 211). Com efeito,

Longe de excentricidades, essa leitura é fruto da construção histórica do conceito de Estado Moderno. Juridicamente, tal concepção o identifica como um *povo* que exerce *poder político* em nome próprio sobre determinado *território*[7]. A CRP é pródiga no tratamento do Estado enquanto ente soberano. É esse o sentido denotado, por exemplo, nos seus artigos 2.º, 3.º, 5.º, 6.º, 7.º, 8.º, 9.º, 10.º, 14.º, 15.º, 27.º, 33.º, 38.º, 41.º, 52.º, 69.º, 102.º, 105.º, 120.º, 156.º, 161.º, 167.º, 225.º, 235.º, 272.º, 275.º e 288.º. Em todos eles, há comandos normativos referentes a um poder unitário, ou direcionados, coletivamente, a todos os órgãos que fazem parte da estrutura de poder político da República portuguesa.

A propósito, veja-se a redação do art. 3.º, 2, da CRP: "o Estado subordina-se à Constituição e funda-se na legalidade democrática". Sua abrangência atine a toda a organização política institucionalizada da sociedade, subordinando-a à Lei Maior e ao princípio da juridicidade[8]. Igualmente, quando o art. 9.º estabelece as tarefas fundamentais do Estado, dirige-se

não se pode exercer autoridade pública em uma nação que não os seus representantes legalmente eleitos (Canotilho, José Joaquim Gomes. *Direito constitucional e teoria da constituição*. 7. ed. Coimbra: Almedina, 2003, p. 112), ou, em outras palavras, não seria Estado uma entidade que deixasse outra dizer quando, onde e como se aplica a legislação, sob pena de perda do caráter soberano (Pontes de Miranda, Francisco Cavalcanti. *Comentários à Constituição de 1946*. t. 1. 3. ed. Rio de Janeiro: Borsoi, 1960, p. 49). O Estado é, destarte, supremo em sua ordem interna e independente em sua ordem externa (Dallari, Dalmo de Abreu. *Elementos de teoria geral do Estado*. 29. ed. São Paulo: Saraiva, 2010, p. 83-84; Badeni, *op. cit.*, p. 250). Na prática, somente há efetivação da soberania quando, interna e externamente, a nação alcança patamares de desenvolvimento econômico e social que lhe garantam a plena independência nas suas decisões políticas, sem a necessidade de auxílios internacionais (Figueiredo, Leonardo Vizeu. *Lições de direito econômico*. 3. ed. Rio de Janeiro: Forense, 2010, p. 65; Tavares, André Ramos. *Direito constitucional econômico*. 3. ed. São Paulo: Método, 2011, p. 139)".

[7] Caetano, *op. cit.*, p. 140-141. Com pouquíssimas variações, esse é linha conceitual ou constitutiva largamente adotada na ciência política – Miranda, *Teoria do Estado e da Constituição, op. cit.*, p. 255-259; Fontes, *op. cit.*, p. 21-22; Jellinek, Georg. *Teoría general del Estado*. Tradução de Fernando de Los Ríos. Ciudad de México: Fondo de Cultura Económica, 2000, p. 196; Zippelius, Reinhold. *Teoria geral do Estado*. 2. ed. Tradução de Luís Cabral de Moncada. Lisboa: Calouste Gulbenkian, 1984, p. 37-71; Heller, Hermann. *Teoria do Estado*. Tradução de Lycurgo Gomes da Motta. São Paulo: Mestre Jou, 1968, p. 273-283; Bonavides, Paulo. *Ciência política*. 18. ed. São Paulo: Malheiros, 2011, p. 70-71; Reale, Miguel. *Teoria do Direito e do Estado*. 5. ed. São Paulo: Saraiva, 2000, p. 44; Streck e Morais, *op. cit.*, p. 151-157; Ranieri, Nina. *Teoria do Estado: do Estado de Direito ao Estado democrático de Direito*. São Paulo: Manole, 2013, p. 108-121; Maluf, *op. cit.*, p. 23; Pérez, Francisco Porrúa. *Teoría del Estado: teoría política*. 40. ed. Ciudad de México: Porrúa, 2009, p. 197-198; Hidalga, Luis de la. *Teoría general del Estado*. Ciudad de México: Porrúa, 2008, p. 153-154; Camacho, Miguel Galindo. *Teoría del Estado*. 7. ed. Ciudad de México: Porrúa, 2008, p. 269.

[8] Canotilho e Moreira, *op. cit.*, p. 204; 216-217.

a todas as suas esferas funcionais. Seria no mínimo estranho se o parlamento ou os tribunais se sentissem autorizados a formular atos normativos ou proferir decisões que contrariassem a isonomia entre gêneros – alínea "h" – ou, ainda, que violassem as liberdades individuais – alínea "b". Essas missões correspondem, então, aos *direitos e interesses a salvaguardar ou a promover*[9] remetidos à toda estrutura estatal.

A despeito desse uso geral, não se pode ignorar que o universo de significados cabíveis no termo "Estado" pode levar a se ter, no art. 86.º, 2, da CRP, uma abrangência mais restrita que a doutrinariamente dominante. Esse ensaio se presta, pois, a investigar tal conteúdo normativo, questionando a quem a CRP se refere enquanto *sujeito interventor* e aferindo as repercussões jurídicas da solução dada.

2. Sujeito Interventor

No exercício da soberania, o Estado divide-se em funções[10] que podem – no que lhes é comum, desde Locke e Montesquieu – ser classificadas como administrativas, legislativas ou jurisdicionais[11]. Tais funções são exercidas por órgãos como o Governo, a Assembleia da República e os Tribunais, sob o sistema de *checks and balances*. Nesse contexto, é de se indagar se o Constituinte, no art. 86.º, 2, da CRP, teria recaído em sinédoque ao mencionar "Estado" *como forma de descrever a Administração Pública* em seu con-

[9] Miranda, Jorge. *Art. 9.º*. In: Miranda, Jorge; Medeiros, Rui (org.). *Constituição portuguesa anotada*. t. 1. 2. ed. Coimbra: Coimbra Editora, 2010, p. 187.

[10] Aqui consideradas como manifestação específica do poder político por meio de atos e atividades específicos, duradouros e globalizados (Miranda, *Teoria do Estado e da Constituição, op. cit.*, p. 336-339).

[11] Maluf, *op. cit.*, p. 219; Reale, *op. cit.*, p. 352-353; PÉRES, *op. cit.*, p. 391-392; Camacho, *op. cit.*, p. 299-300. Embora falando em *poderes*, e não *funções*, adotam-na também Paulo Bonavides (*op. cit.*, p. 149), Luis Hidalga (*op. cit.*, p. 259-267), Arturo Lastra (Lastra, Arturo Pellet. *Teoría del Estado*. Buenos Aires: Abeledo-Perrot, 1998, p. 107) e Reinhold Zippelius (*op. cit.*, p. 149-150), acrescentando este autor a função *governativa* como atividade suprema de direção do Estado. Compreendendo as funções administrativa e jurisdicional, Jorge Miranda as adiciona à função *política*, que englobaria as subfunções legislativa e governativa (*Teoria do Estado e da Constituição, op. cit.*, p. 344-345), critério também aderido por José Fontes (*op. cit.*, p. 30-35). Em sua teoria integral, Marcello Caetano fala em funções jurídicas – legislativa e executiva (jurisdicional e administrativa) – e não jurídicas – política e técnica (*op. cit.*, p. 157-174). Canotilho e Vital Moreira mencionam a divisão tradicional, embora substituam a nomenclatura "administrativa" pela *governamental* ou *executiva* (Canotilho, José Joaquim Gomes; Moreira, Vital. *Constituição da República Portuguesa anotada*. v. 2. 4. ed. Coimbra: Coimbra Editora, 2010, p. 41).

ceito administrativo[12]; isto é, relacionado ao *desenvolvimento de atividade executiva (governamental)*.

De fato, as declarações "o Estado poderia diminuir a maioridade penal", "o Estado vai construir uma escola neste sítio" e "o Estado foi injusto ao condenar meu enteado à reclusão" não emprestam ao vocábulo a mesma acepção que o faz, por exemplo, o supracitado art. 3.º, 2, da CRP. Isso porque, nelas, representa-se a *parte que se quer* – o parlamento, a administração pública ou um juiz – *pelo todo*, que, soberanamente, engloba a todos.

Em diversas passagens, a CRP retrata o Estado em seu conceito administrativo[13]. Nelas, ulula a referência a questões de competência da administração pública – aqui amplamente abrangidos o Governo, a administração regional, a administração local autárquica e a administração indireta – ou, quando muito, extensíveis ao parlamento. É o que exsurge, por exemplo, do arts. 43.º, 2; 63.º, 2; 64.º, 3; 65.º, 2; 66.º, 2; e 82°, 2.

Ora, quando a CRP incumbe ao Estado a obrigação de "garantir uma racional e eficiente cobertura de todo o país em recursos humanos e unidades de saúde" (art. 64.º, 3, "b") certamente não o faz para que o parlamento legisle sobre plantões, horários e alocação de médicos e enfermeiros especialistas nas mais diversas áreas em Coimbra, Santarém ou Viseu, alterando-as regularmente em face das variações de necessidade e disponibilidade de profissionais. Igualmente, supõe-se não caber aos juízes a tarefa de promover a educação ambiental (art. 66.º, 2, "g").

A par do contexto desenvolvido a seguir, perceber-se-á que o art. 86.º, 2, tal qual os dispositivos supracitados, aponta inequívoca referência ao Estado em uma acepção mais restrita.

2.1. Memória normativa

Na história constitucional portuguesa, a primeira estipulação interventiva remonta à CRP/1933, cujo art. 33.º, *caput*, a admitia para fins de *financiamento* ou, genericamente, para a *consecução de benefícios sociais superiores* aos que pudessem ser obtidos de outra maneira.

Sob esse parâmetro de validade[14], fora publicado o DL n.º 660/1974, cujo art. 1.º admitia que o *Estado* prestasse a assistência financeira indis-

12 Sousa, António Francisco de. *Direito administrativo*. Lisboa: Prefácio, 2009, p. 255.

13 Canotilho e Moreira, v. 1, *op. cit.*, p. 204.

14 Em que pese a ruptura institucional causada pelas Leis n.º 1, 2 e 3/1974, esta manteve íntegros os comandos normativos da CRP/1933 que não contrariassem a si e aos atos nor-

DSR, ano 12, vol. 24 (2020): 179-209

pensável ao regular funcionamento de agentes econômicos ou, caso necessário, interviesse diretamente em sua gestão. Para que essas atividades fossem perpetradas, o ente empresário deveria *deixar de contribuir normalmente (i)* para o desenvolvimento econômico do país *e (ii)* para a satisfação dos interesses superiores da coletividade nacional.

Pretendendo amenizar o viés autoritário do ato normativo em face da gravosa interferência na liberdade econômica dos cidadãos, a JUNTA DE SALVAÇÃO NACIONAL listou situações[15] que enquadrariam as "empresas privadas" na conjuntura descrita no artigo sobredito. Contudo, o rol não fora *feliz*, seja por conter vocábulos de elevada abstração[16], seja por ser meramente exemplificativo[17].

Viessem os fatos a aderir à norma, o Governo Provisório poderia realizar sindicância com amplos poderes diligenciais para avaliar a real situação do agente econômico. Concluído o procedimento, o Ministro que o ordenou poderia propor a intervenção na administração empresarial ao CONSELHO DE MINISTROS[18].

A estruturação interventiva se efetuava pela nomeação *(i)* de delegados do Ministro, *(ii)* de administradores estatais, ou *(iii)* de uma comissão administrativa. A princípio, a gerência se daria sob a forma *concorrente, sem destituição dos titulares*, embora o afastamento de um ou mais gestores pudesse vir a ocorrer *se fosse necessário*[19]. Logo, admitiu-se – embora secundariamente – um regime *substitutivo*.

Findo o Estado-Novo, o comando interventivo permaneceu na CRP/1976 (art. 85.°, 3), alterando-se, contudo, a conjuntura autorizativa. Na nova redação, permitia-se que o *Estado fiscalizador* interviesse sobre a *gestão de empresas privadas* a fim de *assegurar o interesse geral* e o *direito dos trabalhadores*, nos *termos da lei*.

A nova perspectiva normativa da CRP aliou-se ao clima político francamente desfavorável a medidas autoritárias e à patente distorção das regras de mercado causadas pelo DL n.° 660/1974, culminando na sua revogação pelo DL n.° 90/1981.

mativos anteriores emitidos pela então chamada JUNTA DE SALVAÇÃO NACIONAL, nos termos de seu art. 1.°.

[15] Constante do art. 1.°, 2.

[16] *V.g.*, "Descapitalização ou desinvestimento *significativos e injustificados*" – alínea "c"; "Redução dos volumes de produção *não justificada* em termos de mercado" – alínea "f"; "Empolamento *injustificado* das despesas gerais e de administração" – alínea "g". Grifou-se.

[17] "*Outras situações* emergentes de conduta dolosa ou gravemente negligente na condução da actividade empresarial" – alínea "h". Grifou-se.

[18] Decreto-Lei n.° 660/1974, art. 2.°, 1 e 2.

[19] Decreto-Lei n.° 660/1974, art. 3.°, 1.

Na revisão constitucional de 1982, expressou-se o caráter *transitório* da ação estatal, trasladando o comando principal para o art. 85.º, 2. Por fim, a redação atual sobreveio com a revisão de 1989 (art. 87.º, 2), embora o seu posicionamento na *geografia constitucional* (art. 86.º, 2) só tenha se firmado na revisão de 1997.

2.2. Construção normativa

Bem se viu, a CRP utiliza largamente o conceito administrativo de Estado para se referir a obrigações destinadas aos órgãos da administração pública direta ou indireta. Não bastasse, pelo menos quatro casos evidenciam a ideia de que o art. 86.º, 2, se refere somente ao seu perfil administrador. O primeiro diz respeito às instituições de crédito e sociedades financeiras; o segundo, às sociedades seguradoras; o terceiro, aos estados de sítio e emergência; o quarto, ao regime de requisição civil[20].

2.2.1. *Intervenção sobre a gestão de instituições de crédito e sociedades financeiras*

Em âmbito comunitário, a intervenção administrativa sobre a gestão de instituições de crédito e sociedades financeiras é regulada especialmente[21] pela Diretiva 2014/59/EU, concretizada em âmbito nacional pelo DL n.º 298/1992[22] e suas alterações supervenientes. Por este diploma legal, o Banco de Portugal (BdP) – integrante da administração indireta do Estado – detém diversos poderes de intervenção sobre os agentes econômicos que atuem nos ramos sob sua supervisão[23], o que abrange desde a suspensão

[20] Contra, sem qualquer justificativa, Canotilho e Vital Moreira entendem não incidir o art. 86.º, 2, da CRP, em suspensões, interdições ou inibições de gestores por ato de autoridade pública em caso de infração grave às normas que regem os mercados (v. 1, *op. cit.*, p. 1.016).

[21] Especialmente, enfatize-se, uma vez que há um *dilúvio regulatório* sobre o sistema bancário comunitário, na expressão de Paulo Câmara (O governo dos bancos. In: Vasconcelos, L. Pestana de (coord.). *III Congresso de Direito Bancário*. Coimbra: Almedina, 2018, p. 476).

[22] Aprova o Regime Geral das Instituições de Crédito e Sociedades Financeiras (RGICSF).

[23] Assim entendida como vigilância, fiscalização ou controle – Silva, João Calvão da. *Direito bancário*. Coimbra: Almedina, 2001, p. 241; 278-279 [*A supervisão das instituições de crédito e sociedades financeiras conferida ao Banco de Portugal coenvolve múltiplos poderes ou direitos: o poder de realizar inspeções* (...), *o poder de notificá-las para tomarem as providências necessárias ao restabelecimento ou reforço do equilíbrio financeiro ou corrigirem os métodos de gestão, o poder de recomendar aos accionistas* (...) *que lhes prestem os apoios financeiros adequados*

provisória de funções de qualquer membro dos órgãos de administração da atividade supervisionada[24], até medidas de intervenção corretiva, tais como alterações de cargos de direção e a nomeação de terceiros enquanto administradores provisórios[25].

A atividade exercida pelas instituições financeiras é repleta de riscos que surgem não apenas de instabilidades globais, mas também de equívocos em suas conduções administrativas[26]. Considerando que falhas bancárias não são, propriamente, uma novidade na história moderna, fica fácil assimilar que os amplos poderes de supervisão detidos pelo BdP objetivam a *estabilidade financeira* de Portugal e da União Europeia[27]. De fato, a asseguração de um funcionamento eficaz do sistema financeiro evita o risco sistêmico de disseminação de bancarrotas, além de proteger depositantes contra fraudes e operações especulativas[28]. Nesse sentido, a

(...), o poder de inspeccionar entidades (...), o direito de receber (...) as informações que considere necessárias (...), o poder de verificar, durante o prazo de cinco anos, os dados pertinentes sobre as transacções das instituições de crédito relativas a serviços de investimento prestados em outros Estados-membros da Comunidade Europeia (...), o direito de receber informações dos revisores oficiais das contas e auditores externos (...), o poder de (...) solicitar a colaboração de autoridades policiais]. Há, também, que a entenda como um poder *contido* no de controle, minorando seu espectro aos poderes de suspender, modificar, revogar e substituir os atos dos agentes regulados – Patrício, José Simões. *Aspectos jurídicos da supervisão bancária*. In: Scientia Ivridica, Braga, t. XLVIII, n. 277/279, p. 151-181, 1999, p. 152. Luís Guilherme Catarino as chama de [*medidas provisórias especiais de salvaguarda do interesse público e conservatórias da ordem pública financeira*] – Catarino, Luís Guilherme. *"Fit and proper": o controlo administrativo da idoneidade no sector financeiro*. In: Revista de Concorrência e Regulação, Coimbra, a. VI, n. 23-24, jul./dez. 2015, p. 72. *Cf.*, ainda, Santos, Isabel Cristina Moteiro dos. *A supervisão bancária em Portugal e na União Europeia: desafios e mudanças* (Dissertação de Mestrado). Coimbra: FDUC, 2010, p. 21-57;

24 Artigo 32.º-A.

25 Artigo 141.º, 1, "p" e "s".
Em 2009, o BdP interveio na gestão do Banco Privado Português, substituindo seus gestores integralmente por um sistema de administração provisória. Sobre o tema, *cf.* Alves, Maria Teresa Venâncio Dores; MATA, Carlos Manuel Severino da; Nunes, Sandra Cristina Dias. *O papel da demonstração dos fluxos de caixa na previsão da falência: o caso do banco privado português*. In: Revista Universo Contábil, Blumenau, v. 11, n. 3, p. 190-210, jul-set 2015, p. 201-203; Barbosa, Mafalda Miranda. *Medidas de Resolução como remédio para a insolvência de uma instituição financeira e alteração superveniente das circunstâncias: uma relação de necessária exclusão?*. In: Revista Jurídica da Ufersa, Mossoró, v. 1, n. 2, p. 1-23, ago./dez. 2017,

26 Ellinger, E. P.; Lomnicka, Eva; Hooley, Richard. *Modern banking law*. 3. ed. Oxford: Oxford University Press, 2002, p. 27.

27 Banco de Portugal. *Livro branco: sobre a regulação e supervisão do setor financeiro*. Lisboa: BdP, 2016, p. 61.

28 Carvalho, Luís Paulo Figueiredo. *Os sistemas de supervisão prudencial na União Europeia*. Coimbra: Almedina, 2003, p. 38-39; Santos, Luís Máximo dos. *Regulação e supervisão*

Diretiva 2014/59/UE pugnou que o Estados-Membros tomassem, desde a manifestação de indícios precoces de risco estrutural, medidas que exigissem alterações nas estruturas jurídicas ou operacionais da instituição (art. 27.º, "g").

Especificamente no que tange à nomeação de interventores provisórios, a *expressa previsão* do RGICSF a restringe às seguintes causas: *(i)* descumprimento ou risco de descumprimento de normas legais/regulamentares que disciplinem sua atividade (art. 141.º, 1, "p"); *(ii)* perda dos requisitos de idoneidade, qualificação profissional, independência ou disponibilidade dos administradores (art. 141.º, 1, "s")[29]; *(iii)* desaprovação das condições do plano de reestruturação apresentado pelo BdP (art. 142.º, 3); *(iv)* descumprimento do plano de reestruturação aprovado (art. 142.º, 3); *(v)* insuficiência ou ineficácia das medidas de reestruturação (art. 144.º, "a", 145.º, 1, e 145.º-A, 1); e *(vi)* na aplicação de medidas de resolução, salvo nos quando a manutenção total ou parcial do administrador, consoante as circunstâncias, seja considerada necessária para atingir as finalidades previstas no art. 145.º-C, 1, do próprio RGICSF (art. 145.º-F, 1 e 3).

Tais comandos concretizam as hipóteses gerais descritas na Diretiva 2014/59/UE para esse efeito (art. 29.º) e, apesar de este diploma possibilitar que os Estados-Membros exijam uma aprovação judicial prévia para a tomada de medidas preventivas ou de gestão de crise (art. 85.º), o legislador português dispensou essa necessidade. Logo, a intervenção do BdP regulada pelo RGICSF se trata de autotutela administrativa[30] visando não apenas a uma supervisão *prudencial* do sistema financeiro, mas também

bancária. In: Ferreira, Eduardo Paz; Morais, Luís Silva; Anastácio, Gonçalo (org.). Regulação em Portugal: novos tempos, novo modelo?. Coimbra: Almedina, 2009, p. 71-75. *Cf.*, ainda, os princípios gerais de intervenção corretiva, administração provisória e resolução fixados pelo DL n.º 298/1992 (art. 139.º, 1 e 2) a par da Diretiva 2014/59/EU (especialmente em seu art. 31.º).

29 Cf. Catarino, *op. cit.*

30 Embora não tenha feito análise sobre este DL, Rui Fonseca entende que, "embora a lei possa dispensar decisão judicial anterior habilitante da intervenção do Estado, não pode dispensá-la em absoluto". Para o autor, "o interesse público pode justificar a necessidade de medidas imediatas de natureza administrativa, mas não que as mesmas não sejam sujeitas a um controlo judicial contemporâneo ou posterior, constitucionalmente imposto" (Fonseca, Rui Guerra da. *Organização económica (artigos 80.º a 107.º)*. In: Otero, Paulo. Comentário à Constituição portuguesa. v. 2. Coimbra: Almedina, 2008, p. 388). Não me parece ser esse o caso. O art. 86.º, 2, requer *"em regra"*, prévia decisão judicial. Nada há para denotar a necessidade de decisão judicial *em qualquer momento específico*, conquanto seja preferível que os *casos expressamente previstos em lei* condicionem a intervenção à prévia manifestação judiciária.

comportamental[31]. Nesse âmbito, a nomeação de administradores provisórios pode se revelar como uma tentativa derradeira de saneamento de irregularidades antes da persecução de medidas resolutivas[32].

Espécie de intervenção menos gravosa nesse meio foi regulada pela Lei 63-A/2008, a qual estabeleceu contenções à liberdade de gestão das instituições de crédito que requeiram reforço de sua solidez financeira (art. 14.º, 1)[33]. O rol de modos de capitalização (art. 4.º) evidenciam tratar-se de uma alçada própria ao Estado-administrador. Curiosamente, a Lei traz a tipologia "Referências ao Estado" (art. 22), incluindo neste conceito, para seus efeitos, "as sociedades cujo capital seja totalmente detido, directa ou indirectamente, pelo Estado". Por óbvio, não se está aqui diante de alusão a qualquer função de cunho legislativo ou jurisdicional.

2.2.2. *Intervenção sobre a gestão de seguradoras*

Fenômeno congênere está autorizado no âmbito das sociedades seguradoras. Aqui, o ente administrativo curador é a Autoridade de Supervi-

[31] Ferreira, António Pedro A. *O governo das sociedades e a supervisão bancária: interacções e complementaridades*. Lisboa: Quid Juris, 2009, p. 72. Quanto à natureza das regras, Menezes Cordeiro distingue cinco tipos de regulação bancária, a saber, a supervisão técnica (características de certos bens e serviços), técnico-jurídica (regras adaptadas ao setor regulado de acordo com a física ou a natureza), prudencial (bitolas de conduta cautelosa), deontológicas (conduta profissional) e legal (regras gerais, abstratas e objetivas de atuação) – Cordeiro, António Menezes. *Direito bancário*. 5. ed. Coimbra: Almedina, 2015, p. 1.051. Especificamente quanto ao aspecto *prudencial*, afirma que a supervisão bancária deve limitar-se a um controle dos banqueiros pelo Estado ou por outras entidades públicas, de modo a assegurar os valores da banca, dominados pelas ideias de prudência na atuação bancária e confiança do público – Cordeiro, António Menezes. *Regulação económica e supervisão bancária*. In: O Direito, Lisboa, n. 138, II, p. 245-276, 2006, p. 257. Em que pese isso, parece-me pertinente a crítica de Greenspan, ao lembrar que a regulação prudencial deve ser ponderada com a necessidade de permitir aos bancos a realização de suas atividades de exposição ao risco que lhe são essenciais – Greenspan, Alan. *Supervisão: garantir a solidez do sistema*. In: Economia Pura, Lisboa, a. I, n. 2, p. 42-46, 1998, p. 46.

[32] Pina, Carlos Costa. *Instituições e mercados financeiros*. Coimbra: Almedina, 2005, p. 282-283; Costa, Tiago Manuel de Sousa Freitas e. *Da nova arquitectura de supervisão bancária – considerações a propósito da medida de resolução* (Dissertação de Mestrado). Coimbra: FDUC, 2015, p. 29. Em que pese não afirmar isso categoricamente, é o que também decorre da estruturação progressiva de medidas descrita por Cordeiro (*Direito bancário*, *op. cit.*, p. 1.129-1.133).

[33] Sobre o assunto, *cf.* Coutinho de Abreu, Jorge Manuel. *A intervenção do Estado na recapitalização bancária*. In: Vasconcelos, L. Pestana de (coord.). *II Congresso de Direito Bancário*. Coimbra: Almedina, 2017, p. 25-33).

são de Seguros e Fundos de Pensões (ASF), que pode designar *administradores provisórios* quando, instaurado o quadro do art. 309.º, 1[34], da Lei n.º 147/2015, se verifique uma das seguintes condições – art. 311.º: *(i)* o órgão de administração não oferece garantias de gestão sã e prudente, colocando em sério risco interesses dos tomadores de seguros, segurados, beneficiários e credores em geral; *ou (ii)* a organização contabilística ou os procedimentos de controle interno apresentam insuficiências graves que não permitem avaliar devidamente a situação financeira e patrimonial da empresa.

Igualmente ao RGICSF, o Regime Jurídico de Acesso e Exercício da Atividade Seguradora e Resseguradora (RJASR) dispensa tacitamente a necessidade de decisão judicial, seja prévia ou ulterior, para a legitimação da intervenção.

2.2.3. *Estado de sítio e de emergência*

A intervenção do art. 86.º, 2, da CRP, também alberga as hipóteses reguladas pela Lei n.º 44/1986 – os estados de sítio[35] e de emergência[36]. Essas situações, tidas como de *exceção constitucional*, denotam perigos graves à *existência do Estado, à segurança e à organização da coletividade, que não podem ser eliminados pelos meios normais previstos na Constituição*[37].

[34] Apontando a nomeação de administradores provisórios como uma das formas de prevenção e recuperação das seguradoras, *cf.* Cordeiro, António Menezes. *Direito dos seguros*. 2. ed. Coimbra: Almedina, 2016, p. 390-391; Vasques, José. *Direito dos seguros*. Coimbra: Coimbra Editora, 2005, p. 248-249; PINA, *op. cit.*, p. 317-318.

[35] Artigo 8.º
Estado de sítio
1 – O estado de sítio é declarado quando se verifiquem ou estejam iminentes atos de força ou insurreição que ponham em causa a soberania, a independência, a integridade territorial ou a ordem constitucional democrática e não possam ser eliminados pelos meios normais previstos na Constituição e na lei.
(...).

[36] Artigo 9.º
Estado de emergência
1 – O estado de emergência é declarado quando se verifiquem situações de menor gravidade, nomeadamente quando se verifiquem ou ameacem verificar-se casos de calamidade pública.
(...).

[37] Canotilho e Moreira, *v. 1, op. cit.*, p. 399.

Previstas ou não[38], situações de exceção constitucional podem ocorrer em qualquer Estado, atingindo todas as searas constitucionais, inclusive, a econômica[39]. Nelas, o Governo pode chegar a nomear comissários de sua livre escolha para assegurar o funcionamento de "empresas de vital importância" (art. 21.º). Em todo caso, a restrição à liberdade de iniciativa deve se limitar ao "estritamente necessário ao pronto restabelecimento da normalidade" (art. 3.º) das circunstâncias que ensejaram aqueles quadros excepcionais[40]. Há cabido controle quanto à extensão, duração e forma de sua adoção.

Apesar de não estabelecer interferência judicial no processo de declaração dos estados de sítio ou de emergência – de competência do Presidente da República –, a CRP estabeleceu o controle deste ato por meio da audição ao Governo e da autorização da Assembleia da República (art. 138.º)[41]. Naturalmente, isso não impede eventual controle ulterior pela função jurisdicional do Estado, analisando-se a constitucionalidade orgânica ou formal da medida[42].

Exemplo recente da dita intervenção se deu no contexto da pandemia da SARS-CoV-2 (COVID-19), quando da edição do Decreto Presidencial n.º 14-A/2020[43], pelo qual se suspendeu parcialmente o exercício dos direitos fundamentais de propriedade e iniciativa econômica privada, possibilitando, temporariamente, a requisição forçada de serviços, a obrigatoriedade de abertura, laboração e a modificação do funcionamento

[38] Justificando o silêncio dos primeiros textos constitucionais sobre o tema, Bacelar Gouveia faz referência à concepção liberal pela qual a incorporação de autorizações a estados de exceção na Lei Maior assentaria uma incoerência política com as batalhadas liberdades política e civil, para além da limitação do poder estatal. Contudo, aponta o autor que a proibição constitucional de estados de exceção mostrou, nessa própria época, irrealismo prático, como ocorreu no espaço jurídico belga face a uma invasão holandesa (Gouveia, Jorge Bacelar. *O estado de excepção no direito constitucional.* v. 1. Coimbra: Almedina, 1998, p. 167-172). *cf.*, ainda, Correia, António Damasceno. *Estado de sítio e de emergência e democracia.* Lisboa: Vega, 1989, p. 40-57.

[39] Miranda, *Manual de direito constitucional, op. cit.*, p. 344-346.

[40] *Critério restritivo* de intervenção – Leite, Marcelo Lauar. *Intervenção judicial em conflitos societários.* Rio de Janeiro: Lumen Juris, 2019, p. 244-248; Morais, Carlos Blanco de. *O estado de excepção.* Lisboa: Cognitio, 1984, p. 48-52; Gouveia, Jorge Bacelar. *O estado de excepção no direito constitucional.* v. 2. Coimbra: Almedina, 1998, p. 885; Correia, *op. cit.*, p. 129 [(...) *o acto de proclamação do estado de excepção, ao especificar o conjunto de direitos, liberdades e garantias cujo exercício fica suspenso, deve fazê-lo de forma moderada, ou seja, deve limitar-se a munir as autoridades dos meios idóneos para debelar a crise e restabelecer o status quo ante*].

[41] Sobre essa dinâmica de decretação, *cf.* Gouveia, *v. 2, op. cit.*, p. 1.033-1.105.

[42] Gouveia, *v. 2, op. cit.*, p. 1.584-1.612; Correia, *op. cit.*, p. 170-172.

[43] Declara o estado de emergência, com fundamento na verificação de uma situação de calamidade pública.

de empresas, estabelecimentos e meios de produção - bem como seu fechamento coercitivo -, inclusas as possibilidades de determinação de alterações de natureza quantitativa e de interferência no regime de livre precificação (art. 4.º, "b"). Com base no Decreto e em suas respectivas prorrogações[44], inúmeros atos normativos secundários foram publicados interferindo, entre outras searas, no horário de funcionamento de empresas[45], no acesso e na afetação dos espaços em estabelecimentos comerciais[46] e até mesmo na percentagem de lucro na comercialização de certos bens[47], definições de espectro de competência ordinariamente pertencente à gestão mercantil.

2.2.4. *Requisição civil*

Estabelecida na égide do Estado-Novo - DL n.º 637/1974 -, a requisição civil *clássica* compreende um conjunto de medidas que permite ao Governo, por meio de uma comissão diretiva, substituir agentes econômicos privados na gestão de "setores vitais da economia nacional[48]". Sua legitimidade conjuntural decorre de "circunstâncias particularmente graves" que afetem "o regular funcionamento" daquelas entidades[49]. Preenchidos os requisitos autorizadores, sua necessidade deve ser reconhecida pelo Conselho de Ministros, efetivando a medida por portaria dos Ministros interessados (art. 4.º).

44 Decretos Presidenciais n.º 17-A/2020 e 20-A/2020.

45 *Cf.* Despacho n.º 6608-B/2020 do Gabinete do Ministro de Estado, da Economia e da Transição Digital; Despacho n.º 3299/2020 dos Gabinetes do Ministro de Estado, da Economia e da Transição Digital, do Ministro da Administração Interna e da Ministra da Saúde.

46 *Cf.* Portaria n.º 71/2020, do Ministro de Estado, da Economia e da Transição Digital.

47 *Cf.* Despacho n.º 4699/2020 e 5503-A/2020, dos Gabinetes do Ministro de Estado, da Economia e da Transição Digital e da Ministra da Saúde.

48 Art. 3.º, 1.

49 Art. 1.º, 1; art. 6.º, 1. Antes do DL n.º 637/1974, já se via a requisição como um ato administrativo pelo qual a administração pública impõe aos particulares a obrigação de prestar serviços, lhe ceder coisas móveis ou semoventes ou de consentir na utilização temporária de bens que lhe sejam necessários e que não convenha procurar no mercado. Para tanto, fundamentava-se em outros atos normativos, *v.g.*, DL n.º 97/1913, Decreto n.º2.482-F/1916 e DL n.º 36.284/1947 - SERRA, Manuel Coelho Pereira. *Expropriação e requisição por utilidade pública: anotações à legislação mandada vigorar na província de Cabo Verde*. São Vicente: S.E., 1958, p. 10; Coelho, Luís Pinto. *Subsídios para o estudo da "requisição"*. Lisboa: FDUL, 1954, p. 5-6.

Em 2006, a Lei de Bases da Protecção Civil[50] criou uma espécie de requisição civil *geral*, aplicável nas suas reguladas *situações de calamidade*. Aqui, a intervenção estatal já não demanda mais que a empresa-objeto se enquadre em um setor econômico vital. Dizendo de outro modo, qualquer empresa pode ter seus poderes de gerência restritos ou suspensos pela requisição temporária de bens e serviços (art. 24.º, 1). Declarada a situação de calamidade, a medida é efetivada por despacho conjunto dos Ministros da Administração Interna e das Finanças (art. 24.º, 2).

Em 2014, ao abrigo do instituto clássico, o Governo português utilizou-se do instituto em face das sociedades empresárias componentes do grupo econômico TAP[51], embora não tenha empregado a faculdade de intervir na gestão[52]. Mais recentemente, requisições dessa ordem[53] também veiculadas em face dos trabalhadores portuários de Lisboa e Setúbal (2020[54]), enfermeiros (2019[55]), camionistas e tratoristas (2019[56]).

3. Intervenções judiciais na gestão empresária

Viu-se que questões históricas e legisladas atraem o conceito *administrativo* ao art. 86.º, 2, da CRP. De fato, a própria técnica redacional corrobora em negar referência ao *Estado soberano e unitário* em seu comando normativo. Volvendo à redação vigente – "o Estado só pode intervir na gestão de empresas privadas a título transitório, nos casos expressamente previstos na lei e, em regra, mediante prévia decisão judicial" –, mostra-se difícil apoiar pretensão distinta da consideração do Estado enquanto Administração Pública governamental. Isso porque o dispositivo recorta, de maneira clara e categórica, etapas precípuas das três funções básicas do Estado: *administração* [o Estado (...)], *legislação* [(...) nos casos expressamente previstos na lei (...)] e *julgamento* [(...) prévia decisão judicial].

[50] Lei n.º 27/2006.

[51] Portaria 267-A/2014, dos Ministérios das Finanças, da Economia e da Solidariedade, Emprego e Segurança Social. Tratou-se de medida destinada a superar um contexto de greve. Analisando os parâmetros de constitucionalidade desse tipo de intervenção, *cf.* Abrantes, José João Nunes. *Greve, serviços mínimos e requisição civil*. Lisboa: Vega, 1992, p. 20-22.

[52] Portaria n.º 267-A/2014, art. 5.º.

[53] Embora não se tratem de intervenção estatal sobre gerência empresária, tendo trabalhadores e/ou entidades públicas como alvo.

[54] Resolução do Conselho de Ministros n.º 10-C/2020.

[55] Resolução do Conselho de Ministros n.º 27-A/2019.

[56] Resolução do Conselho de Ministros n.º 134-B/2019.

A consideração resiste tranquilamente a testes de substituição. Não faria sentido que o *Parlamento* interviesse nos casos expressamente previstos pelo... parlamento! Muito menos que os *Tribunais* só intercedessem mediante prévia decisão dos... tribunais! Logo, o que está claramente posto é um recorte tripartido lastreado no sistema de separação e interdependência das funções do Estado[57]: a *administração* só pode intervir quando expressamente previsto pelo *parlamento* e, em regra, mediante prévia decisão *dos tribunais*. Harmonizam-se, assim, dois dos corolários básicos das salvaguardas constitucionais devotadas à ingerência na gestão empresarial e na livre iniciativa – as liberdades de contrato e de empreendimento econômico.

Longe de uma questão sem repercussão prática, esta conclusão traz, como decorrência imediata, que *intervenções de natureza judicial não são tuteladas por tal dispositivo constitucional*.

Dizendo de outro modo, quando o Poder Judiciário necessita intervir provisoriamente na gestão empresária, seu parâmetro de validade é outro: *a liberdade de iniciativa econômica privada*, recortada pela reserva legal e pelo interesse geral, nos termos do art. 61, 1, da CRP. É sob esse anteparo constitucional que se regulam inúmeros processos e procedimentos, tais como a insolvência, a revitalização, a penhora sobre o estabelecimento empresarial, a nomeação de gerentes em caso de vacância e o inquérito judicial.

3.1. Processo especial de insolvência

O processo de insolvência tem por finalidade precípua a satisfação dos credores mercantis, baseando-se na liquidação do património do devedor irrecuperavelmente insolvente e na repartição do produto obtido pelos credores[58]. Bem se sabe, a gestão e a liquidação da massa insolvente é de responsabilidade de um auxiliar do juízo, denominado administrador judicial[59].

O administrador judicial deve ser pessoa idônea[60] e não ter incompatibilidade para o exercício da atividade[61]. Adicionalmente, requereu o legislador português que tenha *(i)* uma licenciatura e experiência profissional adequadas ao exercício da atividade, *(ii)* frequente estágio profis-

57 CRP, art. 2.º.

58 Código da Insolvência e da Recuperação de Empresas (CIRE), art. 1.º.

59 Estatuto do Administrador Judicial (Lei n.º 22/2013), art. 2.º, 1.

60 EAJ, art. 5.º.

61 EAJ, art. 3.º, 1, "d" e "e".

sional promovido para o efeito, e *(iii)* aprovação em exame de admissão especificamente organizado para avaliar os conhecimentos adquiridos durante o referido estágio.

O CIRE descreve a atuação do administrador da insolvência como *substitutiva*, já que a declaração desse estado lhe transfere os poderes de gestão empresária[62], ainda que esta deixe de lado a persecução do objeto social para, em seu lugar, visar ao atendimento ao interesse de terceiros na recuperação de seus créditos por meio da extinção da empresa[63]. Esse propósito está, inclusive, no art. 1.º, 1[64], do CIRE, ao veicular a finalidade expressa de "satisfação dos credores", e basear o processo de insolvência "na liquidação do património do devedor insolvente e a repartição do produto obtido pelos credores".

[62] Art. 81.º. Sobre as funções do administrador da insolvência, *cf.*, na doutrina, Martins, Alexandre de Soveral. *Um curso de direito da insolvência*. 2. ed. Coimbra: Almedina, 2016, p. 230-237; Leitão, Luís Manuel Teles de Menezes. *Direito da insolvência*. 6. ed. Coimbra: Almedina, 2015, p. 108-111; Martins, Luís M. *Processo de insolvência*. 3. ed. Coimbra: Almedina, 2013, p. 256-262.

[63] Fernandes, Luís A. Carvalho; Labareda, João. *Código da insolvência e da recuperação de empresas anotado*. 2. ed. Lisboa: Quid Juris, 2013, p. 69; Martins, *op. cit.*, p. 36-40; Leitão, *op. cit.*, p. 17-18. Mesmo na seara extrassocial, teorias sobre a regulação da insolvência divergem sobre a posição da tutela dos *credores* como interesse mediato ou imediato desse processo. Isso ocorre devido a um suposto *interesse público* nessa tutela *privada*, na medida do envolvimento da comunidade afetada pela insolvência, abrangendo fornecedores e clientes – Ferreira, Hugo Rosa. *Compensação e insolvência (em particular, na cessão de créditos para titularização)*. In: Pinto, Rui (coord.). Direito da insolvência: estudos. Coimbra: Coimbra Editora, 2011, p. 13-15. Argumentando didaticamente sobre essa pluralidade de interesses extrassociais, Catarina Serra descreve que o processo de insolvência tutela os interesses do crédito em sentido *subjetivo* – correspondente aos interesses privados dos credores – e *objetivo* – correspondente ao interesse público do crédito e da economia (Serra, Catarina. *A falência no quadro da tutela jurisdicional dos direitos de crédito: o problema da natureza do processo de liquidação aplicável à insolvência no direito português*. Coimbra: Coimbra Editora, 2009, p. 290-314).

[64] Artigo 1.º
Finalidade do processo de insolvência
1 – O processo de insolvência é um processo de execução universal que tem como finalidade a satisfação dos credores pela forma prevista num plano de insolvência, baseado, nomeadamente, na recuperação da empresa compreendida na massa insolvente, ou, quando tal não se afigure possível, na liquidação do património do devedor insolvente e a repartição do produto obtido pelos credores.
(...).

3.2. Processo especial de revitalização

Enquanto o especial processo de insolvência se assenta enfaticamente no atendimento de interesses extrassociais, aqui se almeja o interesse precipuamente social à *preservação da empresa*[65]. Essa finalidade exsurge do art. 17.º-A, 1, do CIRE, *in verbis: "o processo especial de revitalização destina-se a permitir ao devedor que, comprovadamente, se encontre em situação económica difícil ou em situação de insolvência meramente iminente, mas que ainda seja suscetível de recuperação, estabelecer negociações com os respetivos credores de modo a concluir com estes acordo conducente à sua revitalização"*.

A intromissão na gestão societária durante o processo de revitalização é significativamente mais branda que a perpetrada no processo de insolvência. Objetivando o soerguimento – recuperação/revitalização – da organização mercantil, nomeia-se um *administrador judicial provisório* com funções[66] que se circundam ao âmbito da *fiscalização controladora*[67]. As competências encartadas nos art. 17.º-D a 17.º-G do CIRE evidenciam isso, uma vez que tais auxiliares da justiça não adentram, total ou parcialmente, nas competências estritas de gestão da sociedade em processo de revitalização – isto é, não praticam *atos de administração*[68].

3.3. Penhora sobre o estabelecimento empresarial

Apesar da ampla regulação inserta no CIRE, é certo que o interesse de terceiros raramente chegará ao ponto de ensejar um processo de insolvên-

65 Não utilizando essa expressão, mas falando no sentido da manutenção do devedor no giro comercial, *cf.* Casanova, Nuno Salazar; Dinis, David Sequeira. *O processo especial de revitalização: comentários aos artigos 17.º-A a 17.º-I do código da insolvência e da recuperação de empresas*. Coimbra: Coimbra Editora, 2014, p. 16; Oliveira, Madalena Perestrelo de. *O processo especial de revitalização: o novo CIRE*. In: Revista de Direito das Sociedades, Lisboa, a. IV, n. 3, p. 707-726, 2012, p. 708; Epifânio, Maria do Rosário. *O processo especial de revitalização*. Coimbra: Almedina, 2015, p. 9-11; Pereira, João Aveiro. *A revitalização económica dos devedores*. In: O Direito, Lisboa, a. 145, n. 1/2, p. 9-50, 2013, p. 11-12.

66 *Cf.* Serra, Catarina. *Processo especial de revitalização – contributos para uma "rectificação"*. In: Revista da Ordem dos Advogados, Lisboa, a. 72, p. 715-741, abr/set 2012, p. 726-728; Martins, Alexandre de Soveral. *O P.E.R. (Processo Especial de Revitalização)*. In: Ab Instantia, Lisboa, a. I, n. 1, p. 17-41, abr. 2013, p. 23-26; Silva, Rui Dias. *O processo especial de revitalização*. Viseu: Esgotadas, 2012, p. 45-55.

67 Leite, Marcelo Lauar. *Parâmetros interventivos para a nomeação e atuação de administradores judiciais em sociedades limitadas* (Tese de Doutoramento). Faculdade de Direito da Universidade de Coimbra, 2018, p. 236.

68 Leite, *op. Cit.*, p. 72.

cia. Os credores simplesmente querem a satisfação do seu crédito com o menor custo de transação possível, de forma eficiente e célere. Por mais que seja urgente o caráter de um processo daquela natureza, a eventual declaração de insolvência instaura um regime concursal arrastado e sujeito a incidentes processuais que atentam contra aqueles parâmetros.

Em outras palavras, podendo optar por vias mais baratas e rápidas para a satisfação patrimonial, o credor assim o fará. Para tanto, muitos são os bens economicamente apreciáveis factíveis de penhora. Com maior ou menor liquidez, o Código de Processo Civil (CPC) admite que a execução recaia sobre dinheiro, frutos, móveis e imóveis diversos, sempre na tentativa de maximizar os resultados em favor do *interesse do credor*, com a menor onerosidade possível em face do devedor.

Sendo o devedor uma sociedade empresária, o CPC disciplinou a penhorabilidade do *estabelecimento comercial*[69], consistente na colocação da titularidade do estabelecimento à ordem do tribunal para os fins próprios da execução[70]. Essa penhora acarreta, *a priori*, a permanência do executado na gestão do empreendimento. Se necessário à satisfação do crédito do exequente, poderá o juiz nomear um terceiro para o exercício da função de *fiscal* dessa administração. Acaso o credor se oponha *justificadamente* à manutenção da gestão pelo executado, deverá o juiz designar um administrador para que proceda à *gestão ordinária* da sociedade[71].

[69] Artigo 782.º. Sobre o tema, *cf.*, também, FERREIRA, Fernando Amâncio. *Curso de processo de execução*. 13. ed. Coimbra: Almedina, 2010, p. 270-274 e GIL, Carlos Pereira. *Da penhora do estabelecimento comercial*. In: Revista do Ministério Público, Lisboa, a. 20, n. 79, p. 123-136, 1999.

[70] VARELA, Antunes. *Abrangência da penhora de estabelecimento integrado em centro comercial (anotação)*. In: Revista de Legislação e Jurisprudência, Coimbra, a. 131, n. 3890, p. 143-147, 1998, p. 145.

[71] MARQUES, J. P. Remédio. *A penhora e a reforma do processo civil: em especial a penhora de depósitos bancários e do estabelecimento*. Lisboa: LEX, 2000, p. 98 [(Nesses casos) *Não terá, naturalmente, só poderes de administração ordinária, no sentido tradicional do prover à sua normal frutificação, mas antes os poderes que habilitam a gestão dinâmica de uma organização de factores de produção que pretende, no mínimo, manter o mesmo valor de aviamento no mercado económico* (...)]. De fato, ainda que sobrevinda a gestão ordinária pelo exequente, seu propósito se igualará ao do executado no que diz respeito à não desvalorização comercial da universalidade complexa integrante do estabelecimento (PINTO, Rui. *Manual da execução e despejo*. Coimbra: Coimbra Editora, 2013, p. 670). Quanto à gestão ordinária, compreende-se como a referente aos *atos de administração*. Na doutrina, PINTO DUARTE entende nela caberem todos os atos que não acarretem a transformação dos elementos essenciais do estabelecimento que, concretamente, estiver em causa (DUARTE, Rui Pinto. *A penhora e a venda executiva do estabelecimento comercial*. In: Themis, Lisboa, a. V, n. 9, p. 123-135, 2004, p. 132).

Malgrado não se diga expressamente, se for aceita a oposição do exequente em relação à manutenção da gestão do executado, haverá a destituição do seu órgão de administração, na medida das funções que impeçam a satisfação do crédito objeto da penhora. Consequentemente, o interventor nomeado pode sê-lo tanto no regime *concorrente* – quando o gestor contratualmente instituído permaneceria no exercício das funções administrativas que não interferissem no objeto executivo – quanto no de *substituição* – quando a cogestão se mostre inviável, havendo a necessidade e adequação de um rompimento completo do vínculo administrativo.

3.4. Vacância

Sendo inviável a manifestação societária sem um órgão de representação orgânica, o CSC[72] atribui a gerência plural de pleno direito a todos os sócios, nos casos de falta *definitiva* a qualquer título[73].

Apesar dessa solução, o próprio legislador reconheceu que certos acontecimentos concatenados poderiam inviabilizar a assunção do encargo administrativo por todos os sócios. Trata-se da situação exposta no já citado art. 253.º, 3, do CSC, *in verbis*: "faltando definitivamente um gerente cuja intervenção seja necessária por força do contrato para a representação da sociedade, considera-se caduca a cláusula do contrato, caso a exigência tenha sido nominal; no caso contrário, não tendo a vaga sido preenchida no prazo de 30 dias, *pode qualquer sócio ou gerente requerer ao tribunal a nomeação de um gerente até a situação ser regularizada*, nos termos do contrato ou da lei" – grifou-se.

Como explica Ricardo Costa[74], a situação que viabiliza a nomeação judicial de *um gerente* é a da exigência, pelo ato constitutivo, de certo número de administradores para a presentação societária, sem alusão a nenhum deles em concreto – afinal, nesta hipótese, a cláusula caducaria por força do art. 253.º, 3. Seu âmbito de aplicação é, então, uma pré-

[72] Art. 253.º.

[73] *V.g.*, morte, aposentadoria, destituição, renúncia, incapacidade ou incompatibilidade supervenientes, acordo revogatório, limite de idade, perda da qualidade de sócio, designação como membro de órgão fiscalizador e termo do prazo fixado – Costa, Ricardo. *Art. 253.º*. In: Coutinho de Abreu, Jorge Manuel (coord.). Código das Sociedades Comerciais em comentário. v. 4. Coimbra: Almedina, 2012, p. 85.

[74] *Op. cit.*, p. 89.

via gerência plural[75] conjunta ou colegial, sobre a qual se instaurará uma intervenção judicial em regime de *concorrência pessoal*[76].

Em que pese o foco no atendimento a interesses sociais de presentação, o *status* de vacância ensejador da intervenção judicial concorrencial não terá, de praxe, fato gerador em um *conflito interno societário*. Com efeito, eventos como a morte, a ausência, o termo do prazo fixado ou a incapacidade superveniente fogem ao domínio da autonomia da vontade. Ainda que, por um lado, seus efeitos prejudiquem a presentação societária de gerências plurais conjuntas ou colegiais, por outro, não se pode falar que tais acontecimentos são, *per si*, um fator de conflito apto a gerar ônus ou responsabilidade ao gerente em falta ou ao seu espólio.

Conquanto essa regra geral se aplique a boa parte das conjunturas tuteladas pelo CSC, não se pode ignorar que o panorama de *falta* nele retratado pode, excepcionalmente, advir de um impasse entre os sócios. Refiro-me à hipótese de *ausência dolosa*[77], isto é, quando certo gerente cuja manifestação é imprescindível para a presentação societária deixa, deliberadamente, de cumprir seus deveres de cuidado e diligência – *v.g.*, não comparecendo a reuniões, desmarcando compromissos e cessando as vias de comunicação.

3.5. Inquérito judicial

Por meio do inquérito judicial, *insurge-se contra falha administrativa no cumprimento regular do dever de informação*[78], sendo recomendável seu manejo, como em qualquer lide, para os casos em que não haja possibilidade de autocomposição[79].

[75] Duarte, Diogo Pereira. *Art. 253.º*. In: Cordeiro, António Menezes (coord.). Código das sociedades comerciais anotado e regime jurídico dos procedimentos administrativos de dissolução e de liquidação de entidades comerciais (DLA). Coimbra: Almedina, 2012, p. 739.

[76] Costa, *op. cit.*, p. 90 [*Uma vez nomeado pelo tribunal, o gerente ou os gerentes acrescem ao ou aos gerentes em exercício de funções, suprindo temporariamente a "falta definitiva"* (...) *e beneficiando do mesmo estatuto de direitos e obrigações* (...) *e sua nomeação não tem qualquer consequência sobre os gerentes restantes* (...)].

[77] Nessa linha de raciocínio, afasta-se do fenômeno *jurídico* da ausência – arts. 89.º a 121.º do Código Civil Português.

[78] Por todos, *cf.* CUNHA, Paulo Olavo. *Direito das sociedades comerciais*. 5. ed. Coimbra: Almedina, 2012, p. 365.

[79] Cunha, Diogo Lemos e. *O inquérito judicial enquanto meio de tutela do direito à informação nas sociedades por quotas*. In: Revista da Ordem dos Advogados, Lisboa, a. 75, p. 295-368, 2015, p. 332. Reconhecendo o inquérito judicial como *ultima ratio* pela efetivação do

Do CSC e do CPC extraem-se duas esferas de aplicação do instituto: a falha na apreciação anual da situação da sociedade (inquérito *especialíssimo*) e a recusa, falsidade ou insuficiência de informações avulsas (inquérito *normal*)[80]. Pela expressa circunscrição legal, tentativas de alargar seu uso para outros tipos de violação aos deveres de gestão não vêm tendo acolhida pelos tribunais[81].

A *legitimidade ativa* para a propositura do inquérito judicial é atribuída pelo CSC ao *"sócio a quem tenha sido recusada a informação"*[82]. No CPC, declara-se legitimado *"o interessado"*[83], o que, do ponto de vista jurídico, também remete à esfera de direitos do detentor de participações sociais – não por acaso, a lei processual consagra o gestor acusado e a sociedade como *legitimados passivos*[84]. Nesse panorama, desponta a indagação: quando a imputação de irregularidades se destinar a outros titulares do órgão de administração, a atribuição de legitimidade passiva ao gestor proíbe que gerentes com participação social postulem o inquérito ou seus consequentes instrumentos processuais – nesse caso, a intervenção judicial?

Desde já, a resposta impõe-se negativa. Não bastasse a lei só exigir condição de sócio, sem ressalvas, sua redação é fruto de um fato histórico-legislativo de teor normativo incontestável. No passado, a ilegitimidade dos sócios-gerentes descrita nos anteprojetos de Raul Ventura e Vaz Serra foi desacolhida. Na redação então proposta, dizia-se que o *"sócio não gerente* tem o direito de obter do gerente qualquer informação (...)". Na

direito à informação, o autor faz referência aos Proc. n.º 0424279, julgado em 19-10-2004 (RP), 1065/07.0TBOLh-A.E1, julgado em 18-6-2009 (RE), 0536276, julgado em19-1-2006 (RP), entre outros.

80 Adoto a classificação de inquéritos de João Labareda, pela qual o segundo seria tido como *normal*, por seguir o rito do CPC, e o primeiro como *especialíssimo*, voltado à disciplina específica do CSC (Labareda, João. *Notícias sobre os processos destinados ao exercício de direitos sociais*. In: Direito e Justiça, Lisboa, v. XIII, t. 1, p. 43-111, 1999, p. 67). Registre-se que, para Menezes Cordeiro, apenas o inquérito regulado pelo CPC é *judicial*, sendo aquele do CSC chamado de *inquérito às contas* (Cordeiro, António Menezes. *Art. 67.º*. In: Cordeiro, António Menezes (coord.). Código das sociedades comerciais anotado e regime jurídico dos procedimentos administrativos de dissolução e de liquidação de entidades comerciais (DLA). Coimbra: Almedina, 2012, p. 266.

81 RP, Proc. n.º 0634458, julgado em 26-10-2006:

I- O recurso ao inquérito judicial não é imotivado nem se pode basear em mera suspeita de irregularidades na administração dos bens sociais.

II- Deverá basear-se em factos concretos cuja prova cabe a quem pede o inquérito e deverão revelar a falsidade da informação ou a sua insuficiência.

82 Artigo 216.º, 1.

83 Artigo 1048.º, 1.

84 Artigo 1048.º. 2.

promulgada, os "gerentes devem prestar *a qualquer sócio* que o requeira informação (...)". A memória legislativa revela, assim, clara opção pela abertura do espectro de legitimados a *qualquer sócio*, independentemente de sua condição[85].

Ora, em qualquer *gestão plural* entre sócios, um dos gerentes pode (mas não *deve*, registre-se) negar ao outro o acesso à informação, conferindo legitimidade ativa para a propositura de inquérito judicial pelo prejudicado. Diga-se, ainda, das inúmeras sociedades nas quais quotistas gerentes de direito não o são de fato. Tais casos evidenciam a legitimidade ativa de um sócio gerente para o requerimento de inquérito[86] e, eventualmente, para a intervenção judicial como medida futura.

[85] Ventura, *Comentário ao Código das Sociedades Comerciais: sociedade por quotas*, v. I, *op. cit.*, p. 277-279; Cunha, *O inquérito judicial enquanto meio de tutela do direito à informação nas sociedades por quotas, op. cit.*, p. 309-313 [*Entende-se que a letra da lei refletida sobretudo no art. 214.º («qualquer sócio») — mas também nos arts. 21.º («todo o sócio»), 216.º («o sócio) e 67.º («qualquer sócio») — e a unidade e lógica do sistema apontam claramente no sentido de que caso tivesse estado subjacente ao pensamento legislativo a restrição daquele direito, a mesma teria de estar exposta nos respetivos normativos*].

[86] STJ, Proc. n.º 04A3002, julgado em 16-11-2004; STJ, Proc. n.º 06A1738, julgado em 10-10-2006; RL, Proc. n.º 2 096/13.6TYLSB.L1-2, julgado em 5-6-2014; RP, Proc. n.º 0424278, julgado em 19-10-2004; -RL, Proc. n.º 7418/2002-7, julgado em 23-3-2004; RP, Proc. n.º 9921595, julgado em 1.º-2-2000, entre inúmeros outros arestos. Na doutrina, Correia, A. Ferrer; Xavier, Vasco Lobo; Coelho, Maria Ângela; Caiero, António. *Sociedades por quotas de responsabilidade limitada: anteprojecto de lei – 2.ª redacção e exposição de motivos*. In: Revista de Direito e Economia, Coimbra, ano III, n. 2, p. 349-423, jul-dez 1977, p. 423; Vasconcelos, Pedro Pais de. *A participação social nas sociedades comerciais*. 2. ed. Coimbra: Almedina, 2006, p. 208; Clemente, Ana Rita Caseiro. *O direito dos sócios à informação*. Dissertação de Mestrado. Leiria: Escola Superior de Tecnologia e Gestão, 2015, p. 49; Rocha, Ana Gabriela Ferreira. *O direito à informação do sócio gerente nas sociedades por quotas*. In: Revista de Direito das Sociedades, Lisboa, a. 3, n. 4, p. 1.027-1.071, 2011, p. 1.062-1.070; Quintas, Hélder. *Regime jurídico das sociedades por quotas: anotado*. Coimbra: Almedina, 2010, p. 149; Cordeiro, *op. cit.*, p. 266; Marques, João Paulo Remédio. *Direito à informação: art. 216.º*. In: Coutinho de Abreu, Jorge Manuel (coord.). Código das Sociedades Comerciais em comentário. v. 3. Coimbra: Almedina, 2011, p. 317-318 [*O sócio, por ser gerente, não perde a sua qualidade de sócio. Se tal consequência fosse conjecturável e admissível, isso equivaleria a retirar o poder e informação) e concomitante sujeição dos gerentes que negarem o exercício desse poder) ao sócio consoante as funções ou cargos sociais que ele viesse (ou estivesse) a exercer*].
Contra, RL, Proc. n.º 0002348, julgado em 7-2-2002; RL, Proc. n.º 1258/08.2.TyLSB-7, julgado em 17-7-2009; STJ/Pt, Proc. n.º 9951036, julgado em 1.º-7-1997. Na doutrina, Coutinho de Abreu, Jorge Manuel. *Curso de Direito Comercial português*. v. 2. 5. ed. Coimbra: Almedina, 2016, p. 240-242; Câmara, Vanessa Araújo. *Direito à informação nas sociedades por quotas*. Dissertação de Mestrado. Lisboa: Instituto Universitário de Lisboa, 2013, p. 36; Torres, *op. cit.*, p. 175-180 – A bem da verdade, Torres defende que o direito à informação dos sócios gerentes não pode ser abrangido pelo mesmo dispositivo que se relacionaria aos sócios "não gerentes". Os quotistas administradores teriam outro direito, qual seja,

Para além desse fenômeno, a interpretação teleológica deve se abrir para aceitar legitimidades passivas em situações anômalas, mas que digam respeito à estrutura de poder político-administrativo da sociedade. Assim, mesmo em uma *gestão singular*, deve-se admitir que o quotista-gerente demande seu antecessor por falha no dever de informação quanto a fatos pertinentes à gestão deste. Imagine-se, para tanto, cenários nos quais o novo gerente não encontre documentos que deveriam estar sob a guarda do órgão de administração ou, ainda, tenha acesso a relatórios ou processos de teor obscuro ou ininteligível. Ter-se-ia, nesse caso, a *legitimidade passiva de um sócio não administrador*[87].

3.5.1. *Inquérito especialíssimo: falha na apreciação anual da situação da sociedade*

O CSC atribui aos gestores mercantis a responsabilidade pela apresentação anual espontânea de documentos representativos da situação patrimonial, econômica e financeira da sociedade administrada[88]. A teor do art. 65.º, 5, o relatório de gestão, as contas do exercício e os demais documentos de prestação de contas devem ser apresentados em até três meses, a contar do fim do exercício anual, ou em até cinco meses, a partir do mesmo marco, quando se trate de sociedades que devam exibir contas consolidadas ou que apliquem o método da equivalência patrimonial.

Caso tais documentos não sejam apresentados nos dois meses seguintes ao termo dos prazos supracitados, qualquer sócio passa a ter interesse jurídico em requerer a instauração de inquérito judicial[89], independentemente de sua participação social[90]. Nesse procedimento, após a oitiva do gestor a quem se imputa a falta aos deveres anexos à apreciação anual da situação societária, o juiz poderá arbitrar prazo adicional para fazê-lo. Descumprido este novo lapso, *será nomeado um administrador judicial exclusivamente encarregado de (i)* elaborar o relatório de gestão, as contas do exercício, os demais documentos de prestação de contas previstos na lei, *e (ii)* submetê-los ao órgão competente da sociedade[91].

o de "acesso" à informação, do mesmo modo que o faz Raul Ventura (In: *Comentário ao Código das Sociedades Comerciais: sociedade por quotas*, v. I, *op. cit.*, p. 290-291).

87 Aparentemente de acordo com essa medida, *cf.* Labareda, *op. cit.*, p. 68.

88 Artigo 65.º a 66-A.

89 CSC, art. 67.º, 1.

90 Diferentemente do que ocorre nas sociedades anônimas, nas quais exige-se uma participação acionária mínima da ordem de 1% do capital social (CSC, art. 288.º, 1).

91 CSC, art. 67.º, 2.

Face às considerações feitas em pontos pretéritos, outras se impõem.

Inicialmente, como regra, a *intervenção judicial* decorrente de falha na apreciação anual da situação da sociedade *não pode ser deferida inaudita altera pars*. O legislador português optou por forçar o juiz a oportunizar a regularização dos deveres espontâneos de prestar contas. Naturalmente, a oitiva obrigatória do gestor acusado pode evidenciar a desnecessidade de qualquer intervenção, além de auxiliar o magistrado na definição das métricas temporais adequadas para a fixação de eventual prazo adicional em seu favor. Por outro lado, não se pode ignorar que o contraditório pode ser excepcionalmente postergado quando a intervenção judicial se enquadrar nos requisitos para o deferimento de medidas cautelares excepcionais[92].

Em segundo lugar, o descumprimento do lapso temporal judicialmente fixado *impõe a solução da intervenção judicial da sociedade*. Nesse caso, inexiste margem discricionária relativa à nomeação ou não de um interventor, mas tão somente à extensão da sua missão – que se cingirá à correção das falhas do gestor acusado.

Logo, a intervenção judicial vigente durante o inquérito especialíssimo se dará sob o regime de *cogestão funcional*[93], mantendo-se os gestores contratualmente instituídos em suas atribuições, ressalvadas as que passarão à responsabilidade do interventor com vistas à regularização do acesso à informação pelos sócios.

3.5.2. *Inquérito normal: recusa, falsidade ou insuficiência de informações avulsas*

Para além das manifestações espontâneas obrigatórias supracitadas, o CSC dirige aos gerentes de sociedades por quotas a obrigação da prestação de informações avulsas[94]. Visando ao controle interno da gestão, essas informações devem ser *verdadeiras, completas e elucidativas*[95], de modo

[92] CSC, art. 1050.º.

[93] Leite, *Parâmetros interventivos para a nomeação e atuação de administradores judiciais em sociedades limitadas*, *op. cit.*, p. 243.

[94] Artigo 214.º.

[95] Informação *verdadeira* é aquela sem elementos desconformes à realidade e que, no seu conjunto, não induza a erro sobre a existência ou o conteúdo dos fatos a que respeita; *completa* é a que contém os elementos necessários para corresponder a toda a amplitude da solicitação, dentro do legal ou contratualmente consentido; enfim, *elucidativa* é a que remove e esclarece as dúvidas ou o desconhecimento sobre fatos, razões ou justificações para a sua prática, de forma clara e perceptível – Torres, Carlos Maria Pinheiro. *O direito à*

DSR, ano 12, vol. 24 (2020): 179-209

que *a recusa, falsidade ou insuficiência na sua prestação* pode dar margem ao requerimento de inquérito judicial[96].

Acertadamente, Remédio Marques[97] aponta que o manejo do inquérito judicial tem lugar não apenas com a falha no fornecimento de informações, mas também em impedimentos à consulta/inspeção de bens ou documentos societários pelos sócios.

Tal qual ocorre no âmbito da apreciação anual, a tentativa de oitiva prévia do gestor acusado também vigora no inquérito normal, inexistindo postergação à oportunidade do contraditório. Com ou sem resposta, o juiz poderá extinguir o pedido, determinar a prestação da informação – imediata ou por prazo – ou a instauração do inquérito[98].

A decisão em prol da instauração do inquérito é acompanhada pela nomeação de perito ou peritos que atuam, consistentemente, como interventores judiciais fiscalizatórios[99]. A fim de responder a quesitos formulados pelo magistrado, competirá ao interventor uma série de atribuições típicas de um *administrador informante*[100], tais como a inspeção de bens e o recolhimento de dados. Notoriamente, como aponta Diogo Cunha, essa investigação *tem por objeto algo ocorrido no passado e existente no presente ou, pelo menos, com vestígios ou memória no presente*[101]. Fosse diferente, a questão seria insindicável.

informação nas sociedades comerciais. Coimbra: Almedina, 1998, p. 208-209. Diogo Drago alerta para situações em que "a gerência ou a administração fornece ao sócio informação excessiva ou desnecessária em torno de fatos cujo esclarecimento foi pedido", quando o excesso ou a inutilidade podem contribuir com a confusão do sócio ou o seu errado esclarecimento. Não haveria, aí, elucidação. – Drago, Diogo. *O poder de informação dos sócios nas sociedades comerciais*. Coimbra: Almedina, 2009, p. 125. *Cf.*, ainda, VENTURA, Raul. *Comentário ao Código das Sociedades Comerciais: sociedade por quotas*. v. I. 2. ed. Coimbra: Almedina, 1989, p. 293-294.

96 CSC, art. 216.º e 292.º. Na jurisprudência, *cf.* RE, Proc. n.º 1937/08.4TBFAR-A.E1, julgado em 28-10-2009; RP, Proc. n.º 6067/2006-6, julgado em 21-9-2006; RP, Proc. n.º 633440, julgado em 14-9-2016 (*O sócio de uma sociedade pode requerer inquérito se vir recusada a informação pedida ou se a informação recebida for presumivelmente falsa, incompleta ou não elucidativa ou, ainda, embora a informação ainda não haja sido recusada, se concorrerem circunstâncias que façam presumir que a informação não será prestada ao sócio que a pretenda*). No sentido desse aresto, *cf.* Quintas, *op. cit.*, p. 148-149. Contra, RL, Proc. n.º 4657/2006-6, julgado em 29-6-2006 e RL. Proc. n.º 0032816, julgado em 4-7-1991.

97 Marques, *Direito à informação: art. 216.º, op. cit.*, p. 313.

98 CPC, art. 1049.º, 1.

99 CPC, Artigo 1049.º, 2. *Cf.* LEITE, *Parâmetros interventivos para a nomeação e atuação de administradores judiciais em sociedades limitadas, op. Cit.*, p. 232.

100 CPC, Artigo 1049.º, 3. *Cf.* LEITE, *Parâmetros interventivos para a nomeação e atuação de administradores judiciais em sociedades limitadas, op. Cit.*, p. 234.

101 In: *O inquérito judicial enquanto meio de tutela do direito à informação nas sociedades por quotas, op. cit.*, p. 346.

Finalizado o inquérito e notificadas as partes, os elementos casuísticos municiarão o juízo para a designação das seguintes providências[102], de acordo com o requerimento das partes: *(i)* a prestação regular da informação; *(ii)* a destituição de pessoas cuja responsabilidade por atos praticados no exercício de cargos sociais tenha sido verificada; *(iii)* a dissolução da sociedade, se forem apurados fatos que constituam causa de dissolução, nos termos da lei ou do contrato, e ela tenha sido requerida; ou *(iv)* a *nomeação de um administrador*[103].

Nessa fase, o CSC não impõe que seja oportunizada ao gestor acusado a prestação regular da informação. Esta é elencada como *uma das possibilidades*, cujos elementos concretos podem indicar pela sua inadequação para resolver os problemas levados a juízo. No que esse rol aqui interessa, *a nomeação de um administrador está capitulada entre as demais soluções descritas pelo legislador português*. Quem vier a ser nomeado tem por missão a colaboração com a tutela jurisdicional no sentido de *pôr fim a um conflito interno calcado na violação a um interesse social específico, qual seja, a falha na prestação de informações avulsas*.

A instituição da intervenção judicial nesse momento verifica-se em qualquer uma das suas três grandes modalidades[104]. Poderá ser um *fiscalizador informante* ou *controlador*, se o juiz atribuir ao gestor acusado a prática de condutas destinadas a sanar o ilícito. Poderá ser um *cogestor pessoal* ou *funcional*, para que execute tarefas específicas, afastando parcialmente gestores de suas atividades ou funções. Poderá, enfim, vir a ser um *interventor substitutivo*, assumindo inteiramente a gestão mercantil, se for adequado e necessário à reposição da legalidade. Todas essas hipóteses têm suas balizas no art. 292.º, 3 e 4, do CSC, com rito descrito no art. 1.053.º do CPC.

Ademais, entre as atribuições constantes da decisão interventiva e destinadas ao administrador judicial poderá figurar a propositura de ação de responsabilidade em face do gestor acusado de violação ao dever de informação. Trata-se de exercício de *presentação*, pelo qual a sociedade limitada demandará em nome e interesse próprio[105].

Apesar do caráter expresso dessas previsões legais, não foram encontrados precedentes da nomeação de administradores judiciais pelos tribunais

[102] Rol meramente exemplificativo (Cunha, *O inquérito judicial enquanto meio de tutela do direito à informação nas sociedades por quotas*, *op. cit.*, p. 350).

[103] CSC, art. 292.º, 2, "b"; CPC, art. 1051.º.

[104] Leite, *Parâmetros interventivos para a nomeação e atuação de administradores judiciais em sociedades limitadas*, *op. Cit.*, p. 229-255.

[105] Artigo 292.º, 3, "a".

após a fase de inquérito[106]. Para que isso aconteça, o sócio cujo direito for reconhecido deverá peticionar *justificando* essa necessidade e *indicando*, para o exercício do cargo, pessoa que repute idônea.

Além da idoneidade, indaga-se sobre a possibilidade de aplicação do regime de impedimentos e suspeições dos peritos (CPC, art. 470.º, 1) aos administradores judiciais. Ilustrativamente, poderia ser nomeado como tal o irmão ou o sobrinho do requerente?

Conquanto não tenha tratado diretamente de questões relativas à suspeição, é preciso compreender em sua inteireza a abrangência do art. 1.053.º, 1, do CPC. Seus comandos normativos abarcam não somente os procedimentos decorrentes do inquérito judicial, mas também outros que com ele não têm qualquer relação. Exemplo disso é o art. 253.º, 2, do CSC, que trata da substituição de gerentes. Obedecidas suas premissas, não faria sentido impor ao sócio de uma sociedade por quotas familiar que, diante da morte de seu irmão, outrora gerente, não pudesse vir a indicar seu sobrinho para suprir uma necessidade de presentação até a regularização do órgão de administração.

Situação completamente diferente pode advir de um inquérito judicial. O desgaste de uma lide envolvendo sócios em conflito pode ser potencializado de forma diretamente proporcional à quantidade de quotistas. Nessa senda, o administrador nomeado após o inquérito precisará de equidistância e isenção, convindo aplicar, analogicamente, o regime de impedimentos e suspeições a que estão sujeitos os peritos.

Ora, se para uma intervenção judicial fiscalizatória – o *menos* – é possível obstaculizar o trabalho com base em elementos de impedimento e suspeição, maior razão assistiria a alegações dessa ordem em intervenção concorrente ou substitutiva – *o mais*. Bem se vê, se mostra factível a ampliação do critério do art. 1.053.º, 1, nos domínios do inquérito.

3.6. Providências cautelares: ampliando as fronteiras do inquérito judicial

Embora uma intervenção estrita – concorrente ou substitutiva – possa ter lugar após a conclusão do inquérito, sua limitação às fronteiras normativas desse processo especial é um fator, em vários ângulos, problemático.

106 É interessante notar a capitulação doutrinária do fenômeno como *pesado* ou *lesivo* para a dinâmica societária, enfatizando seu manejo *"nas mais extremas circunstâncias"* – Drago, *op. cit.*, p. 326.

A primeira e mais importante contenda está no campo da *abrangência* do inquérito judicial. Bem se viu, esse processo especial se destina a tutelar, única e exclusivamente, o direito à informação dos sócios. A limitação da admissibilidade da intervenção à violação *somente* desse interesse social e *somente* por meio do inquérito tem, no mínimo, duas consequências indesejadas: *(i)* ignorar o manejo da ferramenta interventiva em violações, de igual ou maior gravidade, a outros interesses sociais e *(ii)* incentivar os legitimados ativos a maquinar violações fictícias ao direito à informação – ou já existentes e até então toleradas – para aceder à via do inquérito no intuito de obter uma tutela nominativa inacessível por outro meio.

Em segundo lugar, o *momento* legalmente previsto para o possível deferimento da intervenção judicial pode ensejar uma restrição incompatível com a pretendida proteção do direito à informação. Com efeito, ao condicionar a suspensão total ou parcial dos gerentes – por meio da nomeação de interventores – à finalização do inquérito (art. 1.051.º), o CPC retarda uma proteção potencialmente necessária *durante* a realização do procedimento. Nessa fase, vale lembrar, o legislador somente conferiu ao juiz a possibilidade de nomear peritos em regime de *fiscalização*, o que poderia se mostrar insuficiente.

O que fazer?

Penso que, para além do expressamente delimitado para o processo especial de inquérito, nada obsta a uma aplicação mais abrangente da intervenção na gestão societária, com base nas *providências cautelares não especificadas*.

Nessa seara, o fundado receio de que outrem cause lesão grave e dificilmente reparável concede ao jurisdicionado o direito de requerer "a providência conservatória ou antecipatória concretamente adequada a assegurar a efetividade do direito ameaçado[107]", devendo o pedido ser acatado quando haja "probabilidade séria da existência do direito e se mostre suficientemente fundado o receio de sua lesão[108]".

Ora, inúmeros conflitos societários podem ter na *intervenção cautelar atípica* a via mais efetiva, menos gravosa e necessária para uma solução justa e equilibrada da lide. Logo, sendo *concretamente adequado* para o restabelecimento ou preservação dos interesses sociais alegadamente violados ou ameaçados, os magistrados dispõem dessa valiosa tutela de

[107] Artigo 362.º, 1.
[108] Artigo 368.º, 1.

DSR, ano 12, vol. 24 (2020): 179-209

urgência já francamente utilizada no direito estrangeiro[109] e, inclusive, no processo especial de insolvência regulado pelo CIRE[110].

Mesmo no inquérito judicial, a aceitação da intervenção cautelar como medida concreta atrai novas faculdades para os magistrados. Como visto, instaurado esse processo especial, são nomeados interventores sob o regime de fiscalização, cabendo-lhes inspecionar bens e recolher dados. Nesse contexto, imagine-se que, durante o inquérito, o gestor acusado de faltar com o dever de informação passasse a destruir livros e documentos societários. Poderia o juiz afastá-lo e ampliar os poderes do perito fiscalizador a fim de que este, de *sponte própria*, reunisse os elementos necessários *e* prestasse a informação requerida, tendo estendida sua atuação para a própria gestão?

Sob a égide das providências cautelares não especificadas, deve-se responder à questão avaliando o pedido constante do requerimento de inquérito judicial. Se ele se cinge ao cumprimento do dever de informação pelo gestor contratualmente instituído, seria ilegítimo que o juiz conferisse decisão fora dos limites objetivos do pedido e contra a vontade do quotista postulante, de modo a investir um terceiro na administração societária.

A situação se altera ante a existência de um pedido do requerente. Aqui, relatado pelo interventor-fiscalizador o comportamento insano por parte do gestor submetido a inquérito, o afastamento deste, cumulado com a ampliação dos poderes daquele em direção a uma intervenção concorrente ou substitutiva, poderia vir a ser uma medida concretamente adequada ao resguardo do interesse social a uma gestão juridicamente correta. Conquanto fosse dispensável, há autorização legal expressa para ordenação de medidas cautelares que sejam *convenientes* "sempre que se indicie a existência de irregularidades ou a prática de quaisquer atos suscetíveis de entravar a investigação em curso[111]".

[109] *Cf.* Leite, *Intervenção judicial em conflitos societários, op. Cit.*.

[110] O CIRE possibilita a nomeação cautelar de *administradores judiciais* provisórios quando, *antes de decretada a insolvência*, haja a necessidade de uma intervenção de âmbito fiscalizatório, concorrente ou substitutivo, visando a sanar a "prática de actos de má gestão" que agravem a situação patrimonial do devedor (art. 31.º). Embora pensada para o âmbito da contenção do estado de insolvência, a regulação desse fenômeno é ampla e detalhada. Entre outros pontos, o CIRE normatiza o modo de escolha e remuneração do administrador (art. 32.º), suas competências, poderes e as balizas da decisão nominativa (art. 33.º), servindo de rica fonte analógica ao alargamento das hipóteses abstratas de intervenção judicial na gestão empresária pela via do poder geral de cautela.

[111] CPC, Artigo 1050.º. Na doutrina, Alberto dos Reis adverte que, na jurisdição voluntária, o princípio da atividade inquisitória do juiz prevalece sobre o princípio da atividade

Nesse liame, destaque-se a relevância da abertura do art. 86.º, 2, da CRP, para viabilizar essa solução alternativa. Isso porque, se a Constituição só autorizasse o Estado (em todas as suas funções) a intervir na gestão de empresas privadas *nos casos* expressamente previstos na lei, duas saídas exsurgiriam. Interpretando-se "casos" como *circunstâncias* (*eventos*; âmbito de manejo), a resposta seria positiva, com base no art. 1.050.º do CPC. Porém, entendendo-se "casos" como *hipóteses* (*medidas*; *ferramentas*) *em circunstâncias*[112], a resposta seria negativa. Isso porque, em que pese a autorização legislativa ao deferimento de medidas cautelares durante o inquérito, a intervenção na sociedade por meio de um administrador judicial cogestor ou substitutivo não seria *expressamente prevista*.

De fato, ao qualificar o *caso*, o constituinte não se restringiu àqueles "previstos em lei". Contundentemente, legitimou as intervenções estatais apenas quando "*expressamente* previstas em lei"[113], em franca redução do espectro de situações admissíveis. Nesse cenário já superado, interpretações maleáveis seriam implausíveis.

4. Síntese conclusiva

Face o exposto, conclui-se sinteticamente:

a) a normatividade passada e presente, para além da construção lógico-redacional, apontam o Estado-Administrador como *sujeito interventor* descrito pelo art. 86.º, 2, da CRP;
b) a intervenção do Estado-Juiz – *intervenção judicial* – na gestão empresária tem fundamento de validade constitucional na *liberdade de iniciativa econômica privada*, recortada pela reserva legal e pelo interesse geral (CRP, 61.º, 1);
c) exemplos clássicos de intervenção judicial esparsos pelo ordenamento luso estão regulados pelo processo especial de insolvência e revitalização, a penhora sobre o estabelecimento empresarial, a vacância gerencial e o inquérito judicial; e,

dispositiva das partes, o que se reflete na colheita dos fatos e nos meios de prova e de informação – Reis, Alberto dos. *Processos especiais*. v. 2. Coimbra: Coimbra Editora, 1982, p. 399. *Cf.*, ainda, Drago, *op. cit.*, p. 330-331.

112 Canotilho e Moreira, v. 1, *op. cit.*, p. 1.017 [*A intervenção na gestão só pode ser feita na base de uma lei que previamente tipifique as situações e tipos de intervenção (reserva de lei tipificadora)*].

113 Medeiros, *Art. 86.º*, *op. cit.*, p. 109; Fonseca, *op. cit.*, p. 386.

d) no caso de conflitos societários, a intervenção judicial pode ter lugar no âmbito das providências cautelares não especificadas, ampliando as fronteiras do inquérito judicial - fundado apenas na falha ao dever de informação - para hipóteses de violação a outros interesses sociais - *v.g.*, deveres de cuidado, diligência, superintendência, lealdade, respeito ao princípio majoritário como meio de superação de conflitos, cumprimento do objeto social, etc.

RESUMO: Este texto trata sucintamente da tradicional divergência na identificação da relação jurídica do administrador com as sociedades anônimas e por quotas, envolve sua relação com a comissão de serviço estabelecida nas relações laborais. Explana resumidamente a acumulação ou não acumulação da relação de administrador societário com o trabalho subordinado. Aborda ainda a suspensão e extinção do contrato de trabalho no acesso ao cargo da administração das sociedades, bem como uma breve consideração acerca do trabalho subordinado e o exercício de atividade concorrente durante a vigência do cargo de administrador societário.
Palavras-chave: administrador; comissão de serviço; contrato de trabalho; atividades concorrentes.

ABSTRACT: This text succinctly deals with the traditional divergence in the identification of the director's legal relationship with the public and private limited companies, involves his relationship with the service commission established in labour relations. It briefly explains the accumulation or non-accumulation of the relationship between the corporate director and subordinate work. It also addresses the suspension and termination of the employment contract in accessing the position of management of the companies, as well as a brief consideration about subordinate work and the exercise of competing activity while in office as a director.
Keywords: director; service commission; employment contract; competing activities.

RAFAEL TEIXEIRA RAMOS* **

A relação de administrador com o trabalho subordinado nas sociedades anônimas e por quotas

1. Introdução

A investigação sobre a natureza da relação de administrador com as sociedades anônimas e por quotas não é tema inovador. A revisitação da matéria é válida uma vez que, até o presente momento, não há uma unanimidade de entendimento e a sua compreensão mínima é importante para evitar possíveis confusões práticas com outros tipos de vínculos, como os geridos pelos contratos de trabalho.

* Professor de Direito da UNICHRISTUS e da Faculdade Luciano Feijão no Estado do Ceará/Brasil, Doutorando em Ciências Jurídico-Empresariais e Mestre em Ciências Jurídico-Laborais, ambos pela Faculdade de Direito da Universidade de Coimbra

** Texto submetido a revisão por pares (*peer review*).

Apresentadas as teses a respeito da ligação dos administradores com as sociedades e apreendidos os seus elementos constitutivos, perdura-se retomar a discussão da possibilidade de existência concomitante do exercício de administrador com o trabalho em comissão de serviço, reaveriguar delimitadamente a evolução doutrinária e alguma manifestação jurisprudencial.

Após resumida análise mais particular ao contrato de trabalho em comissão de serviço e o seu paralelo com a atividade de administrador societário, parte-se para uma abordagem mais geral travada na amplitude da cumulação ou não acumulação das funções de administração das sociedades anônimas e por quotas com o trabalho subordinado, a procura de novas perspectivas doutrinais, bem como jurisprudenciais.

Na sequência, permite-se a uma breve reinvestigação correlacionada à suspensão e extinção do contrato de trabalho pré-existente à designação de administrador, diante de um novo quadro de constitucionalidade que se apresenta com decisões judiciais mais recentes.

Em título próprio, relembra-se em algumas linhas a relevância da regra limitativa da atividade concorrente, pautando-a na possibilidade de ser movimentada por administrador da sociedade e sua estreita relação com o trabalho subordinado.

2. A relação jurídica do administrador com a sociedade

A relação jurídica do administrador com as sociedades comerciais suscita algumas dificuldades quanto a sua natureza. Não há uma definição unânime sobre a sua qualificação. Nos dias atuais se acentuou a divergência, o que contribui de saída para um questionamento sobre a sua possível constituição em vínculo laboral subordinado.

De modo diverso acontece com o trabalho subordinado (relação de emprego), na medida em que este perfaz características consideradas unânimes pela doutrina, também objeto raiz do estudo do Direito do Trabalho,[2] qual seja: uma vinculação contratual com delimitada prestação

[2] Embora não aceite a secundarização das outras relações de trabalho, preferindo a utilização do termo *"actividade laboral"* como centro do Direito do Trabalho, aborda todas as características do contrato de trabalho subordinado, Ramalho, Maria do Rosário Palma. *Tratado de direito do trabalho*: parte I – dogmática geral. 4. ed. Coimbra: Almedina, 2015, p. 21-33.

laborativa, sob subordinação jurídica de uma pessoa coletiva ou singular (podendo ser também um agrupamento destas), mediante remuneração.[3]

Quanto à identificação do vínculo de administrador à sociedade comercial, há três correntes mais decantadas: a contratualista, a unilateralista e a dualista (da divisão).[4] O contratualismo defende que essa relação de administração pode-se constituir em um contrato de prestação de serviço, contrato de mandato, contrato de trabalho, contrato de administração ou contrato *sui generis*. O unilateralismo dispõe um enlace decorrente do ato de deliberação assemblear com o respectivo ato de aceitação do indivíduo sem formação contratual, uma declaração institucional, alicerçados na Lei e na própria formação societária. O dualismo germânico (doutrina mista ou eclética) idealiza o liame do administrador adveniente da interseção entre as duas formulações sobreditas.[5]

As normas que sustentam os posicionamentos supradescritos são diversificadas: qualidade de sócio (art. 191.º, 1), contrato social (arts. 252.º, 2, 391.º, 1, 425.º, 1) ou ato constituinte unilateral (cfr. o art. 270.º-G), eleição por deliberação dos sócios (arts. 191.º, 2, 252.º, 2, 391.º, 1, 425.º, 1, b)), de sócios minoritários (art. 392.º, 6, 7), do conselho de administração (art. 393.º, 3, b)) ou do conselho geral e de supervisão (art. 425.º, 1, a)), nomeação judicial (art. 253.º, 3, 394.º, 426.º), designação por sócio com direito especial (art. 252.º, 2, 83.º, 1), pelo Estado (cfr. o art. 392.º, 11), pelo órgão de fiscalização (art. 393.º, 1, c)).[6]

A partir do seio da tese contratualista, o contrato de mandato não deve ser o meio mais adequado para reger o vínculo do administrador com

[3] Na definição de empregador, atesta substancialmente no mesmo sentido, Abreu, Jorge Manuel Coutinho de. Grupos de sociedades e direito do trabalho. *Boletim da faculdade de direito*. Coimbra: Universidade de Coimbra, vol. LXVI, p. 124-149, 1990. A respeito dos elementos essenciais do contrato de trabalho citando o art. 11º do Código do Trabalho (CT), verificar Amado, João Leal. *Contrato de trabalho*. 2. ed. Coimbra: Almedina, 2018, p. 47., análise idêntica em GOMES, Júlio Manuel Vieira. *Direito do trabalho*. vol. I. Coimbra: Coimbra Editora, 2007, p. 81., Martinez, Pedro Romano. *Direito do trabalho*. 8. ed. Coimbra: Almedina, 2017, p. 158-166., Fernandes, António Monteiro. *Direito do trabalho*.16. ed. Coimbra: Almedina, 2012, p. 112-118., Martinez, Pedro Romano. Artigo 11º – Noção de contrato de trabalho. In: Martinez, Pedro Romano. et al. *Código do trabalho anotado*. 9. ed. Coimbra: Almedina, 2013, p. 131-134.

[4] Retrata-se em Abreu, J.M. Coutinho de. Administradores e trabalhadores de sociedades (cúmulos e não). In: Abreu, J.M. Coutinho de et al. *Temas societários*. Coimbra: Almedina, 2006, p. 11.

[5] Radiografia das três teses mencionadas em CORREIA, Luís Brito. *Os administradores de sociedades anónimas*. Coimbra: Almedina, 1993, p. 375-409.

[6] Descrição *ipsis litteris* de Abreu, Jorge Manuel Coutinho de. *Governação das sociedades comerciais*. 2. ed. Coimbra: Almedina, 2010, p. 72-73.

a sociedade comercial, pois o gestor não é apenas mandatário de atos, negócios, atua com margem de liberdade na condução administrativa e representativa da companhia.

O contrato de prestação de serviço genérico também é inconsistente para regular esta relação do administrador societário, uma vez que este não detém tanta autonomia na execução de suas atividades gestoras, estando sob orientações orgânicas da sociedade comercial, adstrito ao resultado máximo, comum do risco empresarial. Também não existe plena bilateralidade negocial na constituição desta relação, o que refuta de plano esse cariz contratualista.

Por sua vez, o contrato de trabalho não se amolda ao liame do administrador societário. Este goza de uma liberdade bem menos subordinada do que a de um trabalhador comum, além de exercitar a gestão com ou sem remuneração (retribuição)[7], esta obrigatória em qualquer relação laboral, exceto no trabalho voluntário, rompendo com os dois principais elos do contrato laboralista.

No tocante à tese dualista, eclética (doutrinária mista), verifica-se uma conjugação forçada para justificar a agregação de funções típicas de serviço com contrato de emprego ao ato unilateral de designação da assembleia geral. Entretanto, essa configuração não encontra abrigo no art. 398.º, n. 1, do Código das Sociedades Comerciais (CSC), ao afastar quaisquer funções temporárias ou permanentes de contrato de trabalho durante o período de exercício do cargo de administrador, ao passo que também não preenche os caracteres de uma relação empregatícia supra delineada.[8]

Vem-se fortificando o enquadramento da vinculação do administrador por contrato de administração ou contratação *sui generis*, que teria a capacidade de contemplar os seus elementos substanciais com o seu complexo feixe de atribuições.[9] Admitir essa espécie contratual é aderir por outro *nomen iuris* a contratação de prestação de serviço nos termos do art. 1154.º e ss., do Código Civil (CC) e à tese contratualista.

Nesse esteio, não se vislumbra uma boa via, pois a fórmula de uma contratação de administração *sui generis*, excludente da subordinação clás-

7 Descreve-se em Abreu, J.M. Coutinho de. Artigo 399º Remuneração. In: ABREU, Jorge M. Coutinho de (coord.). *Código das sociedades comerciais em comentário*. 2. ed. v. VI. n. 6. Coimbra: Almedina, 2019, p. 372.

8 Reforço com vários outros argumentos no ordenamento jurídico português em CORREIA, Luís Brito., op. cit., 1993, p. 405-409.

9 Como sugere Bassani, Amanda Bezerra. O contrato de trabalho e a gestão societária: uma análise do artigo 398.º do CSC. *Revista da faculdade de direito da universidade de Lisboa – Lisbon law review*. Lisboa: Faculdade de Direito da Universidade de Lisboa., vol. LX., p. 171-215, setembro, 2019/1.

sica dos vínculos empregatícios, também é utilizada no contrato de trabalho parassubordinado da doutrina italiana ou no contrato de emprego com menos subordinação do direito alemão. Atualmente retoma-se com certa inquietação a argumentação de um "modelo contratual regente das relações de trabalho autônomo"[10], não circunscrevente da tipicidade tradicional da subordinação jurídica laboral, tampouco da autonomia mais acentuada no contrato de prestação de serviço.[11]

O próprio texto do art. 398.º, n. 1, do CSC[12] utiliza as terminologias "... contrato de trabalho, subordinado ou autónomo,...", deixando mar-

[10] Vale o adendo: no Brasil, desde a edição da Emenda Constitucional n. 45 de dezembro de 2004, que modificou significativamente o art. 114, com a inserção dos incisos I e IX, na Constituição da República Federativa do Brasil, se abriu espaço de regulamentação infraconstitucional para a existência mais concreta do trabalhador autônomo. Regulação esta que sobreveio, ainda que de maneira aberta, com a Lei n. 13.467 de julho de 2017 (Reforma Trabalhista) ao introduzir o art. 442-B na Consolidação das Leis do Trabalho (CLT). A contratação por via do modelo chamado "carteira verde amarela" disposta no art. 1º da Medida Provisória n. 905 de novembro de 2019, evidenciava um exemplo de trabalho autônomo. É certo que, medida provisória necessita de votação do Congresso Nacional brasileiro para se tornar lei, e, nesse sentido, em face da crise provocada pela pandemia do convid-19 (corona vírus), o próprio chefe do executivo federal brasileiro resolveu desistir temporariamente da ideia de contratação "verde amarela" ao editar a Medida Provisória n. 955 de abril de 2020 que veio apenas para revogar a Medida Provisória n. 905/2019. Porém, cada vez mais, percebe-se a tentativa de abrir as portas para a existência da relação de trabalho autônomo, diferenciada da relação empregatícia tradicional da CLT e ao mesmo tempo da relação de prestação de serviço edificada nos arts. 593 a 609 do Código Civil brasileiro.

[11] Prenúncios da construção distintiva entre as relações de trabalho subordinado e autônomo (parassubordinado) na doutrina italiana de Barassi, Ludovico. *Il contrato di lavoro*. v. 1. Milano: Società Editrice Libraria, 1915, p. 668-706., Barassi, Lodovico. *Il diritto del lavoro*. v. 1. Milano: Giuffrè Editore, 1935, p. 124-134., Romagnoli, Umberto. «Il contratto di lavoro» di Ludovico Barassi cent'anni dopo. *Rivista trimestrale di diritto e procedura civile*. Milano: Giuffrè Editore., anno LV., n. 2, p. 239-262, giugno, 2001. A respeito da teoria trinária que rompe com a teoria binária rígida entre relação empregatíca tradicional e serviço autônomo nos termos do Código Civil, revelando um trabalho autônomo ou parassubordinado (doutrinas intaliana e alemã), analisar Nascimento, Amauri Mascaro. *Curso de direito do trabalho*: história e teoria geral do direito do trabalho: relações individuais e colectivas do trabalho. 26. ed. São Paulo: Saraiva, 2011, p. 211-218, 556-575. Trabalho autónomo e trabalho subordinado – zonas cinzentas – em Xavier, Bernardo da Gama Lobo et al. *Manual de direito do trabalho*. 3. ed. Lisboa: Rei dos Livros, 2018, p. 355-357. No mesmo foco, mas por outra abordagem, discorre sobre a crise da subordinação, GOMES, Júlio Manuel Vieira., op. cit., 2007, p. 101-139. Sempre foi a favor de uma construção *lato sensu* do contrato laboral e da relação de trabalho, distinguindo-a da relação de emprego, em Portugal, Ramalho, Maria do Rosário Palma., op. cit., 2015, p. 407-488.

[12] Decreto-Lei n. 262/86. Artigo 398.º, n. 1 – Durante o período para o qual foram designados, os administradores não podem exercer, na sociedade ou em sociedades que com

gem a abranger a incompatibilidade da firmação do cargo de administrador com contratos de trabalho (subordinado ou autônomo), e, paralelamente, contratos de prestação de serviços.[13]

Destarte, crer-se melhor na natureza da relação do administrador decorrente da matriz originária de um negócio jurídico unilateral, deliberatório, declaratório do cargo administrativo, sedimentado no direito das sociedades, por veiculação da Lei, Estatutos, Atos Sociais Declaratórios, ajustáveis por contratos ou decisões judiciárias. Neste modelo não há bilateralidade na gênese do vínculo jurídico de administrador, mas sim o aceite como implementação de eficácia da designação institucional. "A deliberação é registrável e impugnável por via judicial".[14]

No entanto, algumas relações entre a pessoa do encargo administrativo e a sociedade podem ser reguladas por contrato sem desnaturar a origem unilateralista, institucional do vínculo de administração societária, é o caso das cláusulas de indenizações para destituição sem justa causa, previsão de remuneração variável, clausulados de benefícios de reforma antecipada, pensão complementar, dentre outros.[15]

Nada obstante, o fato de o administrador ser acionista fundador da sociedade também não desfigura o ato unilateral de sua designação, seja

esta estejam em relação de domínio ou de grupo, quaisquer funções temporárias ou permanentes ao abrigo de contrato de trabalho, subordinado ou autónomo, nem podem celebrar quaisquer desses contratos que visem uma prestação de serviços quando cessarem as funções de administrador.

[13] Conota-se proposta de distinção entre o contrato de trabalho (subordinado ou autônomo) e o contrato de prestação de serviço ao classificá-los em itens diferentes em Braga, Armando. *Código das sociedades comerciais*: anotado e comentado. Porto: Elcla Editora, 1991, p. 532. Alexandre de Soveral Martins ensaia interpretar como contrato de trabalho autônomo, mas em seguida prefere se render de maneira indagadora ao significado de contrato de prestação de serviço se remetendo a António Menezes Cordeiro: Não obstante isso, o CSC parece reconhecer a existência de contratos de trabalho "autónomo". Será, parece, o que se chama, mais correctamente, um contrato de prestação de serviços. Martins, Alexandre de Soveral. Artigo 398º Exercício de outras atividades. In: Abreu, Jorge M. Coutinho de (coord.). *Código das sociedades comerciais em comentário*. 2. ed. v. VI. n. 6. Coimbra: Almedina, 2019, p. 357. Critica a terminologia "contrato de trabalho subordinado ou autónomo", por esta não estar ajustada a do Código Civil que é contrato de prestação de serviço, Furtado, Pinto. *Código das sociedades comerciais anotado*. 5. ed. Lisboa: Livraria Petrony, 2007, p. 321.

[14] Adere-se ao raciocínio jurídico de Abreu, Jorge Manuel Coutinho de., op. cit., 2010, p. 73-74. Compartilha da mesma tese ao dispor sobre a refutação do contratualismo puro nos fatos constitutivos múltiplos da relação do administrador, a administração como estado, situação jurídica de administração, Cordeiro, António Menezes. *Direito das sociedades I*: parte geral. 3. ed. Coimbra: Almedina, 2016, p. 926-929.

[15] Suporte em Abreu, Jorge Manuel Coutinho de., op. cit., 2006, p. 13-14.

em deliberação futura da assembleia geral, seja por disposição no próprio contrato social de formação da entidade societária, que serve primordialmente a sua própria instituição, a criação dos órgãos com os correspectivos cargos, autorregulações, obrigações, direitos e deveres iniciais de impulso do objeto social.

3. A relação jurídica do administrador societário e o trabalho em comissão de serviço

O Decreto-Lei n. 404/91 introduziu o regime do trabalho em comissão de serviço na atividade econômica privada, atualmente resguardado nos arts. 161.º a 164.º do Código do Trabalho (CT).[16] Com o advento desta figura juslaboral, parcela da doutrina passou a estendê-la aos quadros das funções da administração societária.[17] Tal entendimento causou ruptura

[16] Assinala a implantação legal do trabalho em comissão de serviço, Leite, Jorge. Comissão de serviço. *Questões laborais*. Coimbra: Coimbra Editora., ano VII., n. 16, p. 152-161, 2000.

[17] O decreto-Lei n.º 404/91, de 18 de Outubro, veio permitir que sejam exercidos em regime de comissão de serviço, entre outros, os cargos de administração. Este regime tanto é possível para trabalhadores da empresa a que respeita o cargo de administração, como para trabalhadores de outras empresas.
Este regime não é incompatível com o disposto no art. 398.º, n.º 1, entendendo a expressão neste usada "exercer funções ao abrigo de contrato de trabalho subordinado" como a efectiva prestação do trabalho contratado. O trabalhador que exerce, em regime de comissão de serviço, o cargo de administrador, não prestará simultaneamente o seu trabalho subordinado na categoria que tinha ao tempo do início da comissão. Ventura, Raul. *Novos estudos sobre sociedades anónimas e sociedades em nome colectivo*: comentário ao código das sociedades comerciais. Coimbra: Almedina, 1994, p. 194-195.
...
É sustentável que esta disposição do Código das Sociedades Comerciais está, em parte, derrogada pelo Dec.-Lei n.º 404/91, de 16-10, que permite que um trabalhador de uma empresa seja designado seu administrador, *em regime de comissão de serviço*, sem que o respectivo contrato de trabalho caduque, ainda que tenha sido celebrado antes de decorrido um ano e até, mesmo, que tenha sido celebrado simultaneamente com a designação para o cargo de administrador (cfr. arts. 1.º, n.º 1, 3.º, n.º 1, *c)*, 4.º, n.ºs 1 e 2 e, *maxime*, n.º 3, alínea *a)*, segunda parte do citado Dec.-Lei n.º 404/91). Neto, Abílio. *Código das sociedades comerciais*: jurisprudência e doutrina. 4. ed. Lisboa: Ediforum, 2007, p. 849.
...
Nessa mesma toada: Entende-se, por isso, que sempre que a relação de administração societária assuma as características do trabalho subordinado – por ser prestada sob a autoridade e direcção de outrem – pode constituir-se a partir da celebração de contrato de comissão de serviço. Monteiro, Luís Miguel. Artigo 161º – Objeto da comissão de serviço.

na posição quase dominante sobre o afastamento do vínculo laboral da relação de administrador das sociedades comerciais anônimas.[18]

A divergência instaurada sobre a viabilidade de trabalho subordinado em comissão de serviço no âmbito do quadro administrativo da sociedade anônima, mais uma vez poderia promover insegurança jurídica quanto à qualificação da relação do administrador societário ou sua possível identificação com o estatuto de trabalhador subordinado.

O labor em comissão de serviço, destacadamente, pode incitar uma confusão relativa ao enlace constitutivo da atividade de administrador societário, pois normalmente o empregador utiliza aquele para encarregar a um trabalhador subordinado uma posição de confiança, representação, chefia.[19] Essa função empregatícia esbarra nas fronteiras funcionais do órgão de administração de uma sociedade comercial.

O trabalho em comissão de serviço é a oportunidade de o empregador escolher, dentre seus empregados ou alguém de fora do seu quadro de funcionários, quem melhor possa auxiliar na organização das tarefas funcionais diárias em prol do exercício empresarial. Por outro lado, é o deslocamento funcional e precário do trabalhador, pois se tratando de função de confiança, direção, chefia, a destituição do cargo é livre, *ad nutum* ou *ad libitum* (art. 161.º e art. 163.º do CT). Neste aspecto, o trabalhador comissionário de serviço se assemelha bastante ao componente do órgão de administração societária (arts. 257.º, n. 1, 403.º, n. 1, 430.º, n. 1, do CSC).[20]

In: Martinez, Pedro Romano. et al. *Código do trabalho anotado.* 9. ed. Coimbra: Almedina, 2013, p. 406.

[18] Quando haja contrato, ele não é qualificável como contrato de trabalho – assim se entendia generalizadamente até época recente. Abreu, J.M. Coutinho de., op. cit., 2006, p. 14.

[19] Retrata-se em Marecos, Diogo Vaz. *Código do trabalho anotado.* 2. ed. Coimbra: Coimbra Editora, 2012, p. 392.

[20] Elucida-se em: Nas sociedades anónimas com estrutura organizatória tradicional, "qualquer membro do conselho de administração pode ser destituído por deliberação da assembleia geral, em qualquer momento" (CSC, art. 403º, 1). Este preceito vale também para as anónimas de estrutura monística, mas com uma importante ressalva: os administradores que façam parte da comissão de auditoria só podem ser destituídos com justa causa (art. 423º-E, 1). Por sua vez, nas anónimas com sistema organizativo de tipo germânico (ou dualístico), "qualquer administrador pode a todo o tempo ser destituído" pelo conselho geral e de supervisão ou (se a designação dos administradores couber estatutariamente aos sócios) pela assembleia geral (art. 430º, 1). Também nas sociedades por quotas "os sócios podem deliberar a todo o tempo a destituição de gerentes" (art. 257º, 1). Abreu, Jorge Manuel Coutinho de. *Curso de direito comercial*: das sociedades. 6. ed. v. II. Coimbra: Almedina, 2019, p. 585.

O trabalho em comissão de serviço se decompõe em dois troncos principais: o primeiro é o deslocamento interno do empregado, dentro da própria estrutura empresarial, para exercer uma gestão laboral de confiança, de comando representativo do empregador sobre a gerência da corrente labuta dos demais trabalhadores; o segundo é a contratação externa de um empregado sem prévio vínculo jurídico trabalhista para exercer as mesmas atribuições de chefia acima relacionadas. Seja qual for a fórmula a adotar, em ambos os casos se pressupõem vinculações por contratos laborais subordinados (arts. 161.º e 162.º do CT).[21]

A redação do art. 161.º do CT ao exprimir a utilidade do instituto da comissão de serviço para "cargo de administração ou equivalente" parece se contrapor ao verbete do art. 398.º, ns. 1 e 2, do CSC, que não permite o ingresso do indivíduo no órgão de administração com a manutenção dos efeitos do contrato de trabalho, devendo ocorrer a suspensão do vínculo laboral subordinado.

A condição do art. 398.º, n. 2, de que o liame trabalhista deve ter período maior do que um ano para não provocar possível extinção contratual foi declarada inconstitucional com efeito obrigatório geral não retroativo, *ex nunc*, em recente acórdão do Tribunal Constitucional (TC), cabendo a partir desta decisão unicamente a suspensão dos contratos de trabalho para casos idênticos[22].

Contudo, as normas retrocitadas não se dissipam, ao contrário da aparência de contraposição, complementam-se. Em uma hermenêutica teleológica, restringível e sistemática, os vocábulos "cargo de administração ou equivalente" devem ser relacionados às atividades administrativas, diretamente aos cargos de direção dos empregados gerentes, selecionados pela administração da entidade empregadora para gerir o ambiente laboral em contato imediato com os demais trabalhadores.[23]

Por conseguinte, devem os referidos termos se contextualizarem na moldura da gestão subordinada, figura representativa do comando empresarial superior, como prepostos administrativos, estrutura imediatamente inferior ao órgão social de administração, mais ainda no campo dos grupos de sociedades. Cite-se alguns exemplos expostos na doutrina: função

[21] Conforme discorreu já em 2000, Leite, Jorge. Comissão de serviço. *Questões laborais*. Coimbra: Coimbra Editora., ano VII., n. 16, p. 152-161, 2000.

[22] Acórdão do Tribunal Constitucional n.º 774/2019 – Diário da República n.º 18/2020, Série I de 2020-01-27128515584. Disponível em: <https://dre.pt/web/guest/home/-/dre/128515584/details/maximized>. Acesso em: 27 jan. 2020.

[23] Em consentâneo com Marecos, Diogo Vaz., op. cit., 2012, p. 393.

de administração de filiais, estabelecimentos da empresa ou de sociedade subordinada.[24]

Uma leitura atenta do próprio contexto amplo do art. 161.º, do CT transparece sempre uma dependência do trabalhador comissionário de serviço à administração, ao diretor geral ou equivalente, percepção esta a esclarecer que os empregados no cargo laboral em pauta se encontram em um terreno abaixo do órgão administrativo da companhia, além de minimizar uma interpretação contraditória com o art. 398, ns. 1 e 2, do CSC.[25]

Por demais, a despeito de o regime do trabalho em comissão de serviço está localizado nos art. 161.º a 164.º do CT, não se detecta nenhuma antinomia normativa, tampouco derrogação de Lei não especial por outra Lei especial, eis que as funções exercidas no cargo de administrador não são de natureza laboral, consoante o explanado no item anterior, e como tais comportam os ditames legais do art. 398.º do CSC, como norma adequada a sua regência. Sendo assim, as regras previstas nos dois códigos em tela se complementam, compatibilizam.

O entendimento expendido até aqui serve em raciocínio de mobilidade do trabalhador subordinado em comissão nas dimensões de apenas uma entidade empresarial, podendo haver uma flexibilidade em casos excepcionais, quando a movimentação do empregado ocorrer dentro de grupo societário.[26]

Vale salientar que, parece prevalecer há anos na jurisprudência a rejeição da compatibilidade do trabalho subordinado em comissão de serviço na esfera do exercício das funções de administrador societário.[27] Este Acórdão do Tribunal da Relação de Lisboa também agregou pronunciamento já em 2006: "Só é legítimo recorrer à prestação de trabalho em

[24] Apoio de entendimento com os citados exemplos excepcionais em Ramalho, Maria do Rosário Palma. *Grupos empresariais e societários. Incidências laborais.* Coimbra: Almedina, 2008, p. 527.

[25] Posição sustentável em: Deve, pois, interpretar-se restritivo-teleologicamente o art. 161.º do CT, excluindo do seu campo de aplicação os titulares de órgãos de administração das sociedades. Abreu, J.M. Coutinho de. Sobre o trabalhador/administrador (a propósito de acórdão do STJ de 23/10/2013). In: Reis, João; Amado, Leal; Fernandes, Liberal; REDINHA, Regina (coord.). *Para Jorge Leite escritos jurídicos.* Coimbra: Coimbra Editora, 2014, p. 4.

[26] Id. Ibid., 2008, p. 521-529.

[27] Acórdão do Tribunal da Relação de Lisboa n. 1947/2006-4. Contrato de Trabalho. Comissão de Serviço. Relação entre Administrador e Sociedade. Data 13-12-2006. Disponível em: <http://www.dgsi.pt/jtrl.nsf/-/04368E80B90F2D2480257297003BE8B6>. Acesso em 16 nov. 2019.

regime de comissão de serviço, quando se esteja em presença de uma relação que possa constituir objeto idóneo do próprio contrato de trabalho e na qual se possam identificar os elementos fundamentais dessa realidade contratual;". Por outras palavras, o conteúdo contratual deve corresponder à realidade da relação que pretende salvaguardar, os juslaboralistas classificam como princípio da primazia da realidade sobre a forma.[28]

Esse princípio juslaboral reflui com muito impulso sobre alguns casos de sociedades por quotas em que se elegem administradores com relação prévia de trabalho subordinado, mantendo-se os efeitos do contrato laboral com a assunção de cargos da administração societária. É que o art. 398.º do CSC se aplica expressamente sobre as sociedades anônimas, mas não às sociedades por quotas.[29]

Além de outras sugestões doutrinárias que parecem predominar sobre a interpretação restritiva do art. 161.º do CT para harmonizá-lo ao art. 398.º, ns. 1 e 2, do CSC, acrescenta-se um reposicionamento sistemático que oferece um sentindo de complementariedade entre as normas em aparente confronto, condicionando-as em suas respectivas realidades de aplicação.

Por fim, o legislador poderia facilitar a harmonização normativa prática com a integração de uma cláusula de suspensão contratual trabalhista no CT quando houvesse o acesso do trabalhador ao cargo de administrador societário contido no art. 398.º do CSC, na salvaguarda do emprego disposto nos arts. 53.º, 58.º da Constituição da República Portuguesa (CRP) e ao mesmo passo a dissipar dúvidas sobre cúmulo de efeitos indesejáveis entre as funções de comissionário de serviço e funções de administração da sociedade anônima.

[28] A doutrina brasileira assenta como princípio a primazia da realidade sobre a forma, verifica-se em Süssekind, Arnaldo. Os princípios informadores do direito material do trabalho. *Revista do tribunal regional do trabalho da 8ª região.* Belém: Tribunal Regional do Trabalho, vol. 42. n.º 82, p. 19-26, janeiro/junho de 2009., Delgado, Mauricio Godinho. *Curso de direito do trabalho.* 18. ed. São Paulo: LTr, 2019, p. 244-245., Cassar, Vólia Bomfim. *Direito do trabalho.* 9. ed. Rio de Janeiro: Forense; São Paulo: Método, 2014, p. 229-230., Martinez, Luciano. *Curso de direito do trabalho*: relações individuais, sindicais e coletivas do trabalho. 10. ed. São Paulo: Saraiva, 2019, p. 42. Embora a doutrina portuguesa acentue mais a subordinação jurídica, se refere com destaque à primazia da realidade sobre forma em Amado, João Leal., op. cit., 2018, p. 61-62.

[29] Já alertava em sua nota de rodapé n. 166, ABREU, Jorge Manuel Coutinho de., op. cit., 2010, p. 69-70. Reporta-se no Acórdão do Supremo Tribunal de Justiça de 29.9.1999, em Neto, Abílio., op. cit., 2007, p. 851. Invocando o princípio da primazia da realidade através da jurisprudência, relata Gomes, Júlio Manuel Vieira., op. cit., 2007, p. 171-172.

4. Administrador societário: acumulação ou não acumulação com o trabalho subordinado

O art. 398.º, n. 1, do CSC esgrime que durante o período de designação para o cargo de administração societária é vedada a compatibilidade de qualquer contrato de trabalho subordinado ou autônomo com o exercício funcional no órgão de administração de uma sociedade ou em sociedades em relação de domínio ou de grupo. O vínculo contratual laboral não pode ser celebrado durante as atividades de administrador para garantir a prestação de serviço presente e futura (após a cessação das funções de administrador).

A norma em pauta é bem vedatória e fechada quanto a manutenção e contração dos efeitos simultâneos de uma relação jurídica laboral com as atividades de administrador societário, esteja a sociedade comercial em existência singular, em relação de domínio ou de grupo com outras entidades societárias.[30]

A rigidez legal se motiva em um histórico anterior de promiscuidade nos atos de antigos administradores, registrado nos idos dos anos oitenta, que se valiam dos poderes inerentes aos seus cargos para garantirem uma estabilidade de trabalho (serviços) após a extinção das funções administrativas. Essas práticas, não raras, geravam tormentosos conflitos de interesses por não atender a finalidade social das entidades societárias.[31]

Em razão disso, não bastavam as limitações assentadas no art. 397.º, ns. 2 e 3, do CSC, que estipulam nulos os contratos celebrados entre os administradores ou seus intermediários com a sociedade (grupo societário), se não autorizados antecipadamente em deliberação do conselho de administração, na qual o interessado não pode votar, e com o parecer favorável do conselho fiscal ou comissão de auditoria.

Vale frisar, o art. 398.º, n. 1, do CSC determina o impedimento ao administrador de contrair os efeitos paralelos entre o contrato de estirpe laboral e o exercício de funções no cargo de administração da sociedade,

[30] Acerca das sociedades em relação de domínio ou de grupo, recorre-se às obras conceituadas de ABREU, Jorge Manuel Coutinho de., op. cit., vol. LXVI, p. 124-149, 1990., ABREU, Jorge Manuel Coutinho de. *Da empresarialidade*. Coimbra: Almedina, 1999, p. 245-279., e ALMEIDA, António Pereira de. *Sociedades comerciais*: valores mobiliários e mercados. 6. ed. Lisboa/Coimbra: Coimbra Editora, 2011, p. 603-635. Enfoque trabalhista breve sobre grupo de sociedades em ANTUNES, José Engrácia. A disciplina juslaboral da empresa. In: MENDES, João de Castro. *Direito e justiça*: estudos dedicados ao professor doutor Bernardo da Gama Lobo Xavier. Lisboa: Universidade Católica Editora, v. II, p. 291-318, 2015.

[31] Aborda-se em VENTURA, Raul., op. cit., 1994, p. 192. Explica-se em ABREU, J.M. Coutinho de., op. cit., 2006, p. 19-20.

a incluir não somente uma entidade societária, como também sociedades com relação de domínio ou grupal.[32]

O ponto de partida da norma é clarificado em torno da extensão vedatória interna dentro de uma sociedade e nos grupos societários. A intenção foi efetivamente prevenir um conflito de interesse, não permitir ao administrador a utilização do poder do cargo em benefício exclusivamente próprio com o reflexivo prejuízo da sociedade ou de todo o grupo societário.[33]

Por outros pormenores, o ato normativo do art. 398.º, n. 1, do CSC tenciona um vetor de aporte à independência dos administradores, o cerceamento de que possam se aproveitar do cargo para garantia de posto de

[32] Entendimento que se coaduna com o Acórdão do Supremo Tribunal de Justiça. Processo n. 70/11.6TTLSB.L1.S1. Data 23-10-2013. Disponível em: < https://jusnet.wolterskluwer.pt/Content/Document.aspx?params=>. Acesso em 27 nov. 2019. CONTRATO DE TRABALHO. SUSPENSÃO. Durante o período para o qual foram designados, os administradores não podem exercer, na sociedade ou em sociedades que com esta estejam em relação de domínio ou de grupo, quaisquer funções temporárias ou permanentes ao abrigo de contrato de trabalho, subordinado ou autónomo. Deste modo, o trabalhador que foi nomeado administrador, por deliberação da entidade empregadora, ficou com o seu contrato de trabalho suspenso, ainda que tenha mantido as funções que anteriormente desempenhava. E tendo as partes pactuado uma redução da retribuição durante o exercício do cargo, estando o contrato de trabalho suspenso, não se lhe pode obstar qualquer proibição da redução salarial. Com efeito, a partir do momento em que o trabalhador passou a desempenhar as funções de administrador e o contrato suspenso, o desempenho das suas funções ficaram enquadradas numa relação de administração que nada tem a ver com o regime jurídico do trabalho subordinado. Porém, a suspensão do contrato de trabalho cessou no termo do desempenho dessas funções de administração, readquirindo o trabalhador, a partir daí, o direito à situação que tinha antes da suspensão. E uma vez reassumido a plenitude dos direitos que caracterizam a sua situação no contexto da relação de trabalho subordinado, já será nulo o acordo celebrado com vista à redução da retribuição devida fora das condições legais em que tal redução é permitida, mantendo o trabalhador o direito às diferenças entre a retribuição que lhe seria devida e a que efetivamente lhe foi prestada. (grifos nossos).

[33] Os conflitos de interesses entre os administradores e os accionistas (ou a sociedade) não esgotam os conflitos de interesses reconhecíveis no seio da sociedade anónima.

...

Dentro dos conflitos de interesses entre os administradores e os accionistas da sociedade é igualmente possível distinguir subgrupos de casos particulares que têm vindo a ser estudados de forma autónoma: (*i*) os negócios entre administradores e a sociedade; (*ii*) os aspectos atinentes à remuneração dos administradores; (*iii*) o aproveitamento das oportunidades societárias; (*iv*) o exercício de actividade concorrente com a sociedade; (*v*) o abuso de informação privilegiada; e (*vi*) o mercado de controlo societário. Gião, João Sousa. Conflitos de interesses entre administradores e os accionistas na sociedade anónima: os negócios com a sociedade e a remuneração dos administradores. In: Câmara, Paulo et al. *Conflito de interesses no direito societário e financeiro: um balanço a partir da crise financeira*. Coimbra: Almedina, 2010, p. 235. (grifos nossos).

trabalho após a cessão das atividades administrativas, ao passo que propicia a conservação da livre destituição societária.[34]

Ressalve-se, de todo modo, que em minuciosa atenção do excerto legal em exame, não se exclui a possibilidade de coexistência do estatuto de trabalhador subordinado com o de administrador societário quando haja pré-firmamento de um contrato de trabalho entre as partes. Nestes casos a incompatibilidade se refere à transcorrência de efeitos simultâneos dos contratos laborais com as atividades de membros do órgão de administração da sociedade comercial.

Nessa arrima, significa que há a possibilidade de acumulação entre o trabalho com subordinação e o exercício de componente do órgão de administração de uma sociedade, desde que, consoante se detecta no art. 398.º, n. 2, do CSC, haja a suspensão contratual do vínculo laboral pré-existente.

Observa-se uma das premissas da Lei em admitir a bigamia dos dois regimes: o trabalhista subordinado precedente e até o não subordinado a rigor do próprio art. 398.º, n. 1, do CSC, com as atividades de componente do órgão de administração societária, contanto que no ato de início do cargo administrativo ocorra a sustação dos efeitos contratuais laborais, o tornando estático em detrimento da dinamização das tarefas de administrador (art. 398.º, n. 2, do CSC).

Em ressonância do já escrito acima, a dualidade de relações não subsiste para as ocasiões em que se intente uma celebração contratual trabalhista durante a tramitação do cargo de administração para surtir os efeitos de imediato ou no futuro, após extintas as funções administrativas. Contratos de trabalho contraídos nessas circunstâncias são plenamente nulos, não acumuláveis com o cargo de administrador.

Também se entende da demarcação legal implícita do art. 398.º, ns. 1 e 2, do CSC, a suspensão do contrato laboral pré-existente já nos atos de designação e respectiva aceitação do cargo de componente do órgão administrativo da sociedade. Medida eficiente contra o possível conflito de interesse a que visa combater os dispositivos em referência, além de manter a segurança no emprego (arts. 53.º, 58.º, da CRP).

Congruente ao posicionamento fincado na relação com o trabalho em comissão de serviço, os preceitos do art. 398.º do CSC não se aplicam às sociedades por quotas. Assim sendo, são cumuláveis os efeitos simultâ-

[34] Aborda-se a independência e a livre destituibilidade dos administradores em Cordeiro, António Menezes. *Código das sociedades comerciais anotado et al.* Coimbra: Almedina, 2009, p. 977.

neos de um contrato de trabalho subordinado antecedente com o cargo de administrador designado posteriormente em uma sociedade por quotas.

Contudo, há quem entenda que a escolha de trabalhador subordinado para cargo administrativo não executivo deve seguir as recomendações da Comissão de Mercado de Valores Mobiliários a respeito da proporção de indicados independentes, regulação do atual Código do Governo das Sociedades – recomendações III.4, III.5 – previsão de designações independentes em uma proporção não inferior a um terço, em que não se enquadram os trabalhadores subordinados, por não serem considerados independentes.[35]

Em dissonância do supra esposado e do preceito regulativo acima, o trabalhador subordinado não pode ser considerado não independente perante a sociedade para fins de exercício de cargo administrativo não executivo, na medida em que, embora pertença a um dos grupos associados, não exerce intensas influências na governação societária.

Trabalhador, associação de trabalhadores, sindicatos, no máximo, conseguem melhores condições e remunerações laborais, mas não influenciam frontalmente na direção de sociedades comerciais ao ponto de causar conflitos de interesses, mormente diante dos objetivos pretendidos pelo art. 398.º.

As únicas exceções seriam o impedimento para os cargos de fiscalização (arts. 414.º, n. 5, 414.º-A, n. 1, e), do CSC) e o empregado em comissão de serviço, que embora imediatamente abaixo do quadro da administração societária, representa esta na comunicação com os demais trabalhadores, exerce função de comando na sociedade.

Por outra banda, através da interpretação teleológica redutível do art. 398.º, n. 2, do CSC recém declarado inconstitucional com força obrigatória geral pelo TC apenas na parte determinante da extinção contratual, os grupos societários acomodam algumas exceções atraentes do dueto: efeitos do trabalho subordinado com exercício das funções de administrador da sociedade. A primeira ocorre na situação de domínio em que o empregado da companhia dominante é designado para o corpo administrativo de uma das sociedades dominadas, mantendo o contrato de trabalho e a sua regular prática na entidade societária dominante.[36]

35 Bassani, Amanda Bezerra. O contrato de trabalho e a gestão societária: uma análise do artigo 398.º do CSC., op. cit., vol. LX., p. 171-215, setembro, 2019/1.

36 Continua a defender acumulação da relação de trabalhador com a de administrador nessa circunstância por via da interpretação restritiva (teleológica reduzida) do art. 398.º, n. 2, do CSC, Abreu, J.M. Coutinho de. Sobre o trabalhador/administrador (a propósito de acórdão do STJ de 23/10/2013). In: REIS, João; Amado, Leal; Fernandes, Liberal; Redinha,

Nesse caso o administrador designado na sociedade dominada não consegue provocar conflito de interesse em proveito próprio ou alheio por não poder exercer o direito de voto em propostas contratuais em que esteja envolvido, nos moldes do art. 397.º, ns. 2 e 3, do CSC.

O posicionamento exarado acima não é uniforme na doutrina. De maneira não convergente, há quem entenda chances de influências negativas na atuação do grupo societário por um trabalhador subordinado à sociedade dominante e que ao mesmo tempo seja administrador designado em uma sociedade dominada.[37]

Pensa-se pacífica a convivência dos efeitos laborais subordinados na sociedade dominante com o exercício administrativo na entidade societária dominada do grupo. A finalidade do art. 398.º do CSC é impedir ao administrador designado de utilizar os poderes do cargo para se beneficiar contra possíveis destituições sem justa causa ou com futuras garantias de trabalho, não de má influenciar na atuação do grupo societário, para estas circunstâncias há outros antídotos legais (arts. 72.º, 397.º, ns. 2 e 3, 257.º, 403.º, 430.º, do CSC, dentre outros).

Em segundo plano, até a modificação do CSC promovida pelo Decreto-Lei n.º 76/A do ano de 2006 era permitido aos antigos diretores do sistema societário dual acumularem suas funções diretivas com os efeitos de um contrato de trabalho subordinado, mantidas as atividades de trabalhador simultaneamente as distintas de diretor, pois os conteúdos normativos dos arts. 398.º, 428.º do CSC não estabeleciam especificidades impeditivas a respeito de tal cumulatividade.[38]

Regina (coord.)., op. cit., 2014, p. 5-6. Comunga da mesma tese Ramalho, Maria do Rosário Palma., op. cit., 2008, p. 530-532.

[37] O nº 1 não distingue entre os casos em que o contrato de trabalho, subordinado ou atónomo, foi celebrado com a sociedade *dominante* e aqueles em que o foi com a sociedade *dominada*. No entanto, Coutinho de Abreu defende uma *interpretação restritiva* do art. 398º, 1, "de modo a ficarem fora da proibição os administradores de sociedades dominadas que celebrem contratos de trabalho (ou de prestação de serviço) com sociedade dominante (de que não sejam, claro, administradores). Neste caso, eles não podem prevalecer-se do cargo para essa celebração (dependente da vontade da sociedade dominante).
A questão é duvidosa. Com efeito, talvez se possa defender que a lei foi mais longe do propósito e não pretende apenas abranger os casos em que os administradores podem prevalecer-se do cargo relativamente à dominada, mas também aqueles em que há pelo menos *o risco de poderem influenciar* a atuação da dominante. Basta pensar nos casos em que a sociedade dominante considera necessária a colaboração de determinado sujeito para a administração da dominada. Martins, Alexandre de Soveral. Artigo 398º Exercício de outras atividades. In: Abreu, Jorge M. Coutinho de (coord.)., op. cit., 2019, p. 356.

[38] Abreu, Jorge Manuel Coutinho de., op. cit., 2010, p. 69-70.

O membro não executivo do conselho de administração pode manter a fluência dos efeitos de seu estatuto de trabalhador subordinado, desde que haja distinção entre as atividades exercidas, manutenção de sua subordinação ao órgão de administração do qual é integrante minoritário, sem prerrogativa de votação sobre temas que cause conflito de interesses na sociedade (art. 410.º, n. 6 do CSC).[39] Essa medida é preventiva de fraudes sobre possíveis relações paralelas do trabalhador administrador não executivo.

Ressalte-se que, nos casos de cumulação do vínculo de trabalhador subordinado com cargos de administrador não executivo e administrador de sociedades por quotas, pode-se avençar a suspensão prévia do contrato laboral, segundo o art. 398.º, n. 2, do CSC, recentemente declarado inconstitucional com força obrigatória geral pelo TC somente na parte que determina a extinção contratual.

Por último, se houver fraude, burla, desvio legal na relação do compositor de órgão de administração, usando a sociedade (grupo societário) do art. 398.º, n. 1, do CSC para encobertar, mascarar um real acontecimento de vínculo trabalhista ou de prestação de serviço, deve-se acionar a *primazia da realidade sobre forma* e reconhecer o liame laboral subordinado ou comprovar-se a realidade do conteúdo em detrimento da forma para a validação de um contrato de prestação de serviço, sob a égide da boa-fé[40]

[39] Contudo, há hipóteses de convivência pacífica na mesma pessoa entre o estatuto de titular da administração e o estatuto de subordinação jurídico-laboral. Imagine-se uma pessoa designada membro do conselho de administração, sem funções executivas, que continua a exercer a actividade que como trabalhador desempenhava na sociedade (actividade distinta da de administrador e não absorvida por esta), e a exercê-la sob a autoridade e direcção da sociedade-empregadora manifestadas pelo conselho (do qual é membro minoritário e no qual não pode votar sobre assuntos em que esteja em conflito de interesses com a sociedade – art. 410.º, 6). Porquê impor legalmente a suspensão para casos destes? Abreu, Jorge Manuel Coutinho de., op. cit., 2010, p. 67-68. Adita a possibilidade de cúmulo da relação de administrador não executivo com a de contrato de prestação de serviço (contrato de trabalho autônomo segundo o art. 398.º, n. 1, do CSC), se não houver normas estatutárias ou legais de incompatibilidades, Cunha, Paulo Olavo. *Direito das sociedades comerciais*. 7. ed. Coimbra: Almedina, 2019, p. 831-832.

[40] O radicar da boa fé em zonas privadas não civis, designadamente no Direito comercial e no Direito do trabalho não reveste dimensões problemáticas específicas. Ao Direito comercial deve-se a História moderna da boa fé.

...

Esta expansão da boa fé do campo civil, complementada por uma difusão larga no Direito internacional público, cujas especificidades de base levam a dispensar, aqui, uma análise, permite falar na sua universalização. Mais do que um instituto privado, a boa fé exprime um vector geral de todo o sistema jurídico. Cordeiro, António Manuel da Rocha e Menezes. *Da boa fé no direito civil*. Coimbra: Almedina, 2017, p. 371-395.

(arts. 217.º, 219.º, 227.º, n. 1, 483.º, n. 1, do CC).[41] Assegura João Leal Amado, "*«Os contratos são o que são, não o que as partes dizem que são», eis um princípio geral do Direito que encontra intensa aplicação em sede juslaboral*".[42]

Tais acasos existiriam quando as sociedades se valessem de falso vínculo designativo de administrador (art. 398.º, n. 1, do CSC) para manter outras relações paralelas de trabalhos subordinados ou de prestação de serviços. Outra situação seria uma sociedade dominante que mantém relação de administração com uma pessoa, mas ao mesmo tempo a utiliza para verdadeiro vínculo laboral ou de prestação de serviços com todas as

...

Acerca da cláusula geral de boa-fé objetiva no prisma extracontratual do Direito Português continuar em Id. Ibid., 632-648.

...

A derivação dogmática da lealdade da boa fé e a sua inclusão no *status* socii tornam clara a não circunscrição dos deveres de lealdade às sociedades civis ou, mais amplamente, às sociedades de pessoas, pois não é só nestas que a boa fé encontra aplicação. Enquanto princípio geral de direito, esta percorre todo o ordenamento, não estando a ela imune qualquer setor jurídico: condição é apenas que se identifique uma justificação para a sua concreta atuação. OLIVEIRA, Ana Perestrelo. Dos fundamentos dos deveres de lealdade dos acionistas. In: CÂMARA, Paulo (coord.). *Acionistas e governação das sociedades*. Coimbra: Almedina, 2019, p. 77.

...

Retratação do dever de boa-fé especificamente em um dos contratos comerciais (empresariais), vale a conferência em CORDEIRO, António Menezes. O contrato de agência e a boa-fé. In: *Actas do colóquio distribuição comercial*: nos 30 anos da lei do contrato de agência. Coimbra: Instituto Jurídico da Faculdade de Direito da Universidade de Coimbra, 2017, p. 7-20.

[41] Suporte de entendimento nas ementas do Acórdão do Tribunal da Relação de Lisboa. Processo n. 3364/2007-4. Data 04-07-2007. Disponível em: <https://jusnet.wolterskluwer.pt/Content/Document.aspx?params=>. Acesso em 27 nov. 2019. CONTRATO DE TRABALHO. SUSPENSÃO DO CONTRATO. O trabalhador que venha a ser nomeado administrador da empresa, deve ver o seu anterior contrato suspenso. No entanto, se as anteriores funções se mantêm, tal como as regalias e o trabalhador não tem poderes de representação, então é de manter o contrato, pois só se suspende quando o trabalhador exerça exclusivamente funções de administrador., e Acórdão do Tribunal da Relação do Porto. Processo n. 995/07. Data 30-11-2009. Disponível em: <https://jusnet.wolterskluwer.pt/Content/Document.aspx?params=>. Acesso em 22 nov. 2019. CONTRATO DE TRABALHO. Cargo Societário. As funções de gerência social podem ser exercidas através de um contrato de trabalho, pois o poder patronal radica no conselho de administração e na assembleia geral, pois o que releva não é o objecto do contrato em si, mas a relação que intercede entre os sujeitos do contrato, empregador e trabalhador, de subordinação ou não. DESPEDIMENTO ILÍCITO. Havendo um contrato de trabalho válido, a dispensa dos serviços mais não é do que um despedimento ilícito, por não ter ocorrido precedência do competente processo disciplinar.

[42] AMADO, João Leal., op. cit., 2018, p. 61.

suas características em uma das sociedades dominadas. Por mais que essas hipóteses sejam incomuns, tendo em vista o nível e importância orgânica do posto de administração atingido pelo trabalhador subordinado, não são plenamente descartáveis.

Neste exemplo haveria de se aceitar as vinculações verdadeiras com todas as suas consequências jurídicas ou apenas afastar a simulada relação de administrador societário para em seu lugar validar as verídicas relações contraídas, de trabalho ou prestação de serviços.

5. O acesso ao cargo de administrador societário: suspensão e extinção do contrato de trabalho

O art. 398.º, do CSC é fonte normativa bidimensional, serve praticamente ao Direito das Sociedades e ao Direito do Trabalho quando prever *prima facie* a impossibilidade de conjugação na mesma pessoa do exercício de administrador societário com a regular vigência de um contrato de trabalho, estabelecendo regra de suspensão contratual laboral.

Importante depreender do art. 398.º, n. 2, do CSC, que se adiciona ao ordenamento jurídico português mais uma hipótese de suspensão contratual trabalhista não elencada expressamente nas causas de suspensão expostas nos arts. 294.º a 317.º, do CT.

Essa normação regula o acesso do trabalhador subordinado ao posto máximo da sociedade ou de outra entidade societária do grupo, o órgão de administração, mas não pode manter, via de regra, os efeitos do vínculo laboral, exceto nos casos permitidos e mencionados anteriormente.

Nessa ordem, o trabalhador de carreira, que detenha previamente um contrato trabalhista subordinado com a sociedade pode aceder ao cargo de membro do órgão de administração societária e ao mesmo tempo manter a vinculação laboral de maneira suspensa durante o exercício das atividades administrativas, em conformidade com o alinhado no art. 398.º, ns. 1 e 2, do CSC.

Ação normativa que valoriza em grande proporção a segurança no emprego prevista nos arts. 53.º, 58.º da CRP, exceto ao excluir a medida de suspensão do vínculo laboral quando o contrato de trabalho pré-constituído não chegue a atingir um ano de vigência (art. 398.º, n. 2, do CSC), que atualmente, nesta estrita parte, é assentadamente inconstitucional nos conformes do novel Acórdão do Tribunal Constitucional n.º 774/2019[43].

[43] Acórdão do Tribunal Constitucional. Acórdão n. 774/2019. Processo n. 276/2019. Data 17-12-2019. Disponível em: <https://jusnet.wolterskluwer.pt/Content/Document.

Esses mandamentos da suspensão do contrato de trabalho atendem a dignidade da progressão do trabalho humano ao compactuar o acesso do empregado de carreira com o cargo máximo de administrador, sem prejudicar os interesses primaciais da sociedade e a proporcionar a proteção do retorno ao posto de trabalho subordinado, depois da cessação das atividades no órgão de administração.

A suspensão dos contratos de trabalho para conciliar os interesses sociais da entidade societária (grupo de sociedades) com o direito de progressão do trabalhador na assunção das funções de administrador é uma solução jurídica digna de congraçamento dos direitos constitucionais da segurança no emprego (arts. 53.º, 58.º, da CRP) e da livre iniciativa privada, liberdade de empresa, direito de propriedade privada (arts. 61.º, 62.º, 86.º, da CRP).

A problemática surgia no próprio n. 2 do art. 398.º do CSC ao expor de forma global que, os contratos de trabalho com existência inferior a um ano deveriam ser extintos se o trabalhador aceitasse a designação para o exercício administrativo. Outra dificuldade era a norma dispor a suspen-

aspx?params=>. Acesso em 05 fev. 2020. DECLARAÇÃO DE INCONSTITUCIONALIDADE. EXTINÇÃO DO CONTRATO DE TRABALHO. DIREITO DE PARTICIPAÇÃO. Declara a inconstitucionalidade, com força obrigatória geral, da norma constante do n.º 2 do artigo 398.º do Código das Sociedades Comerciais, na parte em que determina a extinção do contrato de trabalho, celebrado há menos de um ano, de titular que seja designado administrador da sociedade empregadora. A redação da CRP vigente à data da edição da norma em crise consagrava o direito de participação das comissões de trabalhadores e das associações sindicais na aprovação da legislação do trabalho. Ora, a apreciação de um eventual vício procedimental tem por referência, salvo eventuais casos excecionais, as normas constitucionais vigentes à data da edição da norma. Para o TC, a norma fiscalizada tem carácter inovador, porquanto introduziu uma nova causa de caducidade do contrato, não se confundindo com a impossibilidade definitiva de prestação laboral. Além disso, uma norma que introduz uma causa de extinção do contrato de trabalho não pode deixar de considerar-se como específica, direta e materialmente laboral, para efeitos do direito de participação das organizações representativas dos trabalhadores. Ora, não constando do preâmbulo do Decreto-Lei que aprovou o CSC qualquer referência à audição prévia das organizações representativas dos trabalhadores, caberia ao autor da norma ilidir a presunção de que a mesma não ocorreu, o que não se verificou. Bem assim, considera-se preterida aquela obrigação constitucional, inquinando a norma de um vício de natureza formal. Contudo, dado que da declaração de inconstitucionalidade com eficácia "ex tunc" resultaria a invalidade ou inexistência da caducidade dos contratos de trabalho caducados em execução da norma fiscalizada, por razões de equidade e de segurança jurídica ressalvam-se os efeitos produzidos até à data da publicação da declaração de inconstitucionalidade.

são para os contratos superiores a um ano, nada se referindo aos contratos que estivessem exatamente com um ano de vigor.[44]

Embora se afigurasse algo raro, poderia acontecer de um contrato de trabalho se encontrar justamente no prazo de um ano no momento em que o trabalhador subordinado fosse designado à administração da sociedade. Essa lacuna normativa poderia causar problemas práticos.

O instituto da suspensão do contrato de trabalho é a cessação provisória de seus efeitos inerentes à prestação de serviço, não representa a sua extinção. Durante o período suspensivo alguns efeitos podem continuar, o tempo de serviço é contabilizado, por exemplo (arts. 294.º, 295.º, 296.º e ss., do CT).[45]

[44] Exame apurado acerca do silêncio legal quando o contrato de trabalho se encontra no exato um ano de vigência em MARTINS, Alexandre de Soveral. Artigo 398º Exercícios de outras atividades. In: ABREU, Jorge M. Coutinho de (coord.)., op. cit., 2019, p. 358.

[45] Importa, pois, a *suspensão* caracterizada como especial modalidade de sobrevivência do vínculo contratual, durante a impossibilidade de execução da prestação do trabalho, em princípio não programada. Ora esta sobrevivência é assegurada na medida em que se afasta a virtualidade de o contrato cessar pelo facto de o trabalhador não poder realizar o trabalho. Aqui se encontra precisamente a razão de ser da suspensão como instituto ao serviço da estabilidade do contrato. XAVIER, Bernardo da Gama Lobo et al., op. cit., 2018, p. 703.

...

Com efeito, o contrato de trabalho pode ficar transitoriamente suspenso, isto é, o contrato pode não se extinguir, não terminar, não morrer, mas manter-se como que em estado latente, vivo mas adormecido (em «hibernação jurídica»).

A *suspensão do contrato de trabalho* consiste precisamente, nas palavras de Jorge Leite, na «coexistência temporária da subsistência do vínculo contratual com a paralisação de algum ou alguns dos principais direitos e deveres dele emergentes». Trata-se de um instituto que se filia no princípio da conservação do contrato, traduzindo-se numa manifestação do direito à estabilidade no emprego e, em certos casos, num mecanismo de protecção do devedor transitoriamente impossibilitado de cumprir, através da garantia do chamado «direito ao lugar». AMADO, João Leal., op. cit., 2018, p. 291-292.

...

Assim, os contratos relativos a tais funções ou se *extinguem*, se tiverem sido celebrados há menos de um ano, ou *suspendem-se*, caso tenham sido celebrados há mais de um ano. Nesta última hipótese, os trabalhadores não perdem os direitos emergentes de contratos ou acordos colectivos de trabalho, bem como outros benefícios sociais e têm o direito de, logo após o termo do exercício das funções, retomar os cargos que anteriormente desempenharam. BRAGA, Armando., op. cit., 1991, p. 533.

...

Realça a jurisprudência: Acórdão do Tribunal da Relação de Lisboa. Processo n. 26/10. Data 02-11-2011. Disponível em: <https://jusnet.wolterskluwer.pt/Content/Document.aspx?params=>. Acesso em 27 nov. 2019. ACÇÃO DE IMPUGNAÇÃO DA REGULARIDADE E LICITUDE DO DESPEDIMENTO. ADMINISTRADOR. Suspenso o contrato de trabalho no período em que a trabalhadora exerceu as funções de administradora

No pertinente a parte do art. 398.º, n. 2, do CSC, acerca da autorização de extinção do contrato de trabalho com período abaixo de um ano para o trabalhador aceitar e iniciar as atividades de administração, o TC já havia o julgado formalmente inconstitucional por mais de duas vezes, pronunciando-se pela terceira vez em janeiro do ano de 2019.[46]

Desde este julgado, poder-se-ia tramitar, a requerimento dos conselheiros do TC ou do Ministério Público, a proposição e votação sobre a declaração de inconstitucionalidade com força obrigatória geral da norma gerada no art. 398.º, n. 2, do CSC, por ser julgado inconstitucional em três processos em sede de fiscalização concreta (art. 82º da Lei n. 28/82)[47] e foi exatamente o que ocorreu no recentíssimo Acórdão n.º 774 de dezessete de dezembro de 2019.

A referida decisão teve o condão de desconsiderar válida a constitucionalidade de parcela do dispositivo acima ilustrado (extinção contratual trabalhista) com a manutenção da outra parte considerada constitucional (suspensão do contrato de trabalho).[48]

da sociedade anónima, durante a suspensão mantêm-se os direitos, deveres e garantias das partes que não pressuponham a efectiva prestação de trabalho. Invocados em acção para declaração de regularidade e licitude do despedimento factos que revelem condutas infraccionais durante o período de suspensão do contrato de trabalho, cabe ao juiz, ao fixar a base instrutória, seleccionar os factos que constituem essas infracções, por violarem deveres laborais que se não encontram abrangidos pela suspensão do contrato de trabalho. COMPETÊNCIA MATERIAL. O tribunal do trabalho é materialmente competente para apreciar os factos constantes do articulado de motivação do despedimento, incluídos na base instrutória e considerados na decisão final. (grifos nossos).

[46] Acórdão do Tribunal Constitucional. Acórdão n. 53/2019. Processo n. 723/18. Data 23-01-2019. Disponível em: < http://www.tribunalconstitucional.pt/tc/acordaos/20190053.html>. Acesso em 27 nov. 2019. Acórdão do Tribunal Constitucional. Acórdão n. 1018/96. Processo n. 714/95. Data 09-10-1996. Disponível em: <http://www.tribunalconstitucional.pt/tc/acordaos/19961018.html>. Acesso em 27 nov. 2019.

[47] Artigo 82.º (Processo aplicável à repetição do julgado) da Lei n. 28/82. Sempre que a mesma norma tiver sido julgada inconstitucional ou ilegal em 3 casos concretos, pode o Tribunal Constitucional, por iniciativa de qualquer dos seus juízes ou do Ministério Público, promover a organização de um processo com as cópias das correspondentes decisões, o qual é concluso ao presidente, seguindo-se os termos do processo de fiscalização abstracta sucessiva da constitucionalidade ou da ilegalidade previstos na presente lei.

[48] Acórdão do Tribunal Constitucional. Acórdão n. 259/2001. Processo n. 328/00. Data 30-05-2001. Disponível em: <https://jusnet.wolterskluwer.pt/Content/Document.aspx?params= >. Acesso em 27 nov. 2019. FISCALIZAÇÃO CONCRETA DA CONSTITUCIONALIDADE. Julga conforme à Constituição, não padecendo de inconstitucionalidade orgânica, a norma contida no artigo 398.2 do Código das Sociedades Comerciais, na parte em que determina a suspensão dos contratos de trabalho subordinado celebrados há mais de um ano com pessoa que seja nomeada administrador da sociedade anónima sua entidade patronal.

O Tribunal Constitucional tinha decidido pela inconstitucionalidade formal (inconstitucionalidade orgânica) nesses ditames do art. 398.º, n. 2, do CSC por falta de abertura à audiência antecedente de organizações representativas dos trabalhadores a respeito da questionável dissolvência do contrato de trabalho, nos moldes dos arts. 54.º, 55.º, d), 57.º, n. 2, da CRP.[49]

Ignorar a participação dos trabalhadores quando esteja em causa um dos mais importantes direitos do trabalho, como é a segurança no emprego envolvendo a suspensão do contrato de trabalho, defronta o art. 53.º, arts. 54.º, ns. 1, 3, 5, b), c), d), 55.º, 57.º, n. 2, 58.º, n. 1, da CRP e a um só tempo a responsabilidade social da empresa sobre os *stakeholders*[50] que açambarca ponderadamente, de algum modo, os direitos dos trabalhadores (art. 64.º, n. 1, b), do CSC), a reconhecida função social da atividade econômica, propriedade.[51]

Há quem se posicione pela inteira constitucionalidade do art. 398.º, n. 2, do CSC, afirmando não existir sequer inconstitucionalidade formal,

49 Acórdão do Tribunal Constitucional. Acórdão n. 626/2011. Processo n. 245/11. Data 19-12-2011. Disponível em: <https://jusnet.wolterskluwer.pt/Content/Document.aspx?params=>. Acesso em 27 nov. 2019. FISCALIZAÇÃO CONCRETA DA CONSTITUCIONALIDADE. ADMINISTRADOR DE SOCIEDADE. EXTINÇÃO DO CONTRATO DE TRABALHO. O Tribunal Constitucional julga inconstitucional o artigo 398.º, n.º 2, do Código das Sociedades Comerciais, aprovado pelo Decreto-Lei n.º 262/86, de 2 de setembro, enquanto estabelece a extinção dos contratos de trabalho celebrados há menos de um ano de que seja titular o trabalhador de uma sociedade, que venha a ser designado como administrador dessa sociedade, por violação dos artigos 55.º, alínea d), e 57.º, n.º 2, alínea a), da Constituição da República Portuguesa, na redação da Lei Constitucional n.º 1/82, de 30 de setembro, ao instituir uma nova forma de extinção do contrato de trabalho, sem que tenha sido dada aos organismos representativos dos trabalhadores a possibilidade de intervirem, padece de inconstitucionalidade orgânica.

50 Vale reportar a *stakeholder theory*: *In juxtaposition to agency theory is stakeholder theory* em Mallin, Christine A. *Corporate governance*. Sixth edition. Oxford: Oxford University Press, 2019, p. 22, 79-95.

51 Admitindo que a função social da propriedade e da atividade econômica privada seja mais densificada na Lei sem tornar a empresa substituta do Estado, cada vez menos presente nos direitos sociais, o que inclui os direitos dos trabalhadores, a partir dos quadros indeterminados, previstos na Constituição, pesquisar Abreu, Jorge Manuel Coutinho de., op. cit., 1999, p. 225-243. No mesmo rumo, empreende-se a responsabilidade social das empresas e o caráter essencialmente "individual"-egoístico da empresa capitalista, envolvendo a melhoria da situação dos trabalhadores, em Abreu, Jorge Manuel Coutinho de., op. cit., 2019, p. 292-293. No contexto do administrador se balizar pelo interesse social, interesses dos outros sujeitos relevantes para a sustentabilidade da sociedade, tais como os seus trabalhadores, ... realça-ce Costa, Ricardo; Dias, Gabriela Figueiredo. Artigo 64º Deveres fundamentais. In: Abreu, Jorge M. Coutinho de (coord.). *Código das sociedades comerciais em comentário*. 2. ed. v. I. n. 1. Coimbra: Almedina, 2017, p. 780.

sob o argumento de que ao agir assim estar-se-ia realizando um primado do Direito do Trabalho sobre o Direito das Sociedades;[52] o art. 398.º, n. 2, do CSC seria materialmente comercial, preconizado a evitar a circunvia da proibição contida no art. 398.º, n. 1, do CSC.[53]

Ante a posição já adiantada acima, o art. 398.º do CSC é uma fonte normativa bifocal, alcança matéria empresarial e laboral, busca uma sintonia prática entre as duas disciplinas do Direito. Minuciosamente no n. 2 do extrato legal em apreciação, o conteúdo é também substancialmente trabalhista ao se remeter ao contrato de trabalho previsto em seu n. 1 com consequentes repercussões suspensivas e normativamente extintivas.[54]

Desse modo, além das razões despendidas em derredor da inconstitucionalidade formal e de força obrigatória geral, em uma interpretação compaginada ao CT, entende-se pela invalidade constitucional material da parte do art. 398.º, n. 2, do CSC restrita à extinção do contrato de trabalho quando o administrador designado não estiver mais no período de experiência, mantendo-se a hipótese de suspensão contratual.

A despeito do citado Acórdão n. 774/2019 do TC, uma interpretação sistêmica permitiria a "sobrevivência" do texto do art. 398.º, n. 2, do CSC, devendo ser refutada a cessação compulsória do contrato de trabalho em qualquer período menor a um ano de vigor, por outra esfera dever-se-ia confirmar a terminação contratual se o contrato laboral ainda estivesse regido pela fase experimental.

Diante dos arts. 53.º, 58.º da CRP, arts. 111.º a 114.º do CT, poder-se-ia até admitir razoável, proporcional (art. 18.º da CRP) a dissolução do contrato laboral durante os períodos de experiência, elementares à formação dos contratos de trabalho, mas superadas as fases experimentais, que é

[52] Nesse rumo, relevante doutrina suporta esta tese, dentre outros diversos argumentos, ao expor que a ausência de uma conexão direta ou primacial com as materias laborais não pode provocar a inconstitucionalidade formal do art. 398.º, n. 2, do CSC. Antunes, José Engrácia. *A proibição de cúmulo administrador/trabalhador*: da sua constitucionalidade. Coimbra: Almedina, 2018, p. 79-82. Outro posicionamento doutrinal vai mais além ao defender que a norma do art. 398.º, n. 2, do CSC poderia eleger a dissolução do contrato de trabalho mesmo abaixo de um ano de vigência, nada tendo de inconstitucional e a sublinhar que o CSC e o CT são complexos normativos equivalentes no plano da hierarquia das Leis. Cunha, Paulo Olavo., op. cit., 2019, p. 831.

[53] Cordeiro, António Menezes et al., op. cit., 2009, p. 977.

[54] Em sentido contrário, entendimento doutrinal argumenta que a norma do art. 398.º, n. 2, do CSC é formalmente e materialmente comercial a resguardar interesses tipicamente jussocietários e não laborais. Antunes, José Engrácia., op. cit., 2018, p. 73-77.

menor do que um ano de serviço, não se afluiria motivação jurídica palpável para o desígnio de cessação compulsória do contrato de trabalho.[55]

Durante o decurso temporal das fases de experiência do contrato de trabalho, salvo descrição acordada em contrário, as partes poderiam denunciar o contrato sem aviso prévio, invocação de justa causa e direito a indenização (art. 114.º, n. 1, do CT), portanto, não se constataria invalidade constitucional na extinção contratual a menos de um ano do art. 398.º, n. 2, do CSC, dentro das delimitações temporais de experimentação.

Em consentâneo com os raciocínios explicitados em volta da inconstitucionalidade formal e material, não se constituiria argumento jurídico suficiente para estender a obrigatória dissolução sobre os contratos de trabalho que tinham justamente um ano de vigência no ato de designação administrativa, entendendo-se como consequente a aplicação do instituto da suspensão contratual.[56]

[55] Transcreve-se o artigo 112.º – Duração do período experimental do Código do Trabalho: 1 – No contrato de trabalho por tempo indeterminado, o período experimental tem a seguinte duração:

a) 90 dias para a generalidade dos trabalhadores;

b) 180 dias para trabalhadores que:

i) Exerçam cargos de complexidade técnica, elevado grau de responsabilidade ou que pressuponham uma especial qualificação;

ii) Desempenhem funções de confiança;

iii) Estejam à procura de primeiro emprego e desempregados de longa duração;

c) 240 dias para trabalhador que exerça cargo de direcção ou quadro superior.

2 – No contrato de trabalho a termo, o período experimental tem a seguinte duração:

a) 30 dias em caso de contrato com duração igual ou superior a seis meses;

b) 15 dias em caso de contrato a termo certo com duração inferior a seis meses ou de contrato a termo incerto cuja duração previsível não ultrapasse aquele limite.

3 – No contrato em comissão de serviço, a existência de período experimental depende de estipulação expressa no acordo, não podendo exceder 180 dias.

4 – O período experimental, de acordo com qualquer dos números anteriores, é reduzido ou excluído, consoante a duração de anterior contrato a termo para a mesma atividade, de contrato de trabalho temporário executado no mesmo posto de trabalho, de contrato de prestação de serviços para o mesmo objeto, ou ainda de estágio profissional para a mesma atividade, tenha sido inferior ou igual ou superior à duração daquele, desde que em qualquer dos casos sejam celebrados pelo mesmo empregador.

5 – A duração do período experimental pode ser reduzida por instrumento de regulamentação colectiva de trabalho ou por acordo escrito entre partes.

6 – A antiguidade do trabalhador conta-se desde o início do período experimental.

[56] Afirma-se sem o referido argumento constitucional em: Com efeito, nos termos do disposto no art. 398.º, nº 2 do CSC, o provimento de um trabalhador no cargo de gestão suspende o respectivo contrato de trabalho, se o mesmo tiver uma antiguidade de, pelo menos, um ano. Cunha, Paulo Olavo., op. cit., 2019, p. 830. (grifos nossos).

A norma do art. 398.º, n. 2, do CSC é polissêmica ou plurissignificativa, podendo propagar dois significados: a suspensão ou dissolução quando o contrato de trabalho demarcar exatamente um ano de fruição e o trabalhador for designado para a administração societária.

Nesse globo, em consonância com o *princípio da interpretação das leis em conformidade com a constituição* dever-se-ia preferir o que melhor se aproxima dos arts. 53.º, 58.º, da CRP, a suspensão do contrato de trabalho que garante a estabilidade no emprego, pois optar pela outra direção provocaria uma inequívoca contradição com a Constituição ou, no mínimo, não valorizaria com a mesma envergadura outras disposições constitucionais.[57]

Por derradeiro, após o noviço julgamento de inconstitucionalidade com força obrigatória geral de parte do art. 398.º, n. 2, do CSC, o consectário imediato será os efeitos extensivos da suspensão sobre contrato de trabalho, independentemente do tempo de sua existência, porém durante o período de sua experimentação é suscetível de denúncia sem justa causa, indenização e aviso prévio por veiculação do próprio CT.[58]

6. Exercício de atividade concorrente da sociedade e trabalho subordinado

O art. 398.º, n. 3, do CSC delineia para os administradores designados, na falta de autorização da assembleia geral, o impedimento de exercer atividades concorrentes na companhia ou grupo societário nos quais preste os serviços administrativos.

Ao administrador é imperativamente sobrestado o exercício das atividades concorrentes por conta própria, por responsabilidade de outrem, por designação ou em representação de sociedade concorrente (art. 398.º, n. 3, do CSC). Essa vedação não se reporta explicitamente sobre a possibilidade de acumulação da gestão administrativa com um trabalho subordinado para outra sociedade empregadora ou grupo societário.

57 Canotilho, J.J. Gomes. *Direito constitucional e teoria da constituição.* 7. ed. Coimbra: Almedina, 2003, p. 1226-1227.

58 Entendimento não idêntico, mas semelhante em: Sendo assim, o que sucede aos contratos que afinal não se extinguem? Parece que deverão ser sujeitos, por analogia, ao regime dos contratos de duração superior a um ano, suspendendo-se. Martins, Alexandre de Soveral. Artigo 398º Exercícios de outras atividades. In: Abreu, Jorge M. Coutinho de., op. cit., 2019, p. 359.

Sabe-se que não é totalmente vetado pelo sistema jurídico a convivência de um cargo de administrador com a de um trabalho subordinado para sociedade diversa, de um emprego com outro para empregadores diferentes, ou até mesmo de um emprego com o contrato de trabalho suspenso e outro trabalho subordinado para sociedades distintas, conhecido como pluriemprego ou contratos laborais simultâneos.

Parece clareado no art. 398.º, n. 3, do CSC, de fácil extração, que na falta de deliberação da assembleia geral não se permite a cumulação do cargo administrativo com emprego para outra sociedade (grupo societário) ou pluriemprego (emprego simultâneo), esteja ou não o administrador com um contrato laboral previamente suspenso, de acordo com o n. 2 do art. 398.º. Basta analisar categoricamente que a ordenação inclui: "não podem exercer por conta própria ou alheia atividade concorrente da sociedade nem exercer funções em sociedade concorrente ...".[59] Interessante observar a partir desta imperatividade legal, que se cria uma hipótese automática de exclusividade na prestação de serviço administrativo, com ou sem contrato de trabalho previamente suspenso, ainda que somente restritiva ao(s) objeto(s) social(ais) da sociedade.

Todavia, vale assinalar que se a assembleia geral decidir autorizar a atividade concorrente para o seu administrador, não poderá obstar a prestação de serviço em contrato de trabalho subordinado a outra sociedade ou grupo societário, mesmo que o administrador detenha um contrato laboral originariamente suspenso, exceto se houver cláusula de exclusividade avençada nos parâmetros do sigilo da atividade empresarial. Nessa situação em destaque, inexistindo a cláusula de exclusividade, voltar-se-ia a possibilidade do pluriemprego ou contratos de trabalhos simultâneos.

Autorizado em assembleia geral para os administradores o exercício de atividades concorrentes, deve restar definido na própria assembleia o regime sobre informações sensíveis da administração societária por parte do administrador.[60] Com o fim colimado de se proteger o sigilo empresarial é que se entende pela aprovação do regime sobre as informações descritas na mesma deliberação assemblear, sob pena de perder a coerência da autoproteção diante da concorrência no mercado.

[59] Sustentáculos em MARTINS, Alexandre de Soveral. Artigo 398º Exercício de outras atividades. In: ABREU, Jorge M. Coutinho de (coord.)., op. cit., 2019, p. 363-364., e TRIUNFANTE, Armando Manuel. *Código das sociedades comerciais anotado*: anotações a todos os preceitos alterados. Coimbra: Coimbra Editora, 2007, p. 389.

[60] Amparo em CORDEIRO, António Menezes et al., op. cit., 2009, p. 978.

7. Considerações finais

Esboçados os conteúdos delimitados em pauta, não há pretensão de fechar entendimentos absolutos. Dentre as três correntes apresentadas no pertinente à qualificação jurídica da relação dos administradores com as sociedades, acredita-se que a proposta mais viável para minimizar possíveis nebulosidades com o contrato de trabalho subordinado é a aquela mais próxima da unilateralidade, que propõe uma natureza alicerçada em ato unilateral designativo com algumas conformidades legais, estatutárias, contratuais e judiciais.

A partir dessa absorção se torna mais fluente a ideia de que a relação do administrador com a sociedade não se confunde inteiramente com um elo contratual, o que propicia com mais clareza a incompatibilidade dos efeitos conjugais entre a atividade de administrador e de trabalhador subordinado em comissão de serviço ou por outra forma. Ao mesmo grau, concilia os cargos societários com contratos laborais pré-concebidos, desde que suspensos, com a prossecução de evitar conflitos de interesses, benefício em causa própria por parte de administradores que sugiram garantias de novos vínculos laborais, usando de seus poderes gestores.

Na avaliação da constitucionalidade sobre a suspensão e extinção do contrato de trabalho prefixado no art. 398.º, n. 2, do CSC, segue-se o firmamento do Tribunal Constitucional com um acréscimo de entender a norma materialmente inconstitucional em parte, justamente no atinente à compulsória dissolução contratual laboralista antes da vigência de um ano.

O exercício de atividade concorrente, na falta de autorização da assembleia geral da companhia, é matricialmente inadmitida segundo o art. 398.º, n. 3, do CSC. Entretanto, se for autorizada, se estende à possível contração de um contrato de trabalho subordinado com outro empregador, nos limites jurídicos do pluriemprego (emprego simultâneo).

Em síntese, reavivar por outras arestas as diversidades dos tópicos coligados à coabitação do enlace de administrador societário e de trabalhador subordinado, envolvendo uma análise jurídica normativa, prospecta novos raciocínios, debates, e, possivelmente, contribuições para novas soluções, aprimoramentos do tema no ordenamento jurídico.

Textos para publicação

A Revista aceita a apresentação de textos inéditos para publicação, sujeita a parecer favorável da Comissão de Redação e à disponibilidade de espaço.

Cada texto não deverá exceder 75.000 carateres (contando espaços e incluindo notas de rodapé) e deverá observar as seguintes regras gráficas:

- Nomes de autores referidos em texto: em carateres normais
- Nomes de autores referidos em notas: em maiúsculas pequenas
- Títulos de livros (monografias e obras coletivas): em itálico
- Títulos de textos inseridos em revistas e em obras coletivas: entre aspas, em carateres normais
- Nomes das revistas: em itálico
- Sinal de aspas primacialmente usado: « » (as chamadas aspas francesas ou baixas)
- Ausência de espaço entre uma palavra e um sinal de pontuação
- Uso das abreviaturas adotadas pela Revista (v. lista inserida nas primeiras páginas)
- Os textos deverão ser enviados por correio eletrónico para *dsr@almedina.net* ou por via postal para:

DSR – Direito das Sociedades em Revista
Secretariado da Redação
Edições Almedina, SA
Rui Dias
Rua Fernandes Tomás, n.os 76-80
3000-167 Coimbra

Regulamento da revisão por pares (*peer review*)

1.º Os textos apresentados para publicação na DSR, com exceção dos da autoria de membros da Redação e dos que sejam solicitados pela própria DSR, serão objeto de apreciação prévia («revisão»), feita anonimamente (i.e., sem que aos revisores seja dada a conhecer a autoria dos textos e sem que aos autores dos textos seja dada a conhecer a identidade dos revisores).

2.º Os critérios de revisão serão, principalmente: a inserção do tema na vocação editorial da DSR; a importância e a atualidade do tema; a qualidade, substancial e formal, da exposição; a relevância das referências bibliográficas e jurisprudenciais.

3.º A apreciação será feita por, pelo menos, dois revisores, que trabalharão separadamente.

4.º Os pareceres dos revisores são sucintamente fundamentados, devendo apresentar uma de três conclusões: existência de interesse na publicação, inexistência de interesse na publicação, existência de potencial interesse na publicação subordinadamente a condições.

5.º Os pareceres serão dados a conhecer aos autores.

6.º Sempre que uma das apreciações conclua pela existência de potencial interesse na publicação do texto subordinadamente a condições, o autor será convidado a reformulá-lo de acordo com as sugestões do(s) revisor(es).

7.º Apresentando um autor um texto reformulado, o mesmo será objeto de nova apreciação, pelos mesmos revisores.

8.º Serão revisores:

a) Os membros da Redação;

b) Especialistas externos convidados pela Direção.

9.º Todos os textos sujeitos a revisão e todos pareceres dos revisores serão dados a conhecer a todos os membros da Redação.

10.º A gestão dos procedimentos de revisão competirá à Direção da DSR, a qual poderá delegar esse encargo num os mais membros da Redação.

11.º Dos textos publicados na DSR submetidos a revisão constará menção do facto.

ALMEDINA

DIREITO DAS SOCIEDADES EM REVISTA

DIRETOR: JORGE MANUEL COUTINHO DE ABREU

CUPÃO DE ASSINATURA

NOME

MORADA

CÓD. POSTAL – LOCALIDADE

TELEFONE N° CONTRIBUINTE

PROFISSÃO

EMAIL

2 NÚMEROS AVULSO **€40**

ASSINATURA (2 NÚMEROS/ANO) **€35** (DESCONTO DE **12,5%**)
COM IVA E DESPESAS DE ENVIO INCLUÍDOS

DESEJO ADQUIRIR A ASSINATURA DA REVISTA
DIREITO DAS SOCIEDADES EM REVISTA (2 NÚMEROS) DO ANO 2 0

DATA – –

ASSINATURA

ESTE CUPÃO DEVERÁ SER ENVIADO PARA
ASSINATURA DA REVISTA DIREITO DAS SOCIEDADES EM REVISTA – JOAQUIM MACHADO, S.A.,
Rua Fernandes Tomás, n.ºs 76, 78, 80, 3000-167 Coimbra, ou via email para assinaturas@almedina.net.

PARA ESCLARECIMENTOS ADICIONAIS
Telefone: 239 851 903 Fax: 239 851 901 Email: editora@almedina.net

ALMEDINA

MB MULTIBANCO movimenta a vida

AUTORIZAÇÃO DE DÉBITO DIRETO (ADC)

ENTIDADE | 1 | 0 | 6 | 4 | 4 | 4 | NÚMERO DE AUTORIZAÇÃO

Na rede Multibanco poderá definir: A Data de expiração da autorização | O montante máximo de débito autorizado

AUTORIZAÇÃO DE DÉBITO EM CONTA PARA DÉBITOS DIRETOS

NOME

EMAIL

Por débito na nossa/minha conta abaixo indicada queiram proceder ao pagamento das importâncias que lhes forem apresentadas pela empresa EDIÇÕES ALMEDINA SA

IBAN/NIB: PT 50

CONTRIBUINTE FISCAL

ASSINATURA(S) CONFORME BANCO

DATA

BENS/SERVIÇOS	VALOR	REGULARIDADE[1]	INICIA A MÊS	INICIA A ANO	TERMINA A MÊS	TERMINA A ANO

[1] REGULARIDADE: MENSAL, TRIMESTRAL, SEMESTRAL, ANUAL

PROCEDIMENTOS

· Preencher completamente e assinar Autorização de Débito, de acordo com a ficha de assinatura de Banco. No caso de ser empresa carimbar ADC com carimbo da empresa.

· Remeter a ADC para:
EDIÇÕES ALMEDINA SA, Rua Fernandes Tomás, n.ºs 76, 78, 80, 3000-167 Coimbra, ou via email para sdd@almedina.net.

· Qualquer alteração que pretenda efetuar a esta autorização bastará contactar as EDIÇÕES ALMEDINA SA por qualquer forma escrita

· Também poderá fazer alterações através do Sistema Multibanco, conforme se apresenta seguidamente, ou no sistema de home banking, caso tenha essa opção. Também neste caso agradecemos informação escrita sobre as alterações efectuadas.

· Esta autorização destina-se a permitir o pagamento de bens/serviços adquiridos à nossa empresa e só poderá ser utilizada para outros efeitos mediante autorização expressa do(s) próprio(s)

· Dos pagamentos que vierem a ser efectuados por esta forma serão emitidos os recibos correspondentes.

INFORMAÇÕES

Através do Sistema Multibanco, relativamente a esta autorização de Débito em Conta, poderá, entre outras, efetuar as seguintes operações:

· Visualizar a Autorização Débito em Conta concedida;

· Actualizar os Dados Desta Autorização de Débito em Conta;

· Cancelar esta Autorização Débito em Conta;

Em cumprimento do aviso 10/2005 do Banco de Portugal, informa-se que é dever do devedor, conferir, através de procedimentos electrónicos, nomeadamente no multibanco, os elementos que compõem as autorizações de débito em conta concedidas.

PARA ESCLARECIMENTOS ADICIONAIS

Telefone: 239 851 903 Fax: 239 851 901 Email: sdd@almedina.net